中国当代学术前沿

当代整体论的形式分析

刘劲杨 ◎ 著

西南交通大学出版社
·成都·

图书在版编目（CIP）数据

当代整体论的形式分析 / 刘劲杨著. —成都：西南交通大学出版社，2018.4
（中国当代学术前沿）
ISBN 978-7-5643-6141-9

Ⅰ.①当… Ⅱ.①刘… Ⅲ.①整体论－研究 Ⅳ.①B089

中国版本图书馆 CIP 数据核字（2018）第 070220 号

中国当代学术前沿
DANGDAI ZHENGTILUN DE XINGSHI FENXI
当代整体论的形式分析
刘劲杨　著

责任编辑	杨岳峰
助理编辑	何　俊
封面设计	严春艳
出版发行	西南交通大学出版社 （四川省成都市二环路北一段 111 号 西南交通大学创新大厦 21 楼）
发行部电话	028-87600564　028-87600533
邮政编码	610031
网　　址	http://www.xnjdcbs.com
印　　刷	四川煤田地质制图印刷厂
成品尺寸	170 mm × 230 mm
印　　张	15
字　　数	239 千
版　　次	2018 年 4 月第 1 版
印　　次	2018 年 4 月第 1 次
书　　号	ISBN 978-7-5643-6141-9
定　　价	58.00 元

图书如有印装质量问题　本社负责退换
版权所有　盗版必究　举报电话：028-87600562

序
PREFACE

劲杨自攻读博士时起，就对整体论问题入迷。近年来咬定这个古老而又弥新的课题，痛下功夫，又有斩获。

整体论研究是个难题，其困难不仅在于对整体论的思考可追溯到人类思想的源端，还在于其涉及的领域极其众多，哲学、心理学、生物学、管理学、经济学、自然科学等，无不密切相关。即便是在哲学内部，也还可以从形而上整体论、语义整体论、确证整体论、方法整体论等不同维度来细分。实际上，集中地将整体论作为一个哲学研究的专门课题，不啻为一种观念的冒险。

劲杨这本《当代整体论的形式分析》试图通过对不同整体论的形式分析，来实现整体论思想的整合。这种形式分析主要在下述关系或立论上进行：整体与部分的形而上分析、元素奠基的弱整体论分析、整体优位的强整体论分析、整体与部分对立的形式分析、整体与部分的维度分析。

我对整体论很是看重，但若深究也不甚了了。本书并不是一本关于整体论思想谱系的泛泛之论，而是以精深的形式分析来揭示整体论思想内核的探索。在我看来，它在以下几方面颇具特色。

其一是全书以"整体与部分"作为整体论研究的切入点。这样巧妙的切入，就使不同整体论在形式上呈现为整体与部分及其关系的不同取向，通过对不同整体论的形式分析，有可能实现整体论思想的整合。

其二是把"形式分析"作为整体论研究的目标。整体论的题材研究固然有意义，但由于各个题材的异质性和多样性，很难进行真正的整合。从广义的形式分析视角有可能贯通不同领域整体论的研究，实现一种形式的整合，探寻整体论的普遍形式。这一定位在整体论研究中很新颖，给整体论哲学的研究探索出了一条新路。

其三是把纯粹的形而上分析与具体的整体论进行了有效的整合。得益于前两方面的特色，本书把整体与部分的形而上哲学讨论、偏于逻辑的纯粹形式的部分论分析，与心理学、科学哲学、生物学、复杂性科学等诸多领域的整体论思想贯穿起来，以取得对整体论的深入理解。

劲杨的研究喜爱以问题为导向，他长期从事系统科学哲学、复杂性、科学方法论的研究。本书的整体论研究是他多年研究工作的继续和新开拓，是有意义的、富有成果的冒险。当然，整体论深入研究还期待学界在其中更多的投入和成效。

值此大作付梓之际，写了上面一些话，聊表祝贺，是为序。

中国人民大学哲学院　刘大椿
2018 年春于人大宜园

目 录
CONTENTS

引 论 ·· 1
 一、当代整体论思想的主要进路 ·· 1
 二、整体论思想的澄清与整合 ·· 6
 三、整体论研究的展开 ··· 9

第一章　整体与部分的形而上分析 ·· 17
 一、作为普遍范畴的整体与部分 ·· 17
 二、作为纯粹形式的整体与部分 ·· 30
 三、整体与部分的组合困惑 ··· 45

第二章　元素奠基的弱整体论 ·· 53
 一、冯特的心理经验整体观 ··· 53
 二、冯特的元素主义信念 ·· 60
 三、冯特的复合整体观 ··· 70
 四、厄棱费尔的"格式塔质" ··· 86
 五、从元素主义到整体主义 ··· 97

第三章　整体优位的强整体论 ……………………… 105
一、对元素主义假设的批判 …………………………… 105
二、知觉整体观 ………………………………………… 113
三、行为整体观 ………………………………………… 125
四、心物场整体观 ……………………………………… 135

第四章　整体与部分对立的形式分析 ……………… 148
一、迪昂—奎因论题的整体论定位 …………………… 148
二、基于部分的确证 …………………………………… 153
三、基于整体的确证 …………………………………… 161
四、确证整体论中的整体与部分 ……………………… 172

第五章　整体与部分的不同维度 …………………… 184
一、不同维度的厘清 …………………………………… 184
二、整体论与还原论之争的维度分析 ………………… 192
三、整体论的维度转换 ………………………………… 205

结　语 …………………………………………………… 219

主要参考文献 …………………………………………… 222
一、中文文献 …………………………………………… 222
二、英文文献 …………………………………………… 225

后　记 …………………………………………………… 233

引 论

在人类思想史上,将世界视为整体以及对整体与部分(whole and parts)的深入思考可以追溯到哲学的源端,但把整体论作为一种专门理论,尤其作为一种新的科学路径却是 20 世纪以来的事情。"Holism"(整体论)一词由斯穆茨(J. C. Smuts)于 1926 年创用后才开始得到普遍使用。[①]20 世纪以来,格式塔心理学、生物学与社会学中的整体主义、系统论、复杂性科学、认知科学等科学的演进成为当代整体论发展的主要动力。对于哲学来说,"整体论概念位于 20 世纪后半叶哲学不同领域深远变化的中心。"[②]这表明,我们有必要将整体与部分这对古老哲学范畴置于当代整体论语境下重新思考,而当代整体论的许多论争则需要回溯整体与部分的哲学原点。

一、当代整体论思想的主要进路

与传统整体论主要基于日常经验和思辨哲学进路不同,当代整体论研究越来越紧密地围绕科学经验与实证分析展开。从国内外研究现状看,当代整体论的哲学研究进路繁杂,涉及学科众多,常常相互交叉,大致有如下区分。

1. 哲学上的整体论进路

整体与部分的讨论在哲学思想上可追溯到奠基概念基础的哲学思辨,

[①] J. C. Smuts, *Holism and Evolution*, The Macmilian Company, 1926. p.98. (正文注释采用页下注方式,文献信息比书后参考文献简明一些)。

[②] Michael Esfeld, *Holism in Philosophy of Mind and Philosophy of Physics*, Kluwer Academic Publishers, 2000, p.Xi.

当代分析哲学和形式分析方法则成为整体论思考的新路径。

（1）形而上与思辨哲学进路

此进路可追溯到柏拉图、亚里士多德等先哲的形而上论述，这些论述奠定了整体与部分这对范畴的概念与思想基础。[①]对整体与部分的讨论与他们的核心思想有着密切关联。20世纪以来，柏格森（Bergson）的生命哲学、怀特海（Whitehead）的过程哲学均对机械还原论有深刻的批判，这对当代整体论思想影响深远。此外，波姆（Bahm）的有机整体论和隐缠序思想[②]、新整体论[③]、辩证整体论等各类观点亦属此类。这些思考在哲学上主要致力于探究存在论意义上的整体主义原则，或以之为基础来探寻存在的第一原则，或将之作为自然观的基础。如亚里士多德以整体与部分这对范畴来解释实体。波姆由科学上的量子势及量子整体性出发，以"隐缠序"（implicate order）来反对基于物质实体的"机械序"。他认为，隐缠序不仅是"隐含的"，而且还始终处于"缠绕"与"卷入"的动态中，任何事物均处于宇宙整体的缠绕中："一切是一个未破缺、未分割的整体运动，每一'事物'都只是从这整体运动中抽象出来的相对不变的方面或侧面。"[④]

（2）探究理论确证整体的分析哲学进路

在科学哲学领域，整体论的讨论主要集中在以分析哲学的方法探讨科学理论的整体性问题上，如"迪昂—奎因论题"（Duhem–Quine thesis）。该论题中的思想最早由法国物理学家迪昂于1906年在《物理学理论的目的和结构》（英文版1954年）一书中提出，讨论主要集中于物理学理论的确证问题。[⑤]奎因于1951年在《经验论的两个教条》中援引了迪昂的思考，并将对理论确证的整体论思考拓展到更为广泛的理论领域，其相关的众多讨论形成迪昂—奎因论题。[⑥]对该论题的讨论还延伸到了语义学及意义整体论

---

① Aristotle, *Aristotle Metaphysics*, Translated by Richard Hope, Ann Arbor: The University of Michigan Press, 1960.
② 波姆：《整体性与隐缠序——卷展中的宇宙与意识》，上海科技教育出版社，2004年。
③ 孙慕天，采赫米斯特罗：《新整体论》，黑龙江教育出版社，1996年。
④ 波姆：《整体性与隐缠序——卷展中的宇宙与意识》，上海科技教育出版社，2004年，第25页。
⑤ Duhem, *The Aim and Structure of Physical Theory*, Princeton University Press, 1954.
⑥ Quine, *From a Logical Point of View*, Haroer & Row Publishers, 1963.

更为广泛的认识论的争论。

（3）整体与部分的逻辑形式分析进路

胡塞尔在其于1901年出版的《逻辑研究》第三研究中将整体与部分的关系作为"在先"（a prior）的问题来讨论，开创了对整体与部分的纯粹形式讨论，并提出了"形式存在论"（formal ontology）的基本设想。[①] 怀特海也曾在《思想的组织》一书中讨论过整体与部分的形式问题。[②] 波兰逻辑学家莱涅夫斯基（Stanislaw leśniewski）于1915年左右最早开创出"部分论"（或译"部分整体论"，Mereology）这一研究分支，这个分支在20世纪以来逐渐发展为一门专注研究整体与部分逻辑关系的形式理论体系。[③] 当代部分论试图建立关于整体与部分的普遍形式理论，其不仅在哲学领域讨论，还延伸到科学领域中的知识工程领域，成为一个独特的交叉研究领域。

2. 科学中的整体论进路

斯穆茨于20世纪初指出，科学虽然已取得很大成果，但其学科分化已导致"在物质、生命和心灵之间依然存在着根本性的鸿沟"，主张加强对世界的整体理解。[④] 还原论是经典科学的基本范式，也是造成世界理解相互隔离的重要原因。伴随当代科学的进展，整体论范式越来越成为科学发展的新取向，最为突出地体现在心理学、社会学、生物学、系统论、复杂性科学等领域中的各种整体主义取向。

（1）整体主义心理学进路

心理学中的整体主义传统最早可追溯到阿奎纳的心理学，他试图建立一个心理学与哲学的整合系统。[⑤] 20世纪以来，与科学相关的整体主义心理学以格式塔理论为其代表。厄棱费尔于1890年最早提出了"格式塔质"

[①] 胡塞尔：《逻辑研究》（第二卷第一部分），倪梁康译，商务印书馆，2015年，第545页。
[②] A. N. Whitehead, *The organizatio of Thought*, London: William and Norgate, 1917.
[③] Peter Simons, *Parts: A study in Ontology*, New York: Oxford University Press, 1987.
[④] J. C. Smuts, *Holism and Evolution*, The Macmilian Company, 1926. p.1.
[⑤] Bastin J. Parangimalil, *Toward Integral Holism in Psychology*, New Delhi: Inter-India Publications, 1990. p.19.

的观念。[①]1912年韦特海默对似动现象的研究,标志着格式塔心理学(Gestalt psychology)的正式创立[②],其后还有苛勒和考夫卡的有力推进。格式塔心理学既反对美国构造主义心理学的元素主义,也反对行为主义心理学的刺激—反应公式,主张研究直接经验(即意识)和行为,强调经验和行为的整体性,主张以整体的动力结构观来研究心理现象。从思想背景上看,胡塞尔的现象学、自然科学中关于磁场学的研究、继承布伦塔诺意动心理学路线的格拉兹学派、狄尔泰的思想都对其有直接影响。由格式塔心理学催生出的格式塔运动是20世纪一场整体主义思想运动,影响深远。[③]此外,冯特作为现代心理学的开创者,通常被归为元素主义心理学的代表,但近年来的深入研究表明,在其理论体系内有着丰富的整体论思考。

(2)生物学、生态学、社会学中的整体论进路

从整体论的视角观之,生物、生态及社会学的研究对象天然就是一种整体性现象。在这些学科的科学化过程中,虽然,主要遵循的是经典科学的还原论范式,但随着研究的深入,越来越多的研究者意识到整体主义的重要性。如在社会学中一直存在着个体主义与集体主义方法论的论争。其中,涂尔干(又译为迪尔凯姆)持整体主义方法论立场,他认为社会是由个人所组成,但社会不是一种简单的个人相加的总和,个人心理现象是不能解释社会现象的。[④] 在生物学中,机械论、活力论、有机论的论争演变为激烈的还原论与整体论之争。菲利浦把社会学和生物学的整体论概括为三种整体论。[⑤] 罗伊金(Rick C. Looijen)对生物学、生态学中的还原论与整体论之争也进行了系统性研究。[⑥]

[①] Ehrenfels, "On Gestalt-qualities"(1890), In: Barry Smith edit, *Foundations of Gestalt Theory*, Hemsbach: Philosophia Verlag GmbH, 1988.
[②] Max Wertheimer, "Experimental Studies on Seeing Motion", 1912, Translated by Michael Wertheimer and K. W. Watkins, In: Wertheimer, edited by Lothar Spillmann, *On Perceived Motion and Figural Organization*, London: The MIT Press, 2012, pp.1-91.
[③] Mitchell G. Ash, *Gestalt Psychology in German Culture, 1890—1967: Holism and quest for objectivity*, New York: Cambridge University Press, 1995.
[④] 迪尔凯姆:《社会学方法的规则》,胡伟译,华夏出版社,1999年,第79-91页。
[⑤] Philips, *Holistic Thought in Social Science*, Stanford University Press, 1976.
[⑥] Looijen, *Holism and Reductionism in Biology and Ecology*. Kluwer Academic Publishers. 2000.

(3) 整体论科学进路

这是当代整体论发展成果最为丰富的进路。1945年贝塔朗菲首次提出建立一般系统论的设想，这可视为整体论科学的发端，20世纪80年代以来兴起的复杂性科学则正式被称为整体论科学。不同研究者对复杂性科学历程的描述是各有不同的。司马贺（Herbert A. Simon）在1996年《人工科学》的修订版中，把复杂性科学的发展历程划分为三次浪潮：20世纪20年代左右的整体论思潮、40年代中后期的控制论与系统论的兴起和70年代以来的复杂性浪潮。① 颜泽贤等舍弃了整体论思潮这一划分，同时把自组织理论单列出来，认为复杂性科学的发展经历了系统科学、自组织理论和复杂性研究三个演进阶段。② 本书对整体论科学的框架采用本书作者之前研究的划分，即把复杂性科学的发展历程区分为系统论与复杂性研究两个大的时期，涵盖了四个相对独立的阶段（图 0-1）。需要指出的是，这一划分只是整体论科学发展的主线，许多分支研究并未归入。

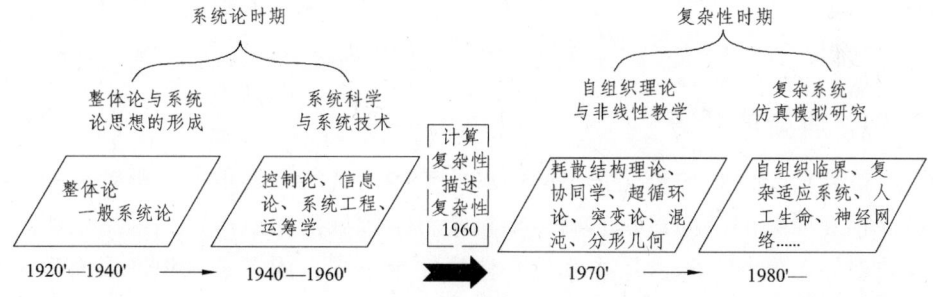

图 0-1　当代整体论科学的发展③

依据这一框架，整体论科学的取向是多样的。在科学取向上，除系统科学的"老三论"（一般系统论、信息论、控制论）、"新三论"（耗散结构

---

① 不知是什么原因，这位诺贝尔获奖者在其叙述中，只字未提普里高津、哈肯对复杂性的研究。参见司马贺：《人工科学——复杂性面面观》（第三版），上海科技教育出版社，2004年，第157-168页。
② 颜泽贤，范冬萍，张华夏：《系统科学导论——探索复杂性》，人民出版社，2006年，第33-54页。
③ 本图来源：刘劲杨，《哲学视野中的复杂性》，湖南科学技术出版社，2008年，第30页。

论、协同论、超循环论)、系统工程、系统动力学之外,还包括复杂性科学的新进展,如元胞自动机与人工生命[①]、进化与自组织、司马贺的层级理论、欧阳莹之的综合微观分析法、霍兰的复杂适应系统理论(CAS)、计算机仿真建模、复杂网络、钱学森创立的开放的复杂巨系统理论等。哲学取向上,有拉兹洛的系统哲学、西利亚斯的联结论与后结构主义哲学交叉研究[②]、生成整体论等。思维方法取向上,有莫兰的复杂范式[③]、系统方法论、自组织方法论[④]、系统思维、网络思维研究等。应用研究取向上,有切克兰德的软系统方法[⑤]、圣吉的系统思考、杰克逊的创造性整体论以及斯泰西的管理复杂性研究[⑥]等。

二、整体论思想的澄清与整合

当代整体论发展迅猛,涉及领域众多,不同整体论思想在题材上极为发散,带来诸多混淆。因此,极有必要澄清各种整体论思想并在其基础上尝试思想的整合,探寻当代整体论的普遍形式。

1. 面临的任务

整合首先面临的难题是不同领域的整体论其实差别很大,很难有一个可以相互通约的共同讨论基础。如科学哲学领域内的迪昂—奎因论题所论及的整体论就与斯穆茨所主张的整体论完全不同,前者是认识论层面理论确证之争,后者是存在论层面的一种倾向;又如复杂性科学中的整体论则多集中于对整体论方法的讨论。这些不同层面的整体论,再加上涉及不同的题材,而每一题材都有其特质性和特殊性。因此,在题材的意义上,我们很难把所有的相关题材汇总起来,然后归纳出它们的共性,以实现某种

[①] Langton (ed.), *Artifical Life*, Wesley Publishing Company, 1989.
[②] Paul Cilliers, *Complexity and Postmodernism*, Routledge, 1998.
[③] 莫兰:《复杂思想:自觉的科学》,陈一壮译,北京大学出版社,2001年。
[④] 吴彤:《自组织方法论研究》,清华大学出版社,2001年。
[⑤] 切克兰德:《系统论的思想与实践》,华夏出版社,1990年。
[⑥] 斯泰西:《组织中的复杂性与创造性》,宋学峰、曹庆仁译,四川人民出版社,2000年。

整合。①而在事实上，不同领域的整体论在题材上是不可通约的。如我们很难依据生物整体论的主张来为认识论意义上的整体论提供解释或辩护，反之亦然。这意味着，整体论的整合研究不应是对各类不同整体论题材的集总（aggregation），这只是散乱的"堆"而不是整合的"整体"。

与题材发散性形成对比的是，几乎所有整体论在思想形式上都不同程度地体现为对"整体""部分"及其相互关系的不同界定。如生物学中的整体论与还原论、心理学中的整体主义与元素主义、社会学中的集体主义与个体主义，这些不同领域激烈的论争是围绕整体与部分及其关系而展开的。20世纪60年代，勒纳（Daniel Lerner）还曾以"整体与部分"为论题，集结了一批哲学、物理学、经济学、生物学、系统工程等不同领域学者在麻省理工学院著名的"海登论坛"（Hyden Colloquium）共同讨论了这个令人困惑的基础问题。②

在整体与部分的形式上，格式塔心理学是一种彻底的整体优位，而元素主义心理学则表现为一种强的元素优先。事实上，对"形式"的重视不仅反映在哲学中，还体现在整体论科学对"同型性"（isomorphism）等整体原理的探索上。贝塔朗菲在创建一般系统论时就曾注意到，许多相似的整体性的概念、模型和原理经常出现在相去甚远的各种领域中，它们可独立于完全不同的事实之上，"一般系统特性表现为不同领域的结构相似性或同型性。"③在复杂性科学的探索中，哈肯的自组织理论、霍兰的复杂适应系统理论（CAS）均在努力探索这种超越具体题材的整体原理。④ 因此，超

---

① 也有学者试图依据题材及应用范围来对整体论进行梳理。如高新民把整体论分为：① 科学整体论，包括自然科学中的整体论和人文社会科学中的整体论；② 哲学整体论，包括形而上学整体论、方法论整体论、本体论整体论、心灵哲学整体论、科学哲学整体论；③ 整体论的应用。在题材的意义上，这一框架仍待补充和修正。参见高新民、张钰：《整体论及其在哲学中的发展》，《世界哲学》，2014年第3期，第32-40页。
② Daniel Lerner(edit), *Parts and Wholes: They Hayden Colloquium on Scientific Method and Concept*, New York: The Free Press of Glencoe, 1963.
③ Bertalanffy. *General System Theory: Foundation, Development, Application*, New York: George Braziller, Inc, 1968, P33.
④ 如霍兰曾指出："我们将看到，经济系统、因特网、发育的胚胎各自面临着贸易平衡、计算机病毒、出生缺陷等挑战，这些挑战从机制上看，是有许多类似之处的。……我们把这些系统冠之以一个共同的名称——复杂适应系统（CAS）。这远不只是名词术语的问题。它标志着我们直觉认为存在着一般原理控制着CAS的行为，这些原理还暗示了解决随后问题的方法。"参见霍兰：《隐秩序—适应性造就复杂性》，上海科技教育出版社，2000年，第4-5页。

越具体题材的限制,展开整体论的形式分析,不仅是可能的,更是必要的。整体与部分可作为我们整合不同整体论思想的一种形式基础。

在这种形式整合中,须面对一个挑战,如何把整体与部分的形而上讨论与具体整体论的思考进行整合?前者是对整体与部分的形而上意义的抽象讨论,其目标是阐明作为普遍范畴或作为普遍形式的整体与部分;后者是与经验事实、具体题材、特定理论有关的整体论讨论,其目标是以整体主义取向来实现对特定经验的解释和说明,以及经验理论的建构。在理论上,亚里士多德对整体与部分的讨论,其主要目标是为了阐述形而上的实体理论,并不涉及当代意义上的整体论;具体的整体论则是一个晚近的、尤指20世纪以来与科学有关的整体论研究路径,对什么是整体、什么是部分往往并不深究。这种理论上的分野导致整体论思想的分立,极不利于整体论思想的发展。事实上,纯粹的形而上讨论需要被置于当代具体的整体论情境下讨论和具体化,从而得到新的发展;具体整体论研究则需要回到哲学原点,以检讨自身的概念与思想基础。

由此,本书主张依据整体与部分的形式分析,展开对整体论思想的澄清与整合。它主要包括两个层面:一是将整体与部分的形而上分析与具体整体论思想相整合;二是对不同整体论的基础展开整体与部分的形式分析,以澄清各类整体论思想内核,实现对整体论思想的整合,探索其普遍形式。

2. 形式分析的基本取向

以形式分析的视角观之,不同整体论的内核可通过对其整体与部分形式关系的分析得以揭示。相比题材的繁杂,整体与部分之间形式关系的多样性则是有限的。因此,形式分析最为重要的不是(也无法)穷尽所有整体论题材,而是通过分析形式的可能类型,来澄清各类整体论的思想内核。

当代有机整体论哲学家巴姆(Archie J. Bahm)认为,整体与部分、一与多等都是描述存在的极性(polarity)范畴。这种范畴的两极通常会产生四种基本类型,每一类又可细化为两个或两个以上的具体型,形成12种不同取向。[①] 我们将此理论引入整体与部分的形式分析中,以最基本的四种类型入手,再结合前面对整体论进路的分析,形成对整体与部分形式分析

---

① Archie J. Bahm, *Polarity, Dialectic and Organicity*, Albuquerque: Word Books, 1976, pp. 22-23.

的如下基本取向。

① 作为极点的"整体"与"部分"，即在形而上层面讨论作为基础范畴和纯粹形式的整体与部分本身。这是具体整体论展开形式分析的概念和思想基础。

② "此极论"（one-pole-ism），即在极性的构成中，只强调两极中一个极的优先性，极端者只承认此极的存在。在本书的整体论研究中，这可大致对应于元素奠基的弱整体论，主张元素的优位，极端者主张只存在元素。

③ "彼极论"（other-pole-ism），即在极性的构成中，只强调另一极的优先性。在整体论中，这可对应于整体优位，即强调整体总是优先于部分。

④ "二元论"（dualism），即偏爱两极之独立性状态的理论。极端二元论是典型的二元论，在巴姆的体系中与二元论相关的还有"对等论"（equilism）、"中间论"（middlism）等。在本书的整体论研究中，二元论立场主张整体与部分的严格对立。

⑤ "视角论"（aspectivism），即主张极点依赖于其共同的"维度"（dimension），维度对于极点具有优位性，决定着极点。整体与部分在存在论、认识论与方法论上的对立构成了不同的维度，由于维度混淆导致许多论争难以推进，应对其展开维度的分析。维度的变换也会带来整体论思考的一些突破，整体不只是一种实在，还可视为一种方法。

三、整体论研究的展开

在本书的整体论研究中，五种取向分别对应于这些不同的分析：作为形式分析基础的整体与部分，这相当于分析的元理论；元素优位弱整体论的形式分析，主要以冯特的心理学理论为分析示例；整体优位的强整体论的形式分析，以格式塔理论为分析示例；整体与部分对立的形式分析，以科学哲学中迪昂—奎因论题为示例；整体与部分的不同维度分析，涉及还原论与整体论的多维度论争与维度转换。这五种取向在形式上是周延和完备的，涉及哲学上的存在论、认识论、方法论，关注了诸多有代表性的具体领域，成为形式分析的良好基础。

1. 工作框架

这样，本书就建立了整体论研究的工作框架（图 0-2）。

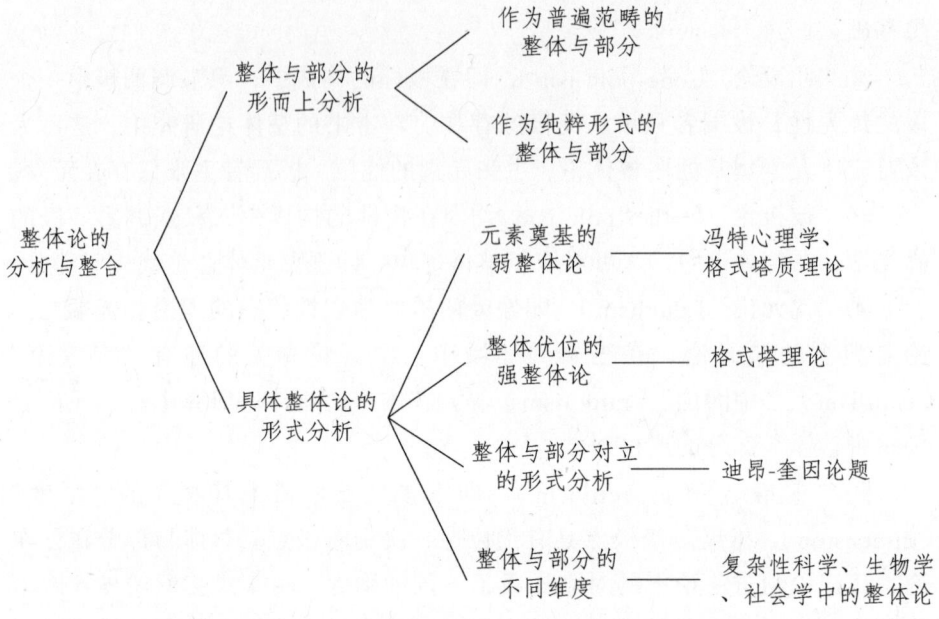

图 0-2　基于整体与部分形式分析的整体论研究

（1）整体与部分的形而上分析

亚里士多德在《形而上学》中明确把"整体""部分"作为一对普遍的范畴，相关的术语还包括"元素""一""实体"等。实体及其存在是亚里士多德形而上学的核心问题，形质论、整体与部分均围绕此问题而展开。作为整体的实体会面临两个组合难题：一是整体何以是一而不是多？二是部分是否是更为首要的存在？这些讨论成为整体与部分这对普遍范畴的思想基础。按胡塞尔的说法，亚里士多德的存在论是一种"实在存在论"（ontology of reality），而更为重要的存在论研究是"形式存在论"（ontology of form）。以形式存在论的视野来看，整体与部分是一种先于对象存在的纯粹形式关系，这一关系决定了对象何以可能。当代部分论沿此路径展开了对整体与部分普遍形式理论的探索。这意味着，作为存在的整体与部分，不仅可作为一种普遍范畴，还可作为一种普遍的形式。这些讨论既为具体的整体论研究提供了概念基础,又是对具体的整体论研究的超越。

（2）元素奠基的弱整体论

元素是整体的部分,但部分并不一定是元素,元素是组成整体的最小单位。在理论上,元素主义与整体主义是严格对立的。通常认为,冯特的心理学是典型的元素主义,而厄棱费尔的"格式塔质"是整体主义心理学的先驱。然而,冯特的元素主义心理学表现出明显的整体论取向,特别重视"关联""整体",而厄棱费尔则强调格式塔质是一种"新元素"。在本书看来,冯特的心理学可视为一种"整体主义的元素论",而厄棱费尔的格式塔质是一种"元素主义的整体论",他们都源于一种奠基元素之上的整体论。这对于整体与部分的关系有着特别的讨论价值。

（3）整体优位的强整体论

所谓整体优位,是指整体具有优先性,整体总是"先在于"部分。对于知觉来说,就是先有对整体的知觉,后有对部分和元素的识别;对于行为来说,总是先有一个行为的整体,然后才有行为的部分;更为彻底的整体观是心物场均统一于格式塔这个整体中。格式塔心理学很大程度是在与冯特元素主义对立中开拓其路径的,区别于元素主义自下而上的元素优先,格式塔原则意味着一种"自上而下"的整体优位原则。正如韦特海默指出："在如我们所描绘的自上而下时,从整体的状况到次级整体、再到诸多部分,个体性部分（元素）不再被作为加和意义上的片块来考虑,而是从一开始它们就被作为它们所在整体的部分。"[1] 因此,从整体与部分视角观之,这是一种彻底的整体优位路径,该路径在理论与实践中遭遇的问题也是整体论推进中必然会涉及的,理论意义重大。

（4）整体与部分对立的形式分析

在纯粹的形而上层面,一与多、整体与部分常常会被推向各自的一端,形成严格的对立或不相容。在具体的整体论中,人们常常试图对这种对立进行融合。这一策略是否有效呢?在迪昂—奎因论题中,理论确证的整体

---

[1] Max Werthemimer, "Investigations on Gestalt Principles(1923)", P. 181, In: Max Wertheimer, edited by Lothar Spillmann, *On Perceived Motion and Figural Organization*, London:The MIT Press, 2012, pp.127-182.

论与还原论的激烈论争，正好体现了这种对立，且双方均有很好的论证，许多著名的科学家与哲学家参与其中。该论题（包括意义整体论）几乎是科学哲学领域内最经典的论题之一。在本书看来，论争难以彻底解决的原因之一就是对整体与部分的界定不清，这一论证的结论对科学知识基础又有着重大影响，因此极有必要展开对整体与部分的细致分析和讨论。

（5）整体与部分的不同维度

在整体论与还原论的论争中，整体与部分在存在论、认识论与方法论不同层面的对立组成了不同维度，这些维度并不是同构的。当复杂性以"超越还原论"为旗帜时，整体论与还原论的论争就成为重要论题，其论争实质是在不同维度上展开的结构性纲领之争。大多数具体整体论的讨论都是把"整体""部分"视为一种实在。这一预设往往会难于回答这样一个问题：为何同一对象可以被视为不同的整体且同一整体可分解为不同的部分。但从方法论角度却可以较好地给予应对，事实上也只有超越这种实在的整体与部分观念，才能实现整体论思考的突破。在方法论上，整体论可区分为构成整体论与生成整体论①，后者是复杂性科学对整体论的贡献。

2. 术语说明

在展开正式分析之前，有必要对本书一些基本的术语给出说明和界定。

（1）整体论/整体主义（holism）

"Holism"一词通常被译为"整体论"。常见的一个误解是："整体论"就是一种关于整体的"理论"。而"理论"在严格的科学哲学意义上是指建基于统一概念之上的命题体系，并需接受经验的检验。事实上，在英语表述中，"holism"的字面意思是关于整体的一种主张，因此更多时候表示"整体主义"，即一种关于整体或以整体的视野来看待对象的哲学立场。由于"holism"创用较晚，许多与整体论相关的思考都更宜概括为一种"整体主义"而不是有理论体系的"整体论"。本书对此二者不做严格区分，但会依

---

① Liu Jin-Yang, "How to deal with the whole: Two kinds of Holism in Methodology", pp.147-174, In: Burguete, Maria & Lam, Lui (editors), *All About Science: Philosophy, History, Sociology & Communication*, New Jersey:World Scientific, 2014.

据论述对象与主题使用不同表述。

（2）还原论、元素主义、原子论

与整体论相对的"reductionlism"通常被译为"还原论"，本书也采用这一术语。该术语由奎因于1951年在《经验论的两个教条》一文中首次明确使用。①同"整体论"的使用一样，"还原论"主要是指一种还原主义立场、取向，而并非某种确定的理论。还原论在不同语境下有不同的表述，本书使用的"元素主义"（elementlism）也是一种典型的还原论。在心理学的相关论争中，通常是以元素主义作为整体主义的对立者，而在科学方法论和认识论的相关讨论中则多用"还原论"。"atomism"通常被译为"原子论"或"原子主义"，在哲学史上可追溯到古希腊的德谟克里特和留基伯的宇宙论主张。②罗素曾提出"逻辑原子主义"。因此，原子论也可作为一种还原论主张。限于论述重点，本书不对元素主义、原子论和还原论做更细区分。

（3）不同语境中的"实体"

在形而上的讨论中，"实体"通常对应于"substance"，具体的解释见第一章的讨论，这是形而上意义上的第一存在。在具体整体论的讨论中，"实体"多对应于"entity"，即独立的存在个体之意。有研究者曾倡议亚里士多德意义上的"substance"应对译为"本体"，这样就能避免以上混淆。③但积重难返，主流学界依然沿用传统译名。本书对此术语的处理是通过加注英文来做区分，依据语境可将二者区分。

（4）具体整体论中的"整体"和"部分"

形而上层面的"整体"与"部分"将在本书第一章作专门讨论。在具体整体论中，"整体""部分"常常有多种涵义。"整体"的内涵很丰富，不仅仅是指"整体大于部分之和"，不同整体论者都在试图给出关于"整体"

---

① Quine. "Two Dogmas of Empiricism", *Philosophical Review*, 60 (1951): pp.20-43.
② 刘劲杨，《从存在到演化：科学转向的形而上分析》，《自然辩证法研究》，2015年第7期，第122-128页。
③ 尼古拉斯·布宁，余纪元主编：《西方哲学英汉对照辞典》，人民出版社，2001年，第964页。

的定义：①"内在趋向"（tendency），斯穆茨把宇宙进化中的"整体"理解为一个不断上升的动态趋向，呈现为一个动态上升的层级，由低层的物理组合物、化学化合物到有机体、心灵，最高层为个性（personality）[①]；②"集合"（set），整体是相互作用元素的集合，以贝塔朗菲对系统的定义为代表[②]；③"内在联系"（relation），整体是部分之间的在联系，这是有机论（organism）的典型观点；④"涌现"（emergence，或称"突现"），整体体现为一种超越部分的涌现，生物进化、复杂性科学均把此视为整体的重要表征。相应地，"部分"也有不同的定义，在使用上比"整体"更为随意：如"组分"（composition，欧阳莹之）、"个体"（individual）或"成员"（member，斯穆茨）、"主体"（agent，霍兰）、"实体"（entity，布拉德利）。

"部分"与"整体"的涵义如此多样，自然会带来很多论争。例如，对于水（H_2O）来说，它的"部分"究竟是一个个独立的水分子，还是氢原子与氧原子？或反过来问，对于氢原子与氧原子来说，一个个独立的水分子还是一滴水才是它的整体？对于还原论者，"部分"常指独立存在的个体或实体（entity），"整体"则是指整体论者所指称的那个由个体所组成的存在物（强还原论者并不接受存在整体）；而对于整体论者，"部分"是指组成整体的若干个体、成员或组分，"整体"则是指超越组分之上的并具有新属性的对象。此外，论者还常常混用"部分"与"个体"。

作为本书的约定："个体"指不可再分的、组成整体的最小单元（实体、成员、元素）；"部分"指可再分的构成整体的组分或组件（子系统）；对于仅由若干个体组成的整体（没有次级组件）来说，"个体""元素"均可视为"部分"。

（5）整体论与还原论的强弱区分

无论是整体论还是还原论，都存在着强与弱的不同表述。强还原论根植于还原论的绝对理想，把整体视为部分的组合，认为整体"不过是"（nothing but）、"无非是"某些更为基本的部分，高层次现象源于更低层次

[①] Smuts. *Holism and Evolution*, The Macmilian Company, 1926. pp.98-99.

[②] 严格意义上，"系统"与"整体"是有差异的，但从广义的整体论视野来看，不妨把"系统"理解为"整体"的一种定义形式，贝塔朗菲曾明确指出，他是以整体作为系统论的目标的。参见 Bertalanffy, *General System Theory*, George Braziller, Inc. 1968, pp. 54-55.

组分的相互作用，认为并不存在超越部分之上的整体，科学的任务就是要不断探索最为深层的简单实体。罗斯曼（Stephen Rothman）对强还原论的概括为：一是我们能根据事物的基本组成部分（它们的潜在结构）的全面知识，来达到对所有现象的理解；二是整体没有超越部分特性的任何自己的特性。①弱还原论与强还原论有明显的不同在于，它并不全然否认整体的存在，也承认分割会损害整体，在对部分的认识中可以适当方式引入整体的思考。本书所采用的整体论与还原论强弱观点的区分可以图0-3示之。

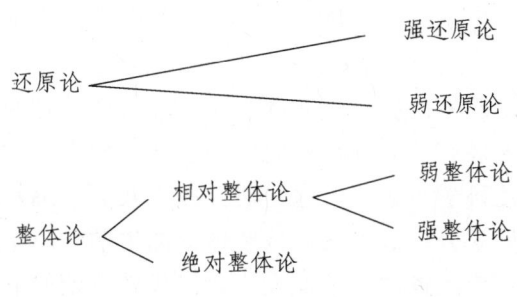

图 0-3 还原论与整体论的强弱观点区分

在强弱整体论的讨论中，还要注意"绝对整体论"与"相对整体论"的区分。绝对整体论只承认整体，甚至把整体等同于宇宙全体或"一"，取消部分与组分的存在，在方法论上坚决反对分割。事实上，当把某一对象视为一个不可分解为任何部分的个体时，这个整体就是对象本身，整体论成为一种特殊的"个体论"或"单子论"②，这显然不是我们所理解的整体论；而当把对象及其一切潜在关系视为整体时，该整体就是宇宙的全部（totality），整体论成为"全体论"或称"组合普遍论"。③

对于科学整体论研究来说，我们无法把一个"单子"视为"整体"，也无法以宇宙全体为对象。绝对整体论的这两种情况均消解了科学意义上的"整体"。斯穆茨对此指出："绝对论者，把'整体'这一表述应用于全部存

---

① 罗斯曼：《还原论的局限——来自活细胞的训诫》，李创同、王策译，上海译文出版社，2006年，第36页。
② "不具任何部分的个体"是莱布尼茨对"单子"的基本界定。参见莱布尼茨，《单子论》，载于：莱布尼茨，《神义论》，朱雁冰译，生活·读书·新知三联书店，2007，第481-500页。
③ 在部分论的研究中，英瓦根（Inwagen）使用（普遍论）"Universalism"来表述这样一种强主张，存在关于任何两个实体的一个集合。参见本书第一章第三节相关内容。

在、宇宙全体、宇宙全部观念（tout ensemble of universe），整体被视为某种统一（unite）或存在。这样的巨大整体可作为终极目标，但其路线却不是我们可以跟从的。"① 与绝对整体论不同，相对整体论不把整体作为不可分割的对象，而把整体视为基于相互关联组分之上的整合，整体是更大整体的一部分，具有相对性。相对整体论也有强弱之分。强（相对）整体论要比绝对整体论弱一些，它反对分割，但承认整体边界的存在。弱（相对）整体论是指接受整体边界，接受整体指导下的分割的相对整体论。在此意义上，本书的整体优位、元素优位并不完全等同于巴姆的"极端此极论"和"极端彼极论"，并非只承认整体或只承认元素的存在。

　　综上所述，在整体论科学兴起的当下，本书所展开的当代整体论研究主要关注与科学进展有关的整体论研究，包括心理学、物理学、生物学、系统科学、复杂性科学等领域。这一研究并不致力于揭示所有整体论思想史谱系，而是以形式分析的方法澄清整体论的主题与思想内核，探寻整体论的更大普遍性。该工作的必要性在于，当代整体论的哲学研究需要充分重视当代科学的经验基础，这可借鉴当代生物哲学家戈弗雷-史密斯（Peter Godfrey-Smith）的表述："这一研究将科学视为由科学家们所发展的(研究)，揭示出什么是科学的真正图景，尤其针对关于我们所处自然的大问题。这样我们聚集于通过科学的工作来知晓自然，但我们并不以科学的'原生'（raw）形式来决定观点。取代以原生科学来研究给定论题的做法是，我们以哲学的方式揭示出这些科学工作究竟在说什么。"② 另一方面，整体论研究又不能囿于科学之内，这正如怀特海所指出："一切具体科学的领域总局限于一定种类的事实，这意味着它所做出的任何有关事实的陈述都不会在这类事实之外。"哲学是向着更大普遍性的航行，这种普遍性将超越科学中任何特殊的主题。③

---

① Smuts. *Holism and Evolution*. The Macmilian Company, 1926, p.100.
② Peter Godfrey-Smith, *Darwinian Population and Natural Selection*. New York: Oxford University Press, 2009, p.9.
③ A. N. Whitehead, *Process and Reality*, New York: The Free Press, 1978, p.10.

第一章　整体与部分的形而上分析

"整体"与"部分"及其相互关系是所有整体论讨论必须给予阐明的内核，也是整体论的概念基础。整体与部分的形而上讨论是亚里士多德阐述实体及其存在的重要内容，实体一方面呈现为由部分构成的多，另一方面又是不可分割的一，多与一彼此并不相容，这种形而上的困惑成为形而上意义上的"组合难题"。对该问题的讨论也成为后续许多整体论哲学思考的基础。在存在论层面上，胡塞尔开创出形式存在论，部分论则沿此路径展开了对整体与部分的形式分析，即在形式上探寻一种对整体的普遍描述。

一、作为普遍范畴的整体与部分

亚里士多德对整体与部分的讨论主要集中于《形而上学》中，另一些散见于《物理学》和《论动物的部分》中。形而上学是关于存在的研究，亚里士多德把存在的研究作为第一哲学。"实体"（substance）作为"首要的存在"（primary being）是亚里士多德形而上学的核心概念，整体与部分的相关讨论均是围绕实体展开的。"在亚里士多德的形而上学中，实体是最统一的整体（unified whole），既是范例性的单个（paradigmatically single）又是复合的个体（complex entities）。"[①]

1. 亚里士多德论整体与部分

亚里士多德在《形而上学》第 V 卷中，对元素、部分、整体等术语给

[①] Theodore Scaltsas, "Substantial Holism", In: T. Scaltsas, D. Charles, M.L.Gill (edit), *Unity, Identity, and Explanation in Aristotle's Metaphysics*, New York: Oxford University Press, 1994, p.107.

出了定义，可作为我们讨论的基础。

（1）元素（element）

亚里士多德对元素给出了两种定义。第一种是核心定义，元素意味着"构成事物的最初的、内在的组分（component），其不能被分解为另外不同的类"①。如果一个元素被分割，其部分依然还是同一类元素，如水的部分依然是水。在此意义上，物体的元素就是指物体最终被分解的部分，这些部分不分解为其他类，不管是仅有的一个还是多个，都可称为元素。对于第一种定义，最为关键的难题是，如何理解"构成事物最初的"组分中的"最初的"，或物体最终被分解的部分中的"最终的"。水最终被分解的部分是水滴还是水分子、氢氧原子……"最初的""最终的""首要的"在亚里士多德意义上均表达了同样的主张，元素必须先在于其所构成的事物，是事物之基。元素是事物最终分解的东西，或者说最终不可再分解为其他东西的东西。

第二种定义是元素的引申意义，人们一般把"小的、简单的、不可分的东西"称为元素。由此，"最普遍的东西常被称为'元素'；因为不同情形下任何广泛的、单一的、简单的都是元素的事例，或者是全体或者是最大可能范围。"② 有人也因此把"一"和"点"视为第一原理，把最普遍的种也视为元素。亚里士多德强调，以上种种定义的共同之处是，"'元素'是首要的（primary）和内在的。"③ 由于元素是构成事物的内在的最终部分，因此元素具有认识上的普遍意义，是认识事物的第一原理，即只有认识了元素才能认识由之所构成者，或由之所生成者。由此，元素不仅是事物之基，还是认识之基。

（2）部分（part）

究竟什么是"部分"，其实并不容易给出定义。亚里士多德把"部分"的含义归为三种不同的分割（division）。

---

① *Metaphysics*, 1013^{a30}, In: Aristotle, *Aristotle Metaphysics*, Translated by Richard Hope, Ann Arbor: The University of Michigan Press, 1960, p.90.
② *Metaphysics*, 1014^{b10}, In: Aristotle, *Aristotle Metaphysics*, Translated by Richard Hope, Ann Arbor: The University of Michigan Press, 1960, p.90.
③ *Metaphysics*, 1014^{b10}, In: Aristotle, *Aristotle Metaphysics*, Translated by Richard Hope, Ann Arbor: The University of Michigan Press, 1960, p.90.

第一种含义是"作为量的分割"。亚里士多德指出:"'部分'意味着量的任何类别的分割,因为从量中取出的量总是被称为其部分。如 2 是 3 的部分,但有时只有那些测度整体的分割才被称为部分,所以 2 有时也不是 3 的部分。"①那什么是量呢?亚里士多德指出:"量是可数算的多,也是可以测度的大小。"②量也是分割为两个或更多个的组成性部分,每一个量或作为一个单位(unit),或作为这一个。

部分的第二种含义是一种质上(实体意义上)的分割,"作为形式的元素"。亚里士多德认为"部分"意味着一个形式(不是量)所分解的元素。因此,"任何整体所分解的元素,或构成整体的元素,不论这个整体是否是一个形式或具有一个形式:铜球或铜立方体是具有形式的质料,不仅以铜作为其的部分,而且也以(外形中的)角为其部分。"③在此意义上,属是种的部分,因为种的分解就是属。

第三种含义强调的是定义上的、逻辑上的分割。亚里士多德认为,"下定义命题的元素也被称为整体的部分。"④在此意义上,种是属的部分,因为属的定义依赖于种,种先于属。

(3)整体(whole)

亚里士多德在《形而上学》V.26 集中讨论了整体的三种核心含义。

第一种含义是部分的完全,即"整体的自然的构成部分一个也不缺"⑤。这是整体最直观的意义,也预设了整体是由部分所决定的外延性观点,因为只要缺了任一部分,整体就是不完整的,整体或者改变或者不再是原来的整体了。亚里士多德不会同意更强的外延论主张,即如果部分是一样的,那么其所构成的整体也是一样的,详见后文部分论的分析。

第二种含义强调整体是一种包含和统一,即作为类的整体:"整体是一种包容(container),其内容可以两种方式组成统一体(unity):或者每个

---

① *Metaphysics*, 1023$^{b10\text{-}20}$, In: Aristotle, *Aristotle Metaphysics*, Translated by Richard Hope, Ann Arbor: The University of Michigan Press, 1960, p.117.
② *Metaphysics*, 1020^{a10}, In: Aristotle, *Aristotle Metaphysics*, Translated by Richard Hope, Ann Arbor: The University of Michigan Press, 1960, p.107.
③ *Metaphysics*, 1023^{b20}, In: Aristotle, *Aristotle Metaphysics*, Translated by Richard Hope, Ann Arbor: The University of Michigan Press, 1960, p.117.
④ *Metaphysics*, 1023^{b20}, In: Aristotle, *Aristotle Metaphysics*, Translated by Richard Hope, Ann Arbor: The University of Michigan Press, 1960, p.117.
⑤ *Metaphysics*, 1023$^{b20\text{-}30}$, In: Aristotle, *Aristotle Metaphysics*, Translated by Richard Hope, Ann Arbor: The University of Michigan Press, 1960, p.117.

组分是"一"（unity），或者所有组分一起组成一。"①由此，亚里士多德认为，普遍的、一般的命题（proposition）也是一种整体，因为它包含了许多东西，它可被作为其中每一个体的谓词（作为它们的属性），每一个体又都是同一个整体的示例。如人、马、神均是生灵（living being），后者是前三者的整体。这显然是一种抽象的整体。

第三种含义强调整体的个体性："一个连续的、有所限的个体（entity）也是一个整体，当其作为由许多组分潜在地组成的一个事物时是如此，即使许多部分现实地组成一个事物时亦是如此。"②依据亚里士多德所述："有所限"（limited）的意思可指任何事物的终点、结束；具有大小的形式，如空间的大小等。③在此意义上的整体一定是由部分组成的有界的个体。"连续的"除了空间上连续，还应包括时间上的连续，既包括由部分现实地组成的整体，还包括由部分潜在生成的整体，共同统一在个体的"一"之中。

作为一种区分，在亚里士多德看来，比起人工方式，以自然而然方式存在的整体更是整体。"一"也是如此，因为"作为某种整体而存在也就是作为某种一而存在"。④整体性（wholeness）就是一种统一性（unity）。自然的方式比人工的方式更为统一，因为前者是天然的"一"。

在整体论的讨论中，"整体"还常会与"堆"（heap）、"集总"（aggregate）和"总体"（totality）的意义相交叉，容易混淆。整体不是"堆"。亚里士多德指出："在所有那些具有若干部分的事物中，整体不是一个堆，除了其部分外，它还是某个事物（particular something），具有统一的要素（factors）。"⑤这种统一的要素，在身体中，其部分是因相互的接触（contact）或因内聚等其他性质而统一起来成为整体。因此，整体是具有个体性的"一"而不是部分的"多"。这一观点也几乎是所有整体论所必须遵循的基础之一。整体也不是"集总"或"总体"。亚里士多德认为："如果改变量的起点、中

---

① *Metaphysics*, 1023^{b20-30}, In: Aristotle, *Aristotle Metaphysics*, Translated by Richard Hope, Ann Arbor: The University of Michigan Press, 1960, p.117.
② *Metaphysics*, 1023^{b20-30}, In: Aristotle, *Aristotle Metaphysics*, Translated by Richard Hope, Ann Arbor: The University of Michigan Press, 1960, p.117.
③ *Metaphysics*, 1022^{a10}, In: Aristotle, *Aristotle Metaphysics*, Translated by Richard Hope, Ann Arbor: The University of Michigan Press, 1960, p.112.
④ 《形而上学》，1023^{b35}，《亚里士多德全集》（第七卷），苗力田译，中国人民大学出版社，1993年，第139页。
⑤ *Metaphysics*, 1045^{a10}, In: Aristotle, *Aristotle Metaphysics*, Translated by Richard Hope, Ann Arbor: The University of Michigan Press, 1960, p.178.

点和终点的位置并不影响其集总（aggregate），这样的量称为总体（totals）；而那些有着固定位置安排的，则是整体；两种特性均具有的，既是整体也是总体。"[①]有某种统一性的事物被称为"总体"（totality），而当其部分各自分隔时就被称为"所有"（all），如所有数字，所有单元。这几个概念，亚里士多德只是给出了初步的分析，集总是没有固定秩序的，而整体是有固定秩序安排的。在他看来，那些在部分变换后，其本性保持不变的既是总体也是整体，如即使蜡和大衣的外形改变了，但其本性不变，水和各种液体则是总体。

（4）在先（before，prior）

整体与部分的在先之争是诸多整体论的论争焦点，有必要分析下亚里士多德在形而上层面的讨论。

第一种含义是时间、空间、秩序上的"先于"（before）。"先于"意味着"每个种有一最初者（first）或开始/本原（beginning）"[②]，事物的先后依据其与本原的远近而得以区分。这种在先性可以是内在本质的，自然的或与某物、某地、某人相关的。如地点上的中点就比终点更在先。时间上，对于现在来说，发生在先的特洛伊战争先于波斯战争；对于未来，离现在更近的是在先的，如第 24 届冬奥会一定是比第 25 届冬奥会在先；对于人来说，儿童总是在先，成人阶段在后。秩序（order）的在先是指："事物依据某些秩序占据其位置，这些秩序依据某些规则而具有始点。"如首席小提琴手先于其他琴手，吉他弦中一弦（E）先于二弦（B）。

第二种含义是指认识上的优位，即"认识上的优先次序（priority）"，由认识所参照的内在本质点所决定。在感知上，个别的事物（particular）更在先。在定义上，普遍的命题更在先，属性先于整体，如"文雅的"在先于"文雅的人"，因为前者是后者的部分，而对一个定义来说，"没有部分就没有整体"。但是，作为一个存在（being），"文雅的"又是后于"文雅的人"。也就是说，虽然"文雅的"在认识上的定义上是先于"文雅的人"的，但对存在而言，前者又是后于后者的。亚里士多德在这里实际指出了

[①] *Metaphysics*, 1024^a, In: Aristotle, *Aristotle Metaphysics*, Translated by Richard Hope, Ann Arbor: The University of Michigan Press, 1960, p.118.

[②] *Metaphysics*, 1018^{b10}, In: Aristotle, *Aristotle Metaphysics*, Translated by Richard Hope, Ann Arbor: The University of Michigan Press, 1960, p.102.

认识论的先后与存在论的先后意义并不是同一的。

第三种含义是指在先性的传递性，即"在先事物的性质也是在先的"，如线在先于面，那么线的"直"这一性质就先于面的"光滑"性质。

第四种含义是指"自然本性的（natrual）、存在论的优位"（priority），即"某事物是这样在先的，它自身是独立的，而其他事物依赖于它"①。存在有很多方式，有依据基质（subject matter）的优位，如实体的在先。也有依据潜能和现实的优位，如在潜能上，半条线优先于整条线，部分先于整体，质料先于实体；而在现实上，后者则先于前者，因为"只有在整体被分解后才有它们的现实存在"。在此意义上，所有事物的在先或在后可依据这样的区分：某物在其生成上、起源上（origin）可独立于其他，如整体独立于部分，整体先于部分；或者在消亡、分解上在先，可独立于分解（decomposition）外，如部分独立于其整体，在整体分解后部分依然存在。

这些区分表明，即便是在存在论的意义上，在先依然是多义的，其先后的区分需要依据不同的维度才能给出。从潜能的角度来看，部分先于整体，而从现实来看，整体则先于部分；从生成的角度看，整体又先于部分；从消亡和分解的角度看，部分又先于整体。这说明，对整体与部分关系的分析不仅需要考虑整体与部分本身，还必须分析它们所在的特定维度。

（5）对立（opposite）

整体与部分的对立是整体论讨论中的重要论题。亚里士多德的"对立"有着丰富的意义，可包括矛盾、相反、相关、缺乏/具有（privation-possession）、开始/结束（生成和消亡两端）。那些不相容者（incompatibles）是对立的，其属性不能同时共存于同一容受者内，不相容者的元素也是对立的。②如灰色与白色不能同时属于同一事物，因此组成它们的元素（白和灰）也是对立的。

在亚里士多德看来，对立首先表现为"差别"（difference），因为正是"差别将两个事物区分开"。相反就是"有差别的"，而矛盾是"完全的差别"（perfect difference），是两个极端点的相关，同种内的属差可成为一个完全

---

① *Metaphysics*, 1019^a, In: Aristotle, *Aristotle Metaphysics*, Translated by Richard Hope, Ann Arbor: The University of Michigan Press, 1960, p.104.
② *Metaphysics*, 1018^{a20}, In: Aristotle, *Aristotle Metaphysics*, Translated by Richard Hope, Ann Arbor: The University of Michigan Press, 1960, p.101.

的差别。这种完全的差别的表现就是,"每一个矛盾都必须是一种缺乏"①。矛盾的基本形式是处于"肯定态(positve state)与缺乏"之间,这是一种完全的缺乏,在矛盾之间没有居间者(intermediate)。如一个数不是奇数就是偶数,不存在既是奇数又是偶数者,也不存在既不是奇数也不是偶数者。反之,缺乏则不一定都是矛盾,因为许多缺乏是有中介者的。相反者之间则有中介物。如更大与更小,两者只能是相反,相等是其居间者。此外,虽然相反也可体现为极端的差别,但相反者有着共同的质料或共同的潜能。

亚里士多德强调,必要对立只存在于同一种类中的差异无法共存的成员之间,最基本的对立原理(principle of opposition)为:"对立就是在同一时间不能同时属于同一事物。"②如在日常语言中,"是,还是"这样的问题常被认为是论及对立的,如"是生还是死?""是一还是多?""是黑还是白?"或者问"是苏格拉底还是克勒翁?"亚里士多德指出,这其中的许多"是,还是"并不是对立的,只是对立的一种延伸说法,不符合对立的基本原理。如苏格拉底和克勒翁肯定不是对立的,因为他们可以在同一时间内共存。而黑与白也不是相反的,因为不是黑不一定必然是白,还可以是其他什么颜色。

由此,亚里士多德形而上意义的"对立"在弱意义上,其含义可概括为一种基于"差别"之上的相反、相关、缺乏/具有、开始/结束等;而在强意义,则是指一种存在论意义上的不相容、不共存。若以亚里士多德的整体与部分界定来考量,不难看出,整体与部分在弱意义上是有差异的,但在强意义上并不是对立的,因为部分与整体本身是共存的,部分只是对整体的"分割"。更进一步,当"整体"等同于"一",部分等同于"多"时,则会产生一与多的对立,进而导致构成性的组合难题。

2. 作为整体的实体

在亚里士多德的形而上体系中,与"整体"最为密切的范畴是"一"和"实体",这三个范畴在很多情形下是同一的,但其实差异很大,有必要作出分析。

---

① *Metaphysics*, 1055^{b15}, In: Aristotle, *Aristotle Metaphysics*, Translated by Richard Hope, Ann Arbor: The University of Michigan Press, 1960, p.209.
② *Metaphysics*, 1055^{b40-42}, In: Aristotle, *Aristotle Metaphysics*, Translated by Richard Hope, Ann Arbor: The University of Michigan Press, 1960, p.210.

（1）"一"（one，unity）

"一"是一个复杂的术语，亚里士多德除了在《形而上学》的第 V 卷单列说明外，还在该书第 X 卷给出了丰富的论述。限于本书的论述重点，只能依据整体与部分的讨论需要择要论之。需要说明的是，"一"在希腊语中对应于"ἑνότης"，其对应的英文在不同语境下可有"one""unity""unit" "oneness""single"等不同译名。而在中文中，由于语言习惯的限制，通常就译为"一"，有时译为"统一""统一体"。

如果说"一"只是一种习惯，或者认为"一"只是在某一种特定情形下的称谓，这种"一"只是亚里士多德所言的"偶性地一"。[①]然而，我们真正要讨论的是由其自身本性而具有的一，即"由其自身而统一，包括事物构成（constitute）的一或形成（form）一个本质的一（unity）"[②]。亚里士多德在《形而上学》第 X 卷中，把这种本质性的一概括为四种[③]，我们再结合他在该书第 V 卷的论述，一起概述如下。

第一，自然的连续（natrurally continuous），即不是依靠接触、捆绑在一起而是依其本性而连续，如事物不可分的、单纯的运动就是这种连续的一。

第二，作为具体的整体。亚里士多德在《形而上学》第 X 卷对此进行了说明："事物是具体的整体，具有自己的形状或形式时就特别是一。这种一如果是自然的而非外力的，例如被粘、钉、捆在一起，那么就更是一，它自身是其连续的基础。"[④]具体的整体之所以是一，是因为事物自身是其作为一的基础，尤其是当这一整体的运动是不可分的单一运动。从整体与部分的视角来看，这里着重强调的是整体的自然连续性，整体必须是依其本性而为一。

第三，数目的一、测度的一。任何数目个体都是不可分的。对此亚里士多德在《形而上学》第 V 卷还强调了数的本原性，"一意味着一个算术的

[①] "偶性地一（unity）是指两个术语这样的意义同一，'柯里斯科和文雅者''文雅的柯里斯科'，这两者是一回事。"参见 *Metaphysics*, 1015^{b20}, In: Aristotle, *Aristotle Metaphysics*, Translated by Richard Hope, Ann Arbor: The University of Michigan Press, 1960, p.94.
[②] *Metaphysics*, 1016^{a}, In: Aristotle, *Aristotle Metaphysics*, Translated by Richard Hope, Ann Arbor: The University of Michigan Press, 1960, p.95.
[③] *Metaphysics*, 1052^{a20-b}, In: Aristotle, *Aristotle Metaphysics*, Translated by Richard Hope, Ann Arbor: The University of Michigan Press, 1960, pp.200-201.
[④] *Metaphysics*, 1052^{a20}, In: Aristotle, *Aristotle Metaphysics*, Translated by Richard Hope, Ann Arbor: The University of Michigan Press, 1960, p.200.

本原，因为最初的测度就是本原。正是藉此来测度某物如何属于某类。由此，一是认识任何个体事物的本原，但并不是所有的种类具有同样的一。"①从测度的视角分析，亚里士多德还提醒："'一'（one）不是一个'数'"，"一"标识着对"多"的测度。②

第四，种类和定义上的一。当事物被统一在智识和知识中的同一种类时，也是不可分的一，如人、马都是动物。当事物的是其所是的定义是不可分时，它们就被称为一，虽然其定义自身是可分的。③"只要事物是数目的一，它们也是形式上的、种类上的或类比上的一。数目的一具有单一的质料，形式上为一的具有单个的定义。种类为一（generically one）的是分类的单个模式。类比为一，它们彼此具有成对的同样的比率和关系。"④

不难看出，在这四种关于"一"的区分中，亚里士多德总体上最强调的是，事物可依据不论怎样都不可分这个理由而为一。在这四种一当中，前两种侧重具体事物的一，自然连续性是作为具体的一的基础，具体的整体是对自然连续性的更高程度的一；后两种侧重于抽象的一，其中数目的一总是形式的一，而形式的一并不总是数目的一。种类的一并不都是形式的一，可能只是类比上的一。而类比上的一并不都是种类上的一。

（2）实体（ousia）

"实体"（ousia）⑤是亚里士多德形而上学的核心概念，一与多的问题也包于含其中。《形而上学》比较集中地给出了实体的四种区分。实体的首要

---

① *Metaphysics*, 1016^{b20}, In: Aristotle, *Aristotle Metaphysics*, Translated by Richard Hope, Ann Arbor: The University of Michigan Press, 1960, p.97.
② *Metaphysics*, 1088^{a}, In: Aristotle, *Aristotle Metaphysics*, Translated by Richard Hope, Ann Arbor: The University of Michigan Press, 1960, p.302.
③ *Metaphysics*, 1016^{a35}, In: Aristotle, *Aristotle Metaphysics*, Translated by Richard Hope, Ann Arbor: The University of Michigan Press, 1960, p.96.
④ *Metaphysics*, 1016^{b30}, In: Aristotle, *Aristotle Metaphysics*, Translated by Richard Hope, Ann Arbor: The University of Michigan Press, 1960, p.97.
⑤ "ousia"在英语中最流行的译名为"substance"，源于中世纪哲学家波埃修斯对《范畴篇》影响深远的评注。在其评注中，实体和主体是一致的。但"substance"与ousia并没有词源关系，不是形而上学中ousia的准确译法，可供选择的英文为essence、entity、reality等，也有学者建议中文应译为"本体"。参见尼古拉斯·布宁，余纪元：《西方哲学英汉对照辞典》，人民出版社，2001年版，第964页。本书采用的是Richard Hope英译本使用的"primary being"（首要存在）。

含义是："它们不述说其他东西，而其他东西述说它们。"①因此，亚里士多德认为，一个单纯（simple）的物体如土、火、水这类所有事物、总体上，此类单纯物体及由它们构成的物体包括动物和精灵（super beings），以及它们的部分都是实体。其次，"实体是存在的解释（explanation），因为实体从不作为其他东西的谓词。"②例如，我们从不说一个生灵（living being）就是灵魂或生命。因为，灵魂并不是生灵的属性而是本质，我们只能用灵魂来解释生灵，而不是相反。再次，"那些在最初感觉中，不论怎样都内在于实体中，限制它们并将其标示为这一个（this-something），或当它们被消灭了，实体也消灭了。"③如：一个物体的面或面的线；普遍上，一些人认为数目也是这样的东西，如果数目被消灭了，什么也没有了，数目包含一切东西。此外，"实体还指给定事物的是其所是，在其定义中这是决定性的，这被称为事物的是其所是。"④

在以上含义的基础上，亚里士多德强调实体最主要的两个本性是："或者作为终极的基质（subject matter），它永远不是属性，它不述说其他；或者作为确定的'这一个'，它具有可分离的存在，如事物的形状与形式。"⑤前者强调实体的首要存在性，作为终极的、首要的存在，实体不能归因于其他事物，而其他事物则归因于它。后者则强调了实体使事物成为"这一个"，决定着事物的是其所是，如：有些事物的形式就是实体；有些事物是由质料所决定，质料此时也可成为实体。事实上，实体仅有这两个本性似乎有些不够，因为不论是作为首要存在，还是作为是其所是的决定者，实体还必须是"一"而不是"多"。亚里士多德指出：

> 一般的，那些必须以同样形式（formula）作为本质存在的事物，或那些在时间、空间、定义中不可分割的事物，才是真正的一（unity）。其中，实体就是这样特殊的一。由此，普遍意义上，

---

① *Metaphysics*, 1017^{b10}, In: Aristotle, *Aristotle Metaphysics*, Translated by Richard Hope, Ann Arbor: The University of Michigan Press, 1960, p.99.
② *Metaphysics*, 1017^{b15}, In: Aristotle, *Aristotle Metaphysics*, Translated by Richard Hope, Ann Arbor: The University of Michigan Press, 1960, p.99.
③ *Metaphysics*, 1017^{b15-18}, In: Aristotle, *Aristotle Metaphysics*, Translated by Richard Hope, Ann Arbor: The University of Michigan Press, 1960, pp.99-100.
④ *Metaphysics*, 1017^{b20}, In: Aristotle, *Aristotle Metaphysics*, Translated by Richard Hope, Ann Arbor: The University of Michigan Press, 1960, p.100.
⑤ *Metaphysics*, 1017^{b20}, In: Aristotle, *Aristotle Metaphysics*, Translated by Richard Hope, Ann Arbor: The University of Michigan Press, 1960, p.100.

无论如何都无法被分割的东西被称为这个一（one unity）。①

这并不是要说，"一"是实体的另一个特性，而是强调实体的这两个固有特性均蕴涵着"一"。只有作为一，才能成为"首要"并决定"这一个"。实体的含义还在另一处被亚里士多德概括为四种存在方式：作为是其所是、作为普遍（generality）、作为类（kind）、作为基质。②这个概括还蕴涵着一个推论：不论是作为普遍，还是作为类，实体都有包含之义，实体的一是对多的包容，不是没有区分的一，而是基于多之上的一，作为一个统一（unity）的组合体（composite）——整体（whole）。由此，实体总是作为一个不可分割的"一"而存在，作为一个统一的整体而存在。

（3）作为原理的一

整体是一，但整体又是由元素所构成的，元素的多是如何成为整体的一呢？亚里士多德对此的讨论如下：

> 整体是一（one），不是堆，但像音节：音节不是其自身的元素，因为 ba 并不同于 b 和 a；肉体也不是火和土。当整体（音节、肉体）不再存在时，但一个个音，火和土还存在。作为整体的音节是可区别的某物，不仅仅是一个个音，元音或辅音，它是某种别的东西。肉体也不仅仅是火和土，或热与冷，也是某种别的东西。③

亚里士多德在这里首先指出整体虽然由元素构成，但整体不是元素。因为如果遵循元素主义，主张某物或者是元素或者是由元素所构成的，那么对于元素也可这样无限追问。如肉体由火和土构成，火和土又由其他东西构成，以此类推，就会导致无限后退。其次，整体与元素是相互区别的，整体是元素之上的"其他东西"。元素则是某物被分解的并内在于其中的质料。例如，a，b 可作为音节 ab 的元素。整体一定不是单个（one）元素，

---

① *Metaphysics*, 1016^{b10}, In: Aristotle, *Aristotle Metaphysics*, Translated by Richard Hope, Ann Arbor: The University of Michigan Press, 1960, p.96.
② *Metaphysics*, 1029^{a}, In: Aristotle, *Aristotle Metaphysics*, Translated by Richard Hope, Ann Arbor: The University of Michigan Press, 1960, p.132.
③ *Metaphysics*, 1041^{b10-20}, In: Aristotle, *Aristotle Metaphysics*, Translated by Richard Hope, Ann Arbor: The University of Michigan Press, 1960, pp.167-168.

而是不止于一；如果是一的话，这个元素就是它自身。由此，这个所谓"其他的东西"并不是某个元素，而是使一些东西成为肉体，另一些东西成为音节的原因。这其实就是任何事物的实体，因为实体是事物存在的第一因。亚里士多德强调："事物的本性很清楚的是其实体，实体并不是元素，而是原理（principle）。"①

作为原理，实体又是如何使元素的多成为整体的一？斯卡萨斯（Scaltsas）对此的提问是："这是如何可能的呢？统一者（unifier）把实体的元素统入一个整体，却并不要求有一个把元素绑入的额外的统一者。"②

任何一个定义都是一（untity），它绝不是其构成部分之间的拼合。如"Iliad"（伊里亚特）的意义不是其字母的拼合。"人"是如何成为一呢？人是两足的动物，但人显然不是"动物"加上"两足的"的集总。因为不管是"动物"还是"两足的"都不是可依靠自身、单独存在的事物，也就不存在关于它们的集总。或者可以认为人不是靠其自身构成部分的集总，而是依赖于对动物和两足的存在的分有（participation）而成为一的吗？但分有意味着，人不是一（one）而是多。

亚里士多德在这些分析基础上指出，这一困难是无法依据定义式的通常方式来解决的，应转向形质论的解释。"正如我们所说，存在着质料和形式，质料是潜能，而形式是现实的，这种解释就会避免以上困难。"③如钟的"铃形"（cloak）④的定义就是"铜的球形"，包括"铜的"和"球形的"。"铃形"不是"铜的"和"球形的"集总，因为它们都不是可单独存在的；铃形也不是分有，因为分有就意味着铃形是多而不是一。所以这两种解释都面临困难。从形质论的角度则可做出解释，铜作为质料，具有潜能，而圆形则作为形式，是一种现实的"一"，除了外在的作用者，"把潜在球形

---

① *Metaphysics*, 1041^{b30}, In: Aristotle, *Aristotle Metaphysics*, Translated by Richard Hope, Ann Arbor: The University of Michigan Press, 1960, p.168.
② Scaltsas, "Substantial Holim", In: T. Scaltsas, D. Charles, M.L.Gill (edit), *Unity, Identity, and Explanation in Aristotle's Metaphysics*, New York:Oxford University Press, 1994.P.114
③ *Metaphysics*, 1045^{a25}, In: Aristotle, *Aristotle Metaphysics*, Translated by Richard Hope, Ann Arbor: The University of Michigan Press, 1960, p.178.
④ "cloak"直译为"披风"，但据韦氏词典，"cloak"也多用于"clocca bell"，尤指钟上的铃的外形（bell-like shape at clock）。依据上下文，亚里士多德在此应是使用此意，即钟的一种铃形。

变成现实存在的球形的原因不是别的，而正是每一存在物的是其所是。"①

3. 整体与部分的形而上界定

作为普遍的范畴，整体与部分均是对存在本性的描述。如前所述，亚里士多德认为整体是由其自身本性而具有的"一"，这种本性有两种方式：一种是事物构成（constitute）的一，另一种是形成（form）一个本质的一。前者我们可称之为整体与部分的构成维度，关注整体与部分的构成关系，整体是作为一种部分的组合而存在；后者则是整体与部分的生成维度，关注部分如何生成整体，整体是作为一种生成的形式而呈现为一，元素只是作为一种具有潜能质料而存在。亚里士多德总体上是以构成的维度给出了整体与部分的基本界定，揭示出其存在的难题。当他以潜能和现实的形质论来解释元素与整体、一与多的对立时，其实是试图以生成维度来解决构成性的困惑。这意味着在整体与部分思考的源端处就存在着两种维度的分野，进一步分析详见后文。② 依据这两个维度，我们可给出整体与部分的基本界定，详见表1-1所示。

表 1-1　整体与部分的形而上界定

维度	分析对象	特性描述
构成维度	元素	（1）构成事物的最初的组分 （2）不能被分解为另外不同的类 （3）首要的（primary）和内在的
	部分	（1）作为量的分割 （2）质上的分割，作为形式的元素 （3）定义上的、逻辑上的分割
	整体	（1）所有部分的完全 （2）包含和统一，即作为类的整体 （3）个体性，一个连续的、有所限的个体 （4）不是"堆""集总"（aggregate）和"总体"（totality）

---

① *Metaphysics*, 1045^{a35}, 亚里士多德：《形而上学》（英文版），劳斯译，中央编译出版社，2012年，第183页。Hope 的译本在此有所不同，"没有什么其他原因能够解释潜在的球形变为现实的球形。因为正是这两种存在（质料的是其所是和形式的是其所是）确切定义了潜能和现实的关系。"参见 *Aristotle Metaphysics*, Translated by Richard Hope, Ann Arbor: The University of Michigan Press, 1960, p.179.

② 以生成整体论的观点来看，这实际上是以生成论解决了构成论的矛盾，参见本书第五章对两种整体论的划分。

续表

维度	分析对象	特性描述
生成维度	对立关系	在弱意义上整体与部分是某种差异，但在强意义上并不是对立的，整体与部分是共存的
	整体	（1）相比人工（构成）整体，天然（生成）的整体更是整体 （2）自然连续性，整体依其本性而为一，具体整体是一 （3）元素之上的"其他东西"，某种原理，使元素的多成为一
	先后关系	从潜能的角度来看，部分先于整体，而从现实来看整体则先于部分；从生成的角度看，整体又先于部分；从消亡和分解的角度看，部分又先于整体

整体与部分的思想很大程度是以构成维度为基础的，也成为后续众多讨论和思考的基础，最为突出的一个发展就是对纯粹形式的分析。这种构成关系会面临非常困难的组合难题，形质论等生成维度的思考则提供了一种解释路径。更深入的生成维度思考还有赖当代整体论科学的推进。还有必要指出的是，关于先后关系的讨论，表1-1中主要是依据亚里士多德的观点将其重点放在生成维度下进行的，其实构成维度下也有先后的问题，如下面要讨论的形式上的"在先"。

二、作为纯粹形式的整体与部分

关于整体与部分的形式讨论始于20世纪初，胡塞尔在1901年出版的《逻辑研究》第三研究中将整体与部分的关系作为"在先"（a prior）的问题来研究，展开了对整体与部分的纯粹形式讨论，并提出了"形式存在论"（formal ontology）的基本设想。这一工作由一批逻辑学家、心理学家、现象学家和其他一些哲学家所开创、发展、完善，形成了一项专门的研究——"部分论"（Mereology）。

1. 形式存在论

胡塞尔在《逻辑研究》中将两个基本事实作为思考的起点：一是所有思维和认识都与对象（object）或事态（state of affair）有关，这些对象或事态表现为一种在杂多现实或可能的思维行为中的"自在存在";二是所有思维都具有一种思维形式,这种思维形式服从于观念的规律。或者说服从普遍认识的客观性或观念性。这两个事实导致的困惑是,对象是"自在的"但却是在认识中"被给予",作为概念或规律的一般之物的观念是如何进入思考者对杂多对象的把握中的?然而,思考者是无法通过描述现实中的对象来解决困惑,即:"不应按照经验在那些行为意向中所显现或生效的那样将它们设定为现实,恰恰相反,那些至今为止非对象性的行为才应当成为我们所要把握,所要理论设定的客体;我们应当在新的直观行为和思维行为中去考察它们,分析、描述它们的本质,使它们成为一种经验思维或观念真理思维的对象。"①

这意味着,"对象(在思维中)如何可能"是比"对象是什么"更为根本的问题,前者关注对象是在何种前提下得以确立,后者关注依据前提如何给出对象的(经验)描述,前者"先于"后者。考察"对象如何可能"必须遵循无前提性原则,或者说它必须先于一切既有的经验前提,先于所有的经验理论,即先于所有解释性的实体科学。也就是说,"对象如何可能"的问题一方面先于物理的自然科学,另一方面也先于心理学,并且先于所有形而上学。这种现象学意义上最普遍的认识论,"并不想在心理学或心理物理学的意义上解释认识,解释客观自然中的事实性事件,而是想根据其构造因素或规律阐明认识的观念;它不想考察事实的认识行为所处于中的那些并存和演替的实体关系,而是想理解认识的客观性在其中得到表明的那些特种关系的观念意义;它想通过向相应充实的直观的回复而使纯粹的认识形式和规律变得清楚而明白。"②胡塞尔由此展开了纯粹逻辑学的研究,其任务就是"确定并澄清那些赋予所有认识以客观意义和理论统一的概念和规律"③。

整体与部分的形式分析正是在这一背景下被引入的。然而,把认识论的澄清置于如此基础的地位暗含着一种存在论主张:强意义上表述为,形式先于(a priori)对象;弱意义的表述为,关于对象的形式可以独立于对象质料而存在。在此意义上,存在着一门更为基础的关于对象本身的纯粹

---

① 胡塞尔:《逻辑研究》(第二卷第一部分),商务印书馆,2015年,第314页。
② 胡塞尔:《逻辑研究》(第二卷第一部分),商务印书馆,2015年,第326-327页。
③ 胡塞尔:《逻辑研究》(第二卷第一部分),商务印书馆,2015年,第307页。

理论，即形式存在论。胡塞尔正是在对整体与部分的思考中意识到这一点的，他指出："这门理论所探讨的是那些从属于对象范畴的观念，如整体与部分、主体与属性、个体与种类、属与种、关系与集合、统一、数字、序列、数值等等。"① 这一设想的意义直到 20 多年后胡塞尔的《形式的与先验的逻辑》（Formal and Transcendental Logic，1929）中才得到更直接的表述和重申。在他看来，形式真理不同于其他先在真理的原因在于："前者并不需要任何关于对象的直觉或作为具体事例的谓词形式（predicatively formed）的复合事态（affair-complex），甚至使这些与空的形式相关联。因此，这表明有一门关于任何事物和每一事物的普遍性，关于每一可能事物、所有可想象事物的普遍性科学，应称其为形式存在论。"②

胡塞尔指出，作为形式数学（formal mathematics）的一种本质性的扩展，形式存在论不同于传统的基于范畴的判断分析（Apophantic analytics），也异于集合论、算术这些形式数学本身，即便像布尔代数这样能够实现从"算术演算"到"逻辑演算"（logical calculus），仍不能视为形式存在论。当然这二者其实无法分开的，因为"在终极意义上，所有对象的形式，任何事物不论其派生形式如何，的确是以形式范畴自身（formal apophantics itself）而显现的"。③

在胡塞尔看来，历史上，亚里士多德最早提出关于实在的普遍存在论，并将其作为"第一哲学"，然而他没有认识到形式存在论是先于实在存在论（ontology of reality）的。形式这种意义的真正发现始于近代法国数学家韦达（Franciscus Vieta）对代数分析性的确立，他将数与量的理论还原为可演绎的技术。其后，莱布尼茨的"普遍数学（科学）"（mathesis Universalis）完全突破了基于质料的普遍性的限制，而以形式作为普遍性的来源。之后的哲学逻辑学家们在分析技术上取得进步如集合论、布尔代数的发展，却并未理解形式的这种重要意义。捷克数学家布尔查诺（Bernard Bolzano）虽然在 19 世纪认识到质料的存在论与"空形式存在论"（empty-form ontology）的区分，却没有更为深入地揭示"空形式"的意义。胡塞尔强调，

---

① 胡塞尔：《逻辑研究》（第二卷第一部分），商务印书馆，2015 年，第 545 页。
② Edmund Husserl, *Formal and Transcendental Logic*, Translated by Dorion Carrns, Hague: Martinus Nijhoff,1969(first edition,1929), p.12.
③ Edmund Husserl, *Formal and Transcendental Logic*, Translated by Dorion Carrns, Hague: Martinus Nijhoff, 1969(first edition,1929), p.79.

形式在先与范畴在先事实上是密不可分的，形式存在论与范畴逻辑也是不可分的，我们应由形式范畴分析走向形式存在论。①在此意义上，"形式存在论是这样一种普遍的存在论，处理对象层次的形式结构（formal structure），处理对象得以断定的形式预设（formal precondition）以及实在层次的范畴结构（formal categories）。"②

当代的存在论研究与传统存在论的主要不同在于：一是研究方法不同，传统存在论主要采用日常话语分析，形式存在论主要采用逻辑分析的方法，即通过分析存在陈述的逻辑形式展开研究；二是对"可证性"（justification）的要求，形式存在论"不再如传统存在论那样去展示世界是怎样的一个或系列的图景（或给出关于存在的清单），它的目标是寻找那些可证明为存在的理由"③。

2. 胡塞尔对整体与部分的分析

胡塞尔在给出整体与部分的分析之前，首先提出整体与部分的关系是一种先在于对象的奠基（foundation）关系："对象可以处于整体与部分相互关系中，也可处于某一整体中部分的相互关联中。"④这些关系先在于关于对象的观念中。

> "奠基"的定义：如果一个本质规律是这样的，一个 A 只能处于一个与 M 相联的、更综合的统一（comprehensive unity）中，那么我们说一个 A 本身（as such）需要一个 M 来奠基，或者说，一个 A 本身需要以一个 M 来补充。⑤

A、M 可泛指一切对象，逻辑上可延伸至属（类）、种各层次。因此，如果 A_0、M_0 分别是纯粹的类 A、M 的实例，具体实现于一个单一整体中并

---

① Edmund Husserl, *Formal and Transcendental Logic*, Translated by Dorion Carrns, Hague: Martinus Nijhoff, 1969(first edition,1929), pp.86-88.
② Paolo Valore(ed.), *Topics on General and Formal Ontology*, Monza/Italy: Polimetrica International Scientific Publisher, 2006, p.13.
③ Paolo Valore(ed.)(2006), *Topics on General and Formal Ontology*, Monza/Italy: Polimetrica International Scientific Publisher, p.12.
④ Edmund Husserl, *Logical Investigations* (Volume II), Translated by J. N. Findlay, London and New York, Routledge, 1970, 2001, p.4.
⑤ Edmund Husserl, *Logical Investigations* (Volume II), Translated by J. N. Findlay, London and New York, Routledge, 1970, 2001, p.25

具有这样的本质关系，那么 A_0 奠基且唯一奠基于 M_0。因此，不论 A_0 是需要补充，还是奠基于某因素，A_0 都是不独立的。在此意义上，对象本身只要是需要补充的，或需要奠基才能得以确立的，均是不独立对象。反之，若一对象是独立对象，那么它可以不依赖其他因素而自我奠基。

依据史密斯的观点，此定义的形式化可表示为：[1]

$$\alpha \urcorner \beta : (\forall x)(x \in \alpha \to (\exists y)(y \in \beta \ \& \ x \not< y \ \& \ y \not< x)) \quad (1)$$

在上式中，$x \not< y$ 即 $\neg(x<y)$，"$x<y$" 表示 "x 是 y 的部分"。以日常话语来说，α 奠基于 β 在形式上是指，对于属于 α 的任意一个对象 x，总存在着一个属于 β 的对象 y，并且 x，y 不互为部分。某奠基关系的存在表明对象 α 是非独立的，它必须依赖于另一对象 β，反之 β 并不一定依赖于 α，即奠基关系不是对称的。

复合对象与简单对象可依据是否具有部分来区分。简单对象指不能被分割为若干部分，其内不存在可区分的两个相互分离的部分。胡塞尔以红色和形状的例子说明了这一关系。在一个感性显现的统一中，我们发现 "红色" 这个确定的因素（moment）就意味着确立 "颜色" 这个属因素的存在，它们是相互依存的，无法相互分离。但是对于一个红色的广延物来说，红色与形状是相互分离的（disjoint），它们不具有共同的内容，但它们在最广的意义上又是相互关联的。如果我们把一个联结中相互关联的部分称为 "成员"，那么红色和形状共同组成这个红色物体，它们是这个红色物体的部分，似乎可称为这一共同联合（体）的 "成员"。但所谓成员通常指那种可以拆为 "片块" 的整体中的情形，部分不仅相互分离，而且相对独立（independent），它们还具有片块的相互联接的特征。显然，对于一个红色广延物来说，红色与形状不是相互独立的，它们是相互 "穿透"（interpenetrating）的。

在以上基础上，胡塞尔给出了六个关于整体与部分的定律[2]，虽然他没有采用逻辑符号，但他的工作实质是对整体与部分的形式描述，西蒙斯对

---

[1] Bary Smith(edit), *Parts and Moments: Studies in Logic and Formal Ontology*, pp.125-126.
[2] 英文版中各定律所用的字母是 A、M，为了与形式化符号的统一，替换为 α、β。参见 Edmund Husserl, *Logical Investigations* (Volume Ⅱ), Translated by J. N. Findlay, London and New York: Routledge, 1970, 2001, pp.25-27.

这六个定律进行了形式化①。

定律 1：

如果一个 α 本身需要以一个 β 来奠基，那么每个包含 α 但不包含 β 的整体作为部分，同样也要求这样的奠基。

$$\alpha \daleth \beta \to \alpha)\beta \daleth \beta \qquad (2)$$

"⊣"，奠基；"α)β" 指代包含 α 但不含 β 的整体，可形式化为：

$$t \in \alpha)\beta := (\exists x)(x \in \alpha \& xt \& \sim (\exists x)(x \in \beta \& Pxt)$$

定律 1 可视为"奠基的传递性原理"。这表明如果 α 的存在依赖于 β，那么包含 α 的整体也是无法独立于 β 而存在的，即部分的奠基性可传递到包含它的整体中。

定律 2：

若一个整体包含非独立因素，将其作为部分，但并不包含该因素所要求的补充，那么该整体也同样是非独立的，并且相对于每个包含非独立因素的更高阶独立整体而言，该整体也是非独立的。

$$(s \daleth_\beta u \& s < t \& u \not< t) \to t \daleth_\beta u \qquad (3)$$

定律 2 是非独立性传递原理，强调如果部分是非独立的，那么包含该部分的整体也是非独立的。

定律 3：

如果 W 是 F 的一个独立部分（也就是说相对于 F），那么 W 的每一个独立部分 w 也是 F 的独立部分。

$$indpt_t(s, t) := s < t \& \sim dep_t(s, t) \qquad (4)$$

定律 3 可称为独立性的传递原理，即任一整体 F 的独立部分的部分，相对于 F 也是独立的。

定律 4：

如果 C 是一个整体 W 的非独立部分，那么它也是任何将 W 作为部分其他整体的非独立部分。

$$(dep_t(s, t) \& t < u) \to dep_t(s, u) \qquad (5)$$

---

① Peter Simons, "The Formalisation of Husserl's Theory of Whole and Parts", In: Bary Smith(edit), *Parts and Moments: Studies in Logic and Formal Ontology*, pp.142-147.

定律 4 是不独立性（依赖性）的传递原理。

定律 5：

一个相对非独立的对象同样也是绝对非对立的，而一个相对独立的对象在绝对的意义上可能为非独立的。

定律 5 是对独立性的相对与绝对的说明性原理。

定律 6：

如果 A 和 B 是某一整体 W 的独立部分，那么它们也是相互独立的。

$$(indpt_t(a, c) \& indpt_t(b, c)) \rightarrow \sim dep_t(a, b) \vee dep_t(b, a)) \quad (6)$$

定律 6 可称为独立性的跨层原理，即部分对于整体是独立的，那么各独立部分也是相互独立的。

在这六个定律中，"独立"（independance）就是独立存在的意思。胡塞尔主张的形式存在论实质是以形式分析方式展开的存在论范畴研究，通过整体与部分之间是否独立的关系分析来澄清真正存在的或可能存在的关于对象的种种客观性模式（models of objectivity），包括属性、相互关系、组合（combination）等的各种界定。这就开创出了我们关于对象的一种更为深刻的思考进路，即通过分析其存在的预设与前提来揭示"对象何以可能"。

3. 部分论的分析

现代部分论的真正创立者是波兰的逻辑学家莱涅夫斯基（Stanislaw Leśniewski）。他于 1915 年左右最早使用"部分论"（mereology）一词来表述他的思想，该词来自希腊词根"μεροζ"，意为"part"，字面意思为"关于部分的理论或科学"，其主要成果汇总在《广义流形理论基础》(*Foundations of a general theory of manifolds*，1916) 和《数学基础》(*Foundations of Mathematics*，1927—1930)。莱涅夫斯基试图将部分论作为集合论的一种替代，以解决集合论面临的罗素悖论问题，他完成了部分与部分关系的一种纯粹形式化。由于语言的制约，莱涅夫斯基的成果并未得到有效传播，在当时影响甚微。①

"部分论"原来仅指莱涅夫斯基的部分论理论，后来指有关部分与整体

---

① 塔斯基曾是莱涅夫斯基的学生，他后来在英语界对莱涅夫斯基研究的介绍，推进了部分论的影响。在塔斯基看来，部分论就是没有空集的布尔代数。

的逻辑关系分析的形式理论。①英语学界对部分论的研究主要源于古德曼（Nelson Goodman）和伦纳德（H. S. Leonard）两人对"个体演算"（calculus of individuals，1940）做出的研究②，古德曼后来又在《表象的结构》（*Structure of Appearance*，1951）一书中对其理论进行了改进③。自此以后，部分论分析成为现代存在论的中心论题，引发众多研究者加入讨论。20 世纪 70 至 80 年代，齐硕姆（Roderick M. Chisholm）的《人和物》（*Person and Object*，1976），威金斯（D.Wiggins）的《相同与本质》（*Sameness and Substance*，1980）均关注了连续体的跨时间同一性问题。④1987 年，西蒙斯（P. M. Simons）的《部分：存在论的一种研究》（*Parts: A study in Ontology*，1987）则汇总了之前部分论的主要研究，提出"经典外延部分论"（Classic Extension Mereology）。⑤刘易斯（Lewis，D. K.）在《类的部分》（*Parts of Classes*，1991）一书中将经典部分论进一步精致化与深化。⑥

瓦兹（A. C. Varzi）是当代活跃的部分论研究者，与卡萨提（R. Casati）合著有《部分与位置：空间表现的结构》（*Parts and places: the structures of spatial representation*）。⑦瓦兹撰写的斯坦福哲学百科全书中"部分论"的词条，对部分论研究给出了全面的总结和梳理，且不断在更新。⑧英瓦根（van Inwagen）的论文《对象何时是部分》（*When are Objects Parts*?1987）⑨，《作为同一性的组合》（*Composition as Identity*，1994）和著作《物质存在物》（*Material Beings*）对部分论的主题进行了深入的讨论和批评。⑩哈特（V.Harte）在《柏拉图论整体与部分》（*Plato on Parts and Wholes*，2002）中将刘易斯的部分论观点引入对柏拉图哲学中整体与部分的分析中，以柏

---

① 布宁、余纪元：《西方哲学英汉对照辞典》，人民出版社，2001 年版，第 606 页。
② Leonard, H. S. and Goodman, N., "The Calculus of Individuals and Its Uses", *Journal of Symbolic Logic*, 1940(5): pp.45-55.
③ Goodman, N., *The Structure of Appearance*, Cambridge (MA): Harvard University Press (3rd ed), Dordrecht: Reidel, 1977(1951).
④ Wiggins, D., *Sameness and Substance*, Oxford: Blackwell, 1980.
⑤ Peter Simons, *Parts: A study in Ontology*, New York: Oxford University Press, 1987.
⑥ D. K.Lewis, *Parts of Classes*, Oxford: Blackwell, 1991.
⑦ R. Casati and A. C. Varzi, *Parts and Places: The Structures of Spatial Representation*, Cambridge (MA): MIT Press, 1999.
⑧ Achille, Varzi "Mereology", *The Stanford Encyclopedia of Philosophy* (Winter 2016 Edition), Edward N. Zalta (ed.). https: //plato.stanford.edu/archives/win2016/entries/mereology.
⑨ Peter van Invagen, "When are Objects Parts?", *Philosophical Perspectives*, Vol.1, Metaphysics (1987), pp.21-47.
⑩ Peter van Inwagen, *Material Beings*, Ithaca (NY): Cornell University Press, 1990.

拉图的观点来反对部分论主张的整体与部分的同一。①科斯里克（K. Koslicki）在《物体的结构》（*Structure of Objects*，2008）一书中同样坚持这一主张。②

（1）"整体"与"类"的区别

在西蒙斯看来，部分论的一个先在条件是必须对"整体"（whole）与"类"（class）进行区分。部分论中的"整体"，是指具有若干部分的"个体"（individual with several parts）。与之不同的"类"，则通常可被视为"分配性的杂多"（distributive pluralities）或"抽象的集合"（abstract set）。杂多并不是"一"，而是"多"，因此杂多并不是整体。集合总会属于某一个类，不论其组成如何集合本身永远都是抽象的，但一个有若干具体部分的整体却是具体的。在此意义上，部分与整体的关系，不同于元素与类的关系。

从内涵与外延的角度来看，部分与整体的外延是一致的、封闭的，而内涵则完全不一样；对于类或集合来说，元素与集合的内涵是一致的，而外延的却可以差别万千，边界开放。例如，若把一个咖啡杯视为一个整体，其部分可包括杯柄与杯身，外延就是指组成这个杯子的部分，具有封闭性，杯子与杯子的组件的内涵是完全不一样的；但若将咖啡杯视为一种类的集合，那么其要素则包括所有各种各样的可用于喝咖啡的杯子，其内涵一致，外延却是无限的。在西蒙斯看来，首要的观点是："[存在]一个由某关系最多连接的对象的家族；组成这一家族的某对象被整合于这一关系中；这样的整合性（integrity）——若其中的关系不仅仅是形式的，则这种整合性是任意加和、不完全的片块所不具有的。"③在组成这一整合性的种种关系中，我们需要考察存在论依存与功能依存的形式，对此类整合整体的特征结构给出说明。部分论将外延关系作为部分及其关系的研究取向。

（2）"部分"及其本质属性

西蒙斯指出，"'部分'虽然像其他形式概念一样，没有明确的含义，

---

① V. Harte, *Plato on Parts and Wholes: The Metaphysics of Structure*, New York: Oxford University Press, 2002.
② Kathrin Koslicki, *The Structure of Objects*, New York: Oxford University Press, 2008.
③ Peter Simons, *Parts: A study in Ontology*, New York: Oxford University Press, 1987, p.3.

但不管讨论的是个体、类还是杂多（masses），其意义（meaning）近似。"[1] 部分论按其不同的限定有不同的种类，最基本的是无时态的部分论（Tenseless mereology），也称为最小部分论（minimal mereology），可以此作为对部分的思考的开始。

a 是 b 的一个部分，其实包括各种关系，如下：
- a 是 b 的组分（ingredient）：a 或者是 b 的部分，或者 a 就是 b。
- a 与 b 相交（overlap）：a 与 b 具有一个共同的组分。
- a 与 b 不相交（disjoint）：a，b 均存在，但不相交。

这些部分关系的本质属性及相关理论原理如下：
- 存在性（EXIST）：如果 a 是 b 的部分，那么 a，b 均存在。
- 非对称性（ASYMM）：如果 a 是 b 的部分，b 则不是 a 的部分。
- 传递性（TRANS）：如果 a 是 b 的部分，b 是 c 的部分，那么 a 是 c 的部分。
- 补充性（SUPPL）：如果 a 是 b 的部分，那么 b 存在一个与 a 不相交的另一个部分。

两个基本的理论原理：

① **存在性真理**（EXT）：如果 a 和 b 均存在并且具有同样的组分（ingredients），a 与 b 是同一的。尽管这种"部分论外延性"（mereological extensionality）独立于最小部分论，但通常对此没有争议。

② **部分论意义上的和**（SUM）：既存个体的任何非空类均有唯一的"部分论意义上的和"（mereological sum）。例如，某个体与某物相交，当且仅当该个体与该类中的某一个或若干个体相交。

（3）经典外延部分论

西蒙斯在前人基础上对部分论进行了概括和总结，把其中最内核的一些定义和原则，称为经典外延部分论（Classical Extensional Mereology），可作为部分论路径的代表。科斯利克（Kathrin Koslicki）称其为标准部分论（Standard Mereology）[2]该系统包括最小部分论原则加上两个真理假设（存

---

[1] Peter Simons, *Parts: A study in Ontology*, New York: Oxford University Press, 1987, p.2.
[2] Kathrin Koslicki, *The Structure of Objects*, New York: Oxford University Press, 2008. pp. 10-11.

在性真理、部分和真理），具体来自莱涅夫斯基的部分论（Mereology）、古德曼和莱昂纳德的个体演算理论以及 modulo the differences of underlying logic。

CEM 关于"部分"的基本公理：

一个"恰当部分"应满足以下三个基本条件：

- SA_1 非对称性（Asymmetry）：$x<<y \supset \sim y<<x$
- 若 x 是 y 的恰当部分，则 y 不是 x 的恰当部分
- SA_2 传递性（Transitivity）：$x<<y \wedge y<<z \supset x$
- 若 x 是 y 的恰当部分，y 是 z 的恰当部分，那么 x 则是 z 的恰当部分
- SA_3 非自返性（Irreflectivity）：$x<<y \supset \exists z \ulcorner z<<y \wedge z\lfloor x \urcorner$ 或 $\sim(x<<x)$
- 任何 x 都不是自身的恰当部分

经典外延部分论体系的基本概念的形式定义，如表 1-2 所示。

表 1-2 经典外延部分论的基本定义[①]

基本定义	形式定义	描述
部分（Part）	$x<y \equiv x<<y \vee xy=y$	x 是 y 的部分：x 是 y 的恰当部分（Proper Part）和 x 等于 y 的析取
相交（Overlap）	$xoy \equiv \exists z \ulcorner z<x \wedge z<y \urcorner$	x 与 y 相交：总存在一个 z，z 既是 x 的部分也是 y 的部分
相离（Disjointness）	$x\lfloor y \equiv \sim xoy$	x 与 y 相离：x 与 y 不相交。
融合（fusion）	$\sigma x \ulcorner Fx \urcorner \approx lx \forall y \ulcorner xoy \equiv \exists z \ulcorner Fz \wedge zoy \urcorner$	所有 x 的融合
相积（Binary Product）	$x \cdot y \approx \sigma z \ulcorner z<x \wedge z<y \urcorner$	x 与 y 相积：存在一个 z，z 为 x 的部分且为 y 的部分
相和（Binary sum）	$x+y \approx \sigma z \ulcorner z<x \vee z<y \urcorner$	x 与 y 相和：存在一个 z，z 为 x 的部分或为 y 的部分
相差（Difference）	$x-y \approx \sigma z \ulcorner z<x \wedge z\lfloor y \urcorner$	x 与 y 相差：存在一个 z，z 为 x 的部分且 z 与 y 相离
总积（General Product）	$\pi x \ulcorner Fx \urcorner \approx \sigma x \ulcorner \forall y \ulcorner Fy \supset x<y \urcorner \urcorner$	所有 x 融合的总积

[①] 本表描述为作者添加，形式定义来自于：Peter Simons, *Parts: A study in Ontology*, New York: Oxford University Press, 1987, p.37; Kathrin Koslicki, *The Structure of Objects*, New York: Oxford University Press, 2008, p.11.

续表

基本定义	形式定义	描述
论域（Universe）	$U \approx \sigma x \ulcorner x = x \urcorner$	部分论的论域。①
补域（complement）	$\bar{x} \approx U - x$	x 的补域就是论域与其的差。
原子（Atom）	$At(x)$	x 是一个原子，不具任何恰当部分。

部分论对于整体与部分问题的思考意义重大，其目标是希望成为一种关于整体与部分的普遍理论，"为含糊不清的哲学工作提供基础"②。然而，在将其引入整体论研究中会面临两个基础性的难题：一是胡塞尔的问题，即整体与部分的形式在先是如何可能的，这种"在先"在当代整体论背景下，该如何给出形式上的证明？部分论本身对此问题是不做回答的。另一问题是关于部分论对"整体"与"部分"的限定所带来的讨论局限。如西蒙斯强调部分论中的"整体"，是指具有若干部分的"个体"（individual with several parts）。这意味着部分论的整体并不适用于"不可分割的整体"，而这恰恰是大多数整体论所极力主张的。此外，西蒙斯曾强调，部分论主要关注具体物，而对抽象存在（物）的探索还未展开。部分论被套用为一种吝啬的存在论理论，被视为可以部分替代集合论的强大工具，但部分论与唯名论或外延论（extensionalism）没有内在必然联系。"部分与整体的形式属性与存在论应用还非常不完全。"③对这些问题的思考会将整体与部分、部分论、整体论推向更深层的反思。

4. 整体及其部分的形式界定

经典部分论把"整体"的形式问题划归为部分及其相互关系的问题，这样的处理会导致"部分论之和"就是整体。对此，真正的整体论者是难以同意的。埃斯菲德（Michael Esfeld）在思考心灵哲学与物理哲学的整体论问题时，试图为整体论研究给出一种更符合整体论要求的普遍的形式定义。

---

① 在部分论中，任何事物均存在，那么部分和的最大者即所有个体的和，有时被视为"论域"的所指（denotatum）。不论这些个体在时间和空间上多么分散，这种部分和均存在。
② Peter Simons, *Parts: A study in Ontology*, New York: Oxford University Press, 1987, p104.
③ Peter Simons, *Mereology since 1900*, In: Hans Burkhardt, Barry Smith(ed.), *Handbook of Metaphysics and Ontology(Volume 2)*, 1991, pp.673-675.

在埃斯菲德看来，一个普遍的整体论概念应满足以下三个要求。[①]

- 能尽其所能地显示整体论在不同特殊领域所获取的实质性（substantial）的哲学主张。
- 能首先把整体论建构为关于某些系统被组织起来的论题。
- 能由部分之间的相互依赖刻画整体系统。

条件一是对整体论哲学定位的强调，"实质性"条件主要是指符合形式存在论要求的一种形式实质，因为只有普遍的形式才能真正超越各种整体论的特殊题材。条件二中的"系统"（system）一词在埃斯菲德这里是一种宽泛的用法，即若干个体的复合，不仅包括整体性的系统，还可指松散的集合，如一堆沙子。该条件强调普遍的整体论概念必须首先是关于系统组织的研究，作为普遍的概念应突出这种内核。条件三显然与经典部分论的基本取向相同，强调能够依据部分的相互依赖给出整体的描述，但在具体的形式描述上埃斯菲德的主张有所不同。该条件还预设了"整体论并不与以部分来分析复杂系统相对立"[②]。

由部分组成的整体在形式上一个突出属性就是部分之间的相互依赖。一堆沙子也可视为诸多个体的相互依赖，在形式上满足部分论之和（SUM）的定义，似乎也可作为整体。埃斯菲德不赞同这种过于弱的形式界定。他认为在形式上，整体中的个体应基本满足以下两个条件。

（1）类的存在论依赖（Generic ontological dependence）

这一存在论依赖基于个体之间的关系给出。某类个体间的存在论依赖是指："除非存在某类的其他个体，否则不存在某类的任何个体。"[③]或者说，类中的任何个体都不是孤立存在的，其存在都依赖于某些其他特别个体的存在。以形式化语言来说，任何个体 F，作为 F 的存在，存在论依赖于某个不同的个体 G 的存在。这可用下式更为精准地表示。

$$\Box \forall x \{Fx \supset \exists y (Gy \land y \neq x)\} \land \Diamond \exists x Fx \land \sim \Box \exists x Gx$$

[①] Michael Esfeld, *Holism in Philosophy of Mind and Philosophy of Physics*, Boston: Kluwer Academic Publishers, 2000, p.2-3
[②] Michael Esfeld, *Holism in Philosophy of Mind and Philosophy of Physics*, Boston: Kluwer Academic Publishers, 2000, p.3
[③] Michael Esfeld, *Holism in Philosophy of Mind and Philosophy of Physics*, Boston: Kluwer Academic Publishers, 2000, p.8

前半句描述了一种必然性，即对于任意一个 F，必然存在一个 G。后半句描述了一种可能态，即如果存在一个 F 的个体，那么必定不存在一个同样的个体却属于 G。埃斯菲德特别强调，这种依赖的关系状态意味着它们具有某种存在论属性（properties）。举例来说，当某个人具有"兄弟"这个属性时，就必须存在论的依赖于存在着与其不同的另一个也是兄弟的人。这种存在论依赖关系不能归为逻辑上的语义联系，或某种形而上的依赖①，而更多的应是一种存在论的属性。正是这种属性使某物作为组成部分，并进而成为一个整体的系统。福多曾依据这种依赖关系给出一个整体性属性（holistic properties）的简洁定义："如果任何事物具有它们，那么许多其他事物也必须具有。"②所谓"许多"显然只是指不是"单个"，在宽泛的意义上强调了整体的部分是相互依赖的。

（2）具有使某物作为组成部分的属性

埃斯菲德试图给出更精细的定义。他认为这种存在论属性是一个属性族（family of properties）。对于每一个 S，存在着一个属性族使某物为一个 S。这些属性族具有如下特性。③

- 定性的或纯粹属性，它们使某物成为某类的一个事物。这些属性的实例不应依赖于某一特别个体，也要排除如部分论之和这样的属性。
- 非析取，属性族内的属性不应相互对立和矛盾。
- 同时包括关系属性与非关系属性。
- 作为某个 S 的属性不属于使某物成为一个 S 的属性族。

特性一虽然调了属性的普遍性，但不认为这种普遍性是部分论意义上的普遍性。特性二主张属性族内不应有相互对立的属性，整体系统的属性应是"一"而不是"多"。特性三是试图突破纯粹形式定义的局限，引入非

---

① 福多是把"兄弟"这种关系属性称为"形而上依赖的"，埃斯菲德并不太同意。本书倾向于埃斯菲德的观点。参见 Jerry Fodor, Ernest Lepore, *Holism: A shopper's Guide*, Cambridge: Blackwell publishers, 1992.p.1
② Jerry Fodor, Ernest Lepore, *Holism:A shopper's Guide*, Cambridge: Blackwell publishers, 1992. p.2
③ Michael Esfeld, *Holism in Philosophy of Mind and Philosophy of Physics*, Boston: Kluwer Academic Publishers, 2000, p.12.

关系性属性，因为所有形式分析均是一种纯粹的关系分析。最后一个特性非常重要，是要区分作为组分的部分和纯粹形式的"部分"不同。依据这些特性，一个符合整体论要求的"部分"可定义为：

  一个 S 的部分（part）是指，存在着一个定性的、非析取的属性族，如果该物与其他事物以恰当的方式安置，这些属性就使某物为 S 的部分。①

具有属性族所有或几乎所有的属性是使某物为 S 的部分的必要条件。属性族与恰当方式的合取是充分条件。属性族的引入就使在整体与部分的分析中，整体性被引入到了基于部分的分析中，从而排除一些纯粹形式意义上的部分界定。以"社会思考共同体"（community of social think being）这个整体为例，组成整体的每一个体都应是具有思考和交流的属性，成为整体的一个部分，否则无法成为整体。假设张三是这一整体中的一个普遍人类，其手臂是其一个部分，那么张三的手臂是否是社会思考整体的部分呢？依据部分论对部分的最低界定，部分是可传递的，张三的手臂是张三的部分，而张三又是社会思考整体的部分，因此，张三的手臂当然也是社会思考整体的部分。然而，如果引入属性族条件，由于张三的手臂并不具有思考交流的整体属性，所以就必定不是社会思考整体的部分。埃斯菲德由此区分了两种部分的界定：一种就是部分论意义上的"部分"，具有可传递性，这种部分只是一种组合意义上的部分，与存在论属性无关；另一种是整体论意义上的部分，可称为"组成部分"（constituent part），或简称"组分"（constituent），具有整体性的存在论属性。②

（3）整体及其部分的形式定义

在以上两个条件的基础上，埃斯菲德给出了一个整体的普遍形式刻画：

  考虑由类 S 及其组成部分的系统，对于 S 的每一个组分，如果存在一种恰当的安置（a suitable arrangement），存在一个定性的、

---

① Michael Esfeld, *Holism in Philosophy of Mind and Philosophy of Physics*, Boston: Kluwer Academic Publishers, 2000, p.12.
② Michael Esfeld, *Holism in Philosophy of Mind and Philosophy of Physics*, Boston: Kluwer Academic Publishers, 2000, p.13.

非析取的性质族使某物为一个 S 的组分。S 是整体的，当且仅当其组分的所有事物均满足下列条件：在涉及这类属性族的属性的实例时，一个事物以类的方式存在论依赖于现实存在的其他事物，这一依赖伴随着使之存在着一个 S 的（特定）安置方式。①

这一定义特别强调了两点：一是整体中的部分（组分部分）必须是存在论依赖的，这种依赖伴随着定性的、非析取的属性族；二是，只有整体的存在伴随着一种特定的安置方式，该方式才能使某物基于属性族成为组成部分。需要注意的是，这种"恰当的安置方式"不是指具体整体论中的某种整体功能意义的组织结构方式，而是一种形式上的表述，即"使 S 作为整体存在的方式"。后者是比功能主义更为普遍的表述，达到了对普遍整体描述的实质性要求。

三、整体与部分的组合困惑

对整体与部分的形而上分析会揭示出整体与部分在形而上层面的根基性困惑：组合困惑。研究这个整体与部分关系中的难题，其意义不在于给出圆满的回答而在于通过提问将整体与部分的思考推进得更深入。

1. 作为普遍范畴的组合难题

从整体与部分的视野思考作为整体的实体或实体整体，会面临的组合难题主要有以下两个。

（1）组合难题一：整体如何是"一"而不是"多"？

"一"与"多"在形而上学上常常是不相容的。随意堆放的树枝是明显的"多"。一棵树由很多枝干、树叶组成，是明显的"一"。更多的树会组成树林，树林是一还是多？多少棵树会成为树林？这棵树与树下的人在质料与形式上明显不同，它们应该是"多"，但有时也会成为"一"。整体为何不是单纯的事物集总（aggregate of things），就像把人说成动物加上两足

---

① Michael Esfeld, *Holism in Philosophy of Mind and Philosophy of Physics*, Boston: Kluwer Academic Publishers, 2000, p.16.

特性？按斯卡萨斯（Theodore Scaltsas）的说法，该问题可称为"统一问题"（unification problem），他对此的提问是，"这个由质料、形式、属性等构成的组合实体（composite substance），如何作为一（one）而不是复合的多？实体的复合性为什么没有撕碎为一种集总（aggregate），或共存的一簇个体们（entities）？"①

对于这种冲突，是无法通过说"这"既是一又是多来解决的，因为问题恰恰是要追问"这"是什么。在亚里士多德看来，"一"是时间、空间、定义上不可分割的"一"（one），"多"（many）总是意味着可分割。大多数事物被称为一（one）是因为它们作用于、经受于、具有或相关于共同的东西；但事物被称为一首先在于其实体是一；它们的存在可在连续性、形式或定义上为一（one）。由此，我们把那些不连续的、形式不同的、定义有区分的、不止一个的事物称为多。他对整体的一最好的说明是：

> 虽然我们说在一定意义上，只要具有量（magnitude）并且是连续的，任何事物都是一。但在另外的意义上，如果该事物不是一个真正的整体（genuine whole），即其形式不是一（unity），我们则否认以上观点。我们看见鞋子乱放在一起的部件，就不应说这是单个事物，除非这些部件具有连续性；事实上只有它们组合为一只鞋，具有了某些一的形式（one form），它才真正是一。②

由此，真正的整体之所以是一，是因为其形式是一，并且是一个形式（one form）。在意义上，整体的一是比一般意义上的一更严格的一。如粘接在一起的木块虽满足量的连续，可作为一般意义上的一，但却不是真正的整体。更进一步思考，形式上的一仍然是一个不充分的条件，两个事物如果形式同一，是否就是同一整体呢？

（2）组合难题二：元素、部分是比整体更为首要的存在？

亚里士多德主张实体是由质料和形式构成的，这一主张称为形质论，

---

① Theodore Scaltsas, "Substantial Holism", In: T. Scaltsas, D. Charles, M.L.Gill (edit), *Unity, Identity, and Explanation in Aristotle's Metaphysics*, New York: Oxford University Press, 1994, pp.107-128.
② *Metaphysics*, 1016$^{b10\text{-}20}$, In: Aristotle, *Aristotle Metaphysics*, Translated by Richard Hope, Ann Arbor: The University of Michigan Press, 1960, p.96.

如《形而上学》Ⅶ.8 中关于质料与形式讨论：

> 在这一组合体（composite 或 whole）①如卡里亚和苏格拉底中，其特有的肉体和骨头中存在着如此这般的形式。他们虽然在质料上不同，每位都有自己的质料，但父亲和儿子却可能具有同一形式，因为形式是不可分的。②

在这一段文字中，卡里亚和苏格拉底均是由质料和形式组成的实体，他们因各自的质料不同而得到区分，如他们骨头和肉体的重量、大小均不一样，但他们的形式却是一样的，如他们均是智人（Homo sapiens），是同种实体（cospecific substance）。柯比（Jeremy Kirby）由此导出一系列的推论，最终成为组合困惑（表 1-3）。

表 1-3 组合困惑的形成③

简称	基本关系	描述
UF	普遍形式（Universal Form）	形式是普遍的，苏格拉底的形式与卡里亚的形式是确切同一的（numerically identical）
HI	形质差别（Hylo-Difference）	同种实体的区分是由于质料的不同
HM	形质迁移（Hylo-Migration）	某一实体的质料可成为另一同种实体的质料
SH	强的形质论（Strong Hylomorphy）	实体是与他们的质料和形式同一的，如苏格拉底和卡里亚
TI	同一性的传递（Transitivity of Identify）	对于任何同种实体 x，y，z，如果 x=y，且 y=z，那么 x=z
NI	非同一性（non-Identify）	苏格拉底与卡里亚有必要不是确切同一的
NC	非双重占有（Non-Double-Occupancy）	两个同种实体无法在同一时间占有同一空间区域
NR	有裂缝的存在（Gappy Existence）	已死亡的实体可以再进入存在。

---

① W. D. Ross 的版本译为"whole"，即肉和骨这些质料和人这个形式组成的整体。参见亚里士多德，《形而上学》（英文版），劳斯译，中央编译出版社，2012 年，第 150-151 页。
② *Metaphysics*, 1034$^{a5\text{-}8}$, In: Aristotle, *Aristotle Metaphysics*, Translated by Richard Hope, Ann Arbor: The University of Michigan Press, 1960, p.147.
③ 本表来源：Jeremy Kirby, *Aristotle's Metaphysics: Form, Matter, and Identity*, Continuum International Publishing Group, 2008, pp.6-8.

柯比称这为"一的困惑"（puzzle of unity），即多如何成为一；同时这也是部分的困惑（puzzle of parts），即部分是否先于实体存在。亚里士多德一方面主张实体是最初的存在，另一面其形质论又主张实体是由质料与形式构成的。柯比对此的提问是："如果实体是最为基本的个体，它就似乎不应具有恰当部分。如果它们由这样的部分构成，就会提出一个主张：部分是比最基本的实体更为基本。"[1]这一困惑可表示为以下推论：

P_1 实体整体是首要的存在

P_2 实体由质料和形式所构成

P_3 元素总是比其组合物（整体）更为基本

P_4 质料和形式作为构成实体的元素是比实体更为基本的存在

P_5 实体不是首要的存在

组合及组合物是普遍存在的，一棵树、一台电脑、一个人在此意义上均是某种组合物。对于一个整体来说，总会面临种种因组合而产生的困惑。如著名的忒修斯之船，不断更换部件的船还是原来的船吗？罗素的桌子，桌子是由可感的部分组成还是由不可感的微观粒子组成？等等。

在以上 P_1 到 P_3 的论证前提中，P_3 还需要专门给出说明。亚里士多德主张："某物或者为元素，或者为元素所构成。"[2]这既肯定了组合物的普遍性，又强调了元素的基本性。事实上，一个整体的元素如果消失了，这个整体也就不存在了；反之，若一个整体消亡了，其元素常常还是存在的。若如此，元素就是比整体更为基本、原初的、首要的存在（P_3），进而推出 P_4，最后得出与实体的首要存在性相冲突的 P_5 命题。

这一推论显然是亚里士多德所不能接受的："这是很荒谬的，甚至是不可能的，将不是实体的东西作为实体的元素，并在先于实体；因为所有范畴都后于实体。"[3]

2. 作为纯粹形式的组合难题

西蒙斯强调："虽然部分论在本世纪（20世纪）主要是一个形式真理体

---

[1] Jeremy Kirby, *Aristotle's Metaphysics: Form, Matter, and Identity*, New York: Continuum International Publishing Group, 2008, p.68.
[2] *Metaphysics*, 1041^{b20}, In: Aristotle, *Aristotle Metaphysics*, Translated by Richard Hope, Ann Arbor: The University of Michigan Press, 1960, p.168.
[3] *Metaphysics*, 1088^{b5}, In: Aristotle, *Aristotle Metaphysics*, Translated by Richard Hope, Ann Arbor: The University of Michigan Press, 1960, p.303.

系，但部分论与其归为逻辑学不如更明确归为存在论。"①部分论的目标是揭示最恰当的部分论概念及支配概念的形式原理，建立关于整体与部分、部分与部分的纯粹形式理论。为了实现这一目标，部分论在形式上有两个基础性的要求：

① 部分关系（parthood）基础原则。即把个体（individual）的部分与部分之间关系作为形式理论最底层的逻辑类型，将其区别于更高的类、功能、属性等。②更高的逻辑类型均来自于底层最低的部分与部分关系的建构。对于整体与部分的关系来说，在形式上必须要能以部分及其关系来说明整体，而不是相反。

② 无参照（no reference）形式原则。能够不涉及所定义词项的任何相关意义而又能描述出其特征的定义。如对于"组合"（composition）的定义，若我们定义为所谓组合 y 就是由某些 x 组成，那么就是有参照的。"从我们论域中去除关于组合的参照就相当于去除所有'某些 xs 构成了 y'的句子。"③ 英瓦根以数学中倒数的例子来说明这一原则，"一个数不是零，具有倒数"，可形式化为：$\exists y, y$ 是 x 的倒数且 x 不是零。然而，这样的定义并未告诉我们什么是倒数。真正有效的倒数定义是，$\exists y(y=1/x)$

（1）组合难题三："组合"的纯粹形式定义是什么？

在英瓦根看来，在形式上要按此要求给出"组合"的定义是非常困难的。他把组合问题划分为两类：一是"普遍组合问题"（General Composition Question），即什么是组合；另一类是"特殊组合问题"（Special Compostion Question），即在什么条件下会产生组合.更困难之处在于，我们对于特殊组合问题的回答并不能取代对普遍组合问题的回答，而普遍组合问题是最难以定义的。④ 从部分关系（parthood）似乎最可能给组合下定义，但依然存在困难。

定义 1：y 是 xs（一些 x）的和（sum），且任何 xs 不相交

---

① Peter Simons (1991), "Mereology since 1900", In: Hans Burkhardt, Barry Smith, *Handbook of Metaphysics and Ontology*(Volume 2), 1991, pp.673-675.
② Peter Simons, *Parts: A study in Ontology*, New York: Oxford University Press, 1987, p.10.
③ Peter Van Invagen, "When are Objects Parts", In: *Philosophical Perspectives*, 1987(1), Metaphysics, pp.21-47.
④ Peter Van Invagen, "When are Objects Parts", *Philosophical Perspectives*, 1987(1), Metaphysics, pp.21-47.

在这一定义中，似乎是符合无参照形式原则的，但其实我们需要首先给出什么是 sum，如果没有这个定义，我们依然不知道什么是组合。

定义 2：

使 xs 组成某物，必须使它们处于多级关系（multigrade relation）R 中

在这一定义中，我们依然无法做到无参照，因为如果没有对多级关系给出说明，依然不知道什么是组合。如果这是一个特殊的组合，那么也许我们可在特殊的领域对此给出说明，说明在什么关系下（什么条件下）某些 x 组成了 y。但显然，这一特殊组合的关系说明，依然无法回答普遍的组合问题。

定义 3： x 是 y 的部分，当且仅当存在着 zs，且 x 和 zs 组成 y

只有这样的定义才将组合转变为一个基于部分关系的说明。对于特殊的组合问题回答确实会带来一些部分关系的思考，在此特殊组合问题的视野下，一个部分的纯粹定义是可能获得的，即"恰当部分"：x 是 y 的恰当部分，当且仅当存在着 zs，zs 中至少有一个不是 x，且 x 和 zs 组成 y。

在此意义上，特殊组合问题就变成可以继续讨论的问题，即在什么条件下，会产生组合。英瓦根讨论了形式上的 6 种条件，包括"接触"（contact）、"束紧"（fastening）、"聚合"（cohension）、"融合"（Fusion），以及两种极端的"组合虚无论"（Nihilism）、"泛组合论"（Universalism）。从本书的视野来看，后两种对于思考整体与部分及具体整体论中问题意义更大，故将其列为以下两个组合难题。①

（2）组合难题四：不存在任何组合，只存在简单个体（组合虚无论）

某物不可能由 xs 所组成，因为，必要的，（如果 xs 是两个或更多），没有任何事物是由 xs 组成。

这一极端主张实际是在强调，只存在简单个体，并不存在任何组合。因为如果某物由 xs 所组成，该物就该由同样的 x 组成，而如果 xs 又不止一个（相互区别），其"组合"就不再是 xs 的组合。这些简单个体也许会彼此束紧或融合，但决不存在以两个或更多简单个体为部分的组合物。"物质宇宙的历史总是处于持续简单个体的后续安置中，但它们任何可能的安置

---

① Peter Van Invagen, "When are Objects Parts", *Philosophical Perspectives*, 1987(1), Metaphysics (1987), pp.21-47.

中都不可能产生一个具体的对象。"①从部分关系的角度分析，这实际是在提出这样的一种主张：xs **组成** y **当且仅当每一个** xs **都是** y。这一主张显然有违事实，因为宇宙中的许多具体事物都不是简单个体，虽然同时存在着构成我们的元素粒子（elementary particles），但我和你都难以归结为这些简单物。

（3）组合难题五：只要有个体，就存在组合（泛组合论）

某物不可能由 xs 所组成，因为，必要的，（如果不存在两个相交的 xs）某物就是 xs 的组成。

人们不可能使不相交的 xs 组成某物，因为它们已经"自动地"组合了。这一观点的强主张称为"超级普遍论"（Super-universalism），"任何两个对象，不论是不是具体的，均具有一个和。"例如对于"蓝色"和"我"，总是存在着一个可能的对象以"蓝色"和"我"为部分。再如，我的鼻子和埃菲尔铁塔尖也可组成一个可能的组合对象，该对象以我的鼻子和埃菲尔铁塔的塔尖为部分。我桌子上的杯子和窗外的一片黄叶也可作为某一可能对象的部分。这一主张在部分论中称为"无限求和原理"（unrestricted sum），即"任何非空集合个体们均有一个和"②，瓦兹（Achille varzi）将其形式化为：

无限制的和（Unrestricted Sum）：$\exists w \phi w \rightarrow \exists z S_i z \phi w$

不论是英瓦根还是瓦兹都反对这一观点。英瓦根指出，虽然蓝色和我均存在，但这并不意味着可以形成一个普遍的部分关系概念而能够将此二者纳入为部分。然而，这一主张却是部分论或基于部分关系纯粹形式理论的一个理论上可能推论，不接受这样的推论就要对原有理论进行修正，甚至影响理论基础的设定，因此成为一个难题。

3. 何为整体

形而上的这些难题和困惑是对整体与部分关系的深层理解。表面上，它们与具体的整体论无关，因为在具体整体论问题中，经验上的一些限定会使普遍的组合矛盾不那么突出。但其实，在经验的边界处依然存在着形

---

① Peter Van Invagen, "When are Objects Parts", *Philosophical Perspectives*, 1987(1), Metaphysics (1987), pp.21-47.
② Achille varzi, "Mereology", In: *The Stanford Encyclopedia of Philosophy* (Winter 2016 Edition), Edward N. Zalta (ed.). https://plato.stanford.edu/archives/win2016/entries/ mereology.

而上的困惑，如整体是什么？"有机整体""系统""格式塔"等这些重要概念的界定是什么？事实上，如雷谢尔所指出的："如果我们没有一个关于部分—整体概念确切的形式澄清，我们就不能将准确分析诉诸于那些整体与部分相互缠绕的重要的更复杂概念。"①

形而上的"整体是什么"并不是终极问题，因为该问题是与"实体是什么""什么是存在"等更为终极的问题相联。作为普遍范畴的整体在其根基上是实体的一种构成性的存在方式，并以此给出了整体与部分的基本定义。这些思考成为了整体论的思想基础。换之以生成性的维度来看，这些基础可能变为思考的阻碍，需要以维度的转换来进行变革。

形式存在论把整体与部分作为普遍的、在先的关系，这就把整体与部分的讨论抽离出了实体及其存在问题的束缚，在纯粹形式的意义上展开讨论。其预设的存在论主张是，形式先于对象。经典部分论在形式上努力实现了形式存在论的目标，从整体与部分的观点来看，整体与部分的讨论就转换成为部分（个体）及部分关系（parthood）的讨论，整体反而变得不重要了，因为整体可由作为个体的部分及部分关系的演算获得。埃斯菲德引入属性族的概念，试图在形式分析与具体整体论的结合中给出一个普遍的描述，认为整体不仅表现为一种组分间的存在论依赖，还伴随着一种适当的安置方式。

不论是作为普遍的范畴还是纯粹的形式，整体与部分均与形而上意义上的组合难题相关。这些难题会在具体整体论中出现，在解决这些具体的整体与部分困惑时，我们就必须回到形而上的哲学原点，不断追问：何为整体？

---

① Nichlolas Rescher, "Axioms for the Part Relation", *Philosophical Studies,* 1955(6), PP.8-11.

第二章　元素奠基的弱整体论

近代经典科学还原论的一个基础信念是：复杂对象是诸多元素的复合体（complex），只有认识了元素及其构成才能算认识了对象，元素优先于整体。这一观念对19世纪末开创科学心理学影响深远。1874年冯特的《生理心理学原理》出版，标志着科学心理学的创立，建立了基于元素之上的实验内省心理学路径。与元素主义相对的是整体主义，整体论者通常主张复杂对象是一个整体，存在着一个部分之上的整体，整体优位于部分及其元素。厄棱费尔于1890年依据对音乐知觉的分析，提出"格式塔质"的新观念，对传统的元素主义提出质疑，主张一种整体主义心理学。然而，冯特的元素主义心理学又表现出明显的整体论取向，特别重视"关联""过程""整体"，他主张："我们的心理不过是在意识中由我们的内部经验、观念、感受和意志所集结而成的统一体，并且出现在一系列发展阶段，在自我意识思维和道德自由意志中达到顶点。"[①]厄棱费尔的整体主义心理学，却也强调格式塔质是某种新元素，这又似乎又回到了元素主义。在本书看来，这种理论上的矛盾源于一种特殊的整体论，即由元素奠基的弱整体论，可用整体与部分的形式分析观点予以澄清。

一、冯特的心理经验整体观

经验是科学理论得以建立的根基，自然科学就是某种经验科学。在冯特建立心理学时期，人们或者认为心理学其实是某种揭示心灵实体的"心灵科学"，或者认为自然科学研究关于外在世界的"外在经验"，而心理学

---

① 冯特：《人类与动物心理学讲义》，陕西人民出版社，2003年，第492页。

应研究关于内在心理的"内在经验",二者在形式上与研究方式上有本质的区别:前者的内容是客观的,独立于主体,采用观察与实验的方法;后者是主观的,其内容可以(只能)通过主体的内省来进行研究。然而,冯特反对这种分立,主张心理经验的整体观。

1. 作为整体的直接经验

冯特首先反对心灵实体的观念,因为这一实体只具有形而上的意义,并没有任何经验基础,不应是经验心理学的目标。心灵实体概念是无法从心理经验自身引出的,心理实体可以在最普遍的形式特征上还原为物质元素的一种特殊概念即原子。无论是唯物还唯心,心灵实体概念对心理经验的解释没有任何作用。由此,自然科学经验与心理经验只是同一经验值的不同阶段,心灵实体的概念应被替换为心灵现实性(actuality of mind),作为理解心理过程的基础。心理学经验是自然科学经验的补充,处理直接经验。心灵现实性的概念不需要假设附属概念,而把心灵本性作为心理过程的直接实在。不论自然科学还是心理学都会研究同一客体的总体,在此意义上"实体"和"现实性"只是参照同一普遍经验的不同视角。

冯特也反对把心理学建立在主客对立、物理与心理、实验与内省二分对立的基础上,因为"外部世界总是和主体的理解及认知功能联系在一起的,内在经验总是包含着来自外部世界作为不可分割组分的观念"[①]。事实上,所谓的外在经验与内在经验并不是泾渭分明的,它们常常指向同一对象。石头、光、声音、空间等诸多自然现象同时也是心理学中的"观念",这些观念的产生则与主体的感情、意志等过程相关。[②]

冯特认为,经验在总体上就被划分为两方面:"呈现给我们的内容"与"我们对内容的把握(apprehension)",它们并不是对立的,而是我们全部经验的不同部分。[③]以此视角分析,自然科学经验产生的知识是间接的、概念性的,因为它们是在不考虑主体的情况下所揭示的客体本质,是一种"间

---

① Wundt, *Outlines of Psychology*, Engelmann, 1902, p.4.
② "一石、一木、一个声调、一束光线,可以是自然现象,也可以是矿物学、植物学、物理学对象。可它们同时也是'观念',是心理学的对象,心理学力求探寻它们的发生,它们同其他观念及心理过程的关系,如不指向外在对象的感情、意志等。"参见 Wilhelm Max Wundt, *Outlines of Psychology*, Engelmann, 1902, P.2.
③ Wundt, *Outlines of Psychology*, Engelmann, 1902, p.3.

接经验"（mediate experience），只有对所有实际经验中的主观因素进行抽取之后，才能获得。与此不同的是"直接经验"（immediate experience），直接经验由认识对象（object of knowing）和行动主体（acting subject）的互动所决定。对直接经验的研究就必须考察导致经验产生的主体部分，并努力消除间接性的抽象对统一经验的损害。哲学、历史、政治学、社会学等所有精神科学均把直接经验作为研究题材，观念和伴随的主体行动是研究的直接实在。[1]

冯特以经验的直接与间接区分取消了外在与内在的对立，揭示出了经验内容的统一性。直接经验就是经验的直接内容，而间接经验就是经验的间接内容，它们共同构成经验的全部内容，直接经验是间接经验的认识基础。间接经验可基本对应于外在经验，但直接经验并不对应于内在经验，因为直接经验不仅包括内在经验，还包括关于基于外在经验的客观观念，即直接经验包含内在经验，内在经验必定是直接经验，但直接经验却不一定是内在经验。冯特由此强调，"心理学是一种经验科学，它不处理有限的、特定的经验内容，而是处理全部经验的直接内容。"[2] 什么是经验的直接内容呢？在经验心理学看来，这就是主体心理过程的相互关联，心理学的任务就是揭示这些过程。于是，如果我们将认识主体抽离经验世界，世界就呈现为实体相互作用的杂多（manifold）；如果我们把经验世界视为主体及其自身经验的全部内容，世界就呈现为相互发生（occurrence）的杂多。内部经验、外部经验或间接经验、直接经验都不是指经验的不同范围，而是经验不同的附属视角，经验作为一个绝对的统一体呈现给我们。心理学在此意义上是所有精神科学的基础，并以直接经验为其研究题材，遵循以下原则[3]：

① 内在经验或称心理经验不是脱离于其他经验的特殊领域，而是呈现为整体的直接经验。

② 组成直接经验的不是不变的内容，而是过程的相互联接；不是对象，而是发生（occurrences），而是广泛人类经验及其伴随的某些规律的相互关联。

③ 每个这样的过程均包含有客观的内容和主观的过程，也涵盖全部知

---

[1] Wundt, *Outlines of Psychology*, Engelmann, 1902, P.4.
[2] Wundt, *Outlines of Psychology*, Engelmann, 1902, p.9.
[3] Wundt, *Outlines of Psychology*, Engelmann, 1902, pp.16-17.

识和所有人类实践活动。

第一条原则可称为直接经验原则，它反对经验的内在与外在的划分，否认内在经验的特殊性，主张心理经验就是直接经验整体，即不排除主体的间接经验。

第二条原则可称为过程原则，直接经验不是固化的内容，也不是静态的对象，而是各种相互联接的过程与发生。

第三条原则可称为主客融合原则，直接经验的过程是主客融合的过程，也是客观内容、知识与主体活动的融合。

2. 心理经验的整体原理

冯特认为，直接经验整体总是处在一种复合性（composite character）的过程之中，"对外在对象的感知，以及关于这种感知的记忆、感觉、情绪和意志行为，所有这些不仅以多样方式被持续不断地统一起来，而且每一个过程自身都或多或少地是一个复合整体。"[1]如身体的观念由身体各部分的观念构成；看似简单的声音，其方向会与空间的观念联系起来；而空间的观念则是高度复合的，常常包含着视觉与触觉的相互复合。

（1）部分与整体的三个基本问题

对于心理整体来说，冯特强调有彼此相联的三个问题需要思考和解决[2]：

① 分解问题，即复合过程的分解。其中最基础的一个任务是要探寻心理过程整体的基本的构成单元——心理元素。依据冯特元素主义信念，心理学对事实研究的第一步工作就是"描述构成整体的个体元素"[3]。

② 组合问题（combination），即解决由元素到不同层级复合体的问题。冯特认为这可细分为三个阶段：第一阶段是心理元素联合为心理复合体（psychical compounds），这些复合体在心理过程中相互区别、相对独立，如观念的形成；第二阶段是心理复合体之间的相互关联，成为一种二阶复合，简单的组合形成为更综合的组合；第三阶段是指心理发展，如智力、意志和感受的发展，并综合为心理人格的全面发展，还可拓展到社会心理的发展。

---

[1] Wundt, *Outlines of Psychology*, Engelmann, 1902, p.29
[2] Wundt, *Outlines of Psychology*, Engelmann, 1902, p.27.
[3] Duane P. Schultz, *A history of Modern Psychology*, Belmont: Wadsworth, 2011, p.71.

③ 规律问题，研究心理组合的规律。心理学最普遍的问题是确认心理现象的规律，需要研究不同程度的所有组合：从元素组合到复合体，从复合体到复合体的互联，从复合体的互联再到心理发展，只有这样才能揭示心理过程的状况，发现心理规律。

（2）复合体的整体原则

"复合体"（compounds）是一个承下启上的核心概念，其下是"元素"，其上是"复合体的互联"。在本书看来，这集中体现了冯特的复合整体观。冯特用"心理复合体"（Psychical compounds）来指"任何直接经验的复合成分，有其自己的独特性，区别于直接经验的其他内容，因而被看作相对独立的统一体（unity）"[①]，如空间观念、情绪都是一个相对独立的心理复合体。心理复合体具有以下特点。

① 心理复合体具有可分解性。所有心理复合体都能分解为心理元素，分解为简单感觉和简单感受。分解出的感觉元素都属于感觉系统，分解出的感受元素不仅包含心理复合体中的纯粹感觉，还包含引发这些元素相互作用的感受元素。

② 心理复合体不是绝对独立的物而是相对独立的过程。冯特采用"心理复合体"这一名称是为了突出心理元素之上的心理过程本质上更类似化学式的化合过程，心理学上"复合体"（compounds）是对化学中"化合物"（compounds）一词的借用。[②]但这一名称也会招致误解，一个常见的误解是把心理复合体理解为直接经验对应的绝对独立的内容，甚至事物的本质。冯特强调，心理复合体不过是相对独立的单元，它们一方面由多种元素组成，另一方面它们自身还会组成更复杂的复合。"[心理]复合体如同包涵其内的心理元素一样，从来不是物（things）而是时刻变化的过程（process）。"[③]复合观念对应着观念过程，复合感受则对应着"感受过程"（affective process）。

③ 心理复合体具有超越元素的新属性。冯特指出："心理复合体的属性从来不会被其中的元素所限制。"[④]一个视觉观念不仅拥有光感、包含运动

---

① Wundt, *Outlines of Psychology*, Engelmann, 1902, p100
② 这一观点应是受到詹姆斯·密尔（James Mill，旧译"穆勒"）的"心理化学论"（Mental chemistry）的观点影响。
③ Wundt, *Outlines of Psychology*, Engelmann, 1902, p.101.
④ Wundt, *Outlines of Psychology*, Engelmann, 1902, p.101.

感觉的眼位感觉，还具有不会在元素中出现的空间属性。意志的组成不仅包括单个的意志行为分解出的观念和感受，还包括新的意志感受。感觉元素的组合虽然不会产生新的感觉，其心理复合体的总体感觉保持不变，但会产生元素独特的"新的安置形式"，即延展的空间、时间的多元统一体（manifolds）。感受元素的组合则会产生新的感受，会与既有的感受相联合，形成组合性的强烈感受。

（3）心理组合的整体规律

冯特概括了三个规律，它们在组合过程中发挥不同的作用，体现为整体原理。其中，创造性综合原理是最为重要的原理。

① 创造性综合原理（Principle of Creative Synthesis）。这一原理最初被命名为"心理合成律"（Law of Psychical Resultants）。冯特认为每一个心理复合体，一旦其元素有所呈现，复合体表现的属性就确实可依据其元素的属性来理解，但是复合体的属性绝不能被视为元素属性的单纯加和。乐音的复合体在观念和感受属性上比单音要丰富很多；空间观念绝非元素自身的特性。冯特由此指出：

> 在源自统觉组合的集总观念中，元素们不仅为统觉综合所统一，而且获得了它们孤立状态时不具有的新意义、更大的意义。不仅如此，集总观念自身是新的心理内容，该新内容肯定是由元素所造成的，但绝不包含于元素自身之中。①

依据这一原理，观念的生成、心理复合体互联为意识，自我的形成以及心理的发展，均是一种新的创造。冯特的这一观点将心理的创造性从心理个体层面向下延展到更为普遍的整个心理过程之中。在此意义上，除了元素，任何元素之上的心理过程都具有创造性，会产生新的东西。

在冯特所处时代，创造性综合原理还会面临这样的一个问题：由于心理体验是基于物理、生理之上的，那么这种创造性是否会违背物理界的能量守恒定律？或者说在能量不变的情况下，如何看待心理的创造性？在冯特看来，在质量、力和能量不变的情况下，心理组合的主观价值可大于其组分的价值，心理组合的目的也可不同或高于其组分。它们可以在能量守

---

① Wundt, *Outlines of Psychology*, Engelmann, 1902, PP.364.

恒定律不变的情况下，实现创造性综合，这并不矛盾。外部意志行动的肌肉运动，伴随感知、联想、统觉的物理过程都跟随能量守恒定律；但是在能量保持不变的情况下，这些能量所表现的心理价值和目的的数量仍然可以不同。

②心理关系律（law of psychical relations）。这是对合成律的补充，它指的不是心理互联的组分与整体的关系，而是指复合体内心理组分间的相互关系。合成原理适用于意识的综合过程，关系原理适用于分析过程。每次把意识内容分解为单个成员就是一次关系分析的行动。这种分解发生在作为某一整体的部分的接续统觉中。该整体最初只能以总体（totality）的方式被观念化；发生于感知和联想的过程中；发生于从集总观念中分出清晰可识别的形式中。同样地，每一个统觉都是一个分析过程，包括两个阶段，首先是对单个内容的强调，产生清楚性（clearness）；然后是将此内容与其他区别，产生统觉的区别（distinctness of apperception）。这一原理的最为完整的表述体现在统觉分析过程和与其相关的简单关联与比较功能中，关系原理的基本意义是，"每一个单个心理内容从它与其他心理内容的关系中获得意义。"[1]

③心理对比律（law of psychical contrasts）。这是对关系律的补充，也关注心理内容的相互关系。经验的直接内容分为客体与主体组分，对比原理以此为基础。主体组分包括所有元素及其组合，如感受和情绪是意志过程的基本构成组分（constituents）。这些主体组分都分成由相反性质构成的群组，这些性质对应着愉快、不快、兴奋、消沉、紧张、放松这些感受维度。这些对立者在它们相继出现中遵循普遍的对比强化原理（general law of intensification through contrast）。对比原理源于经验的主体内容，但也次级应用于观念及其元素中，因为观念总是伴随着显著的感受。通过对比得到强化的最明显例子就是视觉和时空观念。对比原理可看作普遍关系原理的特殊应用，相关联的心理内容在对立的极端之间运动，只要环境适合，对立的心理过程就会互相强化，这就进入了对比原理。这一事实也是创造性综合原理的特殊应用。

从整体与部分视角观之，分解问题是冯特心理学的起点，体现着冯特

---

[1] Wundt, *Outlines of Psychology*, Engelmann, 1902, p.367.

心理学的元素主义信念;组合问题是冯特心理学的核心,体现了冯特的复合整体观;规律问题则是对组合关系的理论提升。由此,心理直接经验不仅是共时性的相互复合,而且还是历时性的过程关联;体现为前后相继的发展阶段;不仅是元素之间的关联与发展,而且是元素之上不同层级心理复合的关联与心理发展。

二、冯特的元素主义信念

黎黑(Tomas H. Leahey)在其《心理学史》中指出,科学心理学之初是以生理心理学开始的,"建立生理心理学的一个理论基础是还原论:不是为了心理学的应用而简单借用生理学的概念,而是根据生理原因来解释心理事件和行为事件。"[1] 这一评论是从层级还原的角度来看还原论的,冯特的心理学也由此常被误读为"还原论心理学"或"元素主义心理学"。[2]事实上,更能代表这种还原论取向的是冯特理论中的元素主义信念(doctrine of the elements)。[3] 在本书看来,该信念是冯特心理学的重要基础,但决不应简单被归为极端还原论。

冯特认为,心理元素主要有两类:一类是对应于经验客体内容的元素,称为感觉元素,或简称"感觉"(sensations),如音调、冷、热、光、蓝色等;二是对应于经验主体的元素,称为"感受元素"(affective elements),或"简单感受"(simple feeling),或直接称"感受"(feeling)[4],如愉快、不高兴、兴奋、消沉等。前者是心理生活的客体元素,"作为观念的终极不可还原的元素",感觉元素的复合就是"观念",而观念则是进一步形成意识的基础;后者"以主观性的补充的方式伴随这些客体元素,不指向外部事物只指向意识自身"[5],感受元素的复合则形成"情绪"(emotion)、"意

---

[1] 黎黑:《心理学史》(上册),李维译,浙江教育出版社,1998年,第340页。
[2] Bastin J. Paranginalil, *Toward Integreal Holism in Psychology*, New Delhi: Inter-InDIA Publications, 1990, p.93-95.
[3] Wundt, *Principles of Physiological Psychology*(5th ed.), Translated by Edward Bradford Tichener, China Social Sciences Publishing House, 1999, p.13.
[4] "feeling"中文也常译为"感情"或"情感",这两个词太容易受日常语境影响,且过于静态,在冯特的体系中,更强调"feeling"是一个动态过程,因此本书译为"感受"。
[5] Wundt, *Principles of Physiological Psychology*, Translated by Edward Bradford Tichener, China Social Sciences Publishing House, 1999, p.13.

志"(volitions)。

1. 元素的奠基性

心理经验的全部内容均具有复合性，对心理内容的分析就是对其复合的分析。在复合分析中，首要也是最为基础的部分就是"心理元素"（psychical elements），即"心理现象的绝对简单的、不可还原的组分"。[①]这一定义与前文所论亚里士多德的元素根本属性类似。心理元素的揭示不仅需要分析（analysis），还依赖于抽取（abstraction）。分析是指将组合分解为元素，抽取是指将元素抽离其所在的组合。如一个音调 a 在某种情形下与 b、c、d 音调相联为一个合弦，另一情况下也可与 e、f、g 相联为合弦，这种可从不同音调组合中抽取出来的单个音，就可称为元素 a。冯特的理想"元素"特质是：元素是分解后的最简单的、不可再分的"组分"，即具有终极性，不可再被进一步分解；元素必须具有相对的可独立性，即可以将其与其他元素以及其所在的复合中抽离。

（1）作为心理基础的元素

对于经验研究来说，元素的奠基性、可独立性体现在我们可对其实施客观的测量和实验，这也是心理学得以科学建立的基础，即科学研究的对象必须具有经验上的可测量性。如对心理学影响深远的韦伯定律所主张的：

> 如果两个刺激（或是从某一个刺激上增加或减少一定量之后与原刺激相比）的大小比例（或是增加或减少的刺激量相对于原刺激大小的比例）一定，那么无论这两个刺激的绝对大小是多少，它们之间的差异会使感受做相应变化，或者是产生同样的差异或增量的感受。[②]

在这一定律表述中，对应于每一个"刺激"的就是作为心理元素的"感受"，它们成为可测量的事实，具有优先性。冯特深受韦伯定律的影响，认为每一心理元素，不论是感觉还是感受，均由"性质"和"强度"所决定。任一感觉和感受都有确定的性质，具有不同的强度。强度构成持续的一种

[①] Wundt, *Outlines of Psychology*, Engelmann, 1902, p.32.
[②] 费希纳：《心理物理学纲要》，李晶译，中国人民大学出版社，2015 年，第 105 页。

线性的单一维度，在最大与最小的两个极端间变化，如最强到最弱的感觉或感受。"性质"不如强度这样齐一，有更加多样的属性：一类是同质的复合体系，如压力、冷、痛感等；另一类是一维、二维、多维的性质体系，如一维的音调体系、二维颜色体系，光感则是三维的。①

以简单感觉为例，冯特考察了以下四类感觉并仔细分析其构成，把它们作为最基础的元素。

① 普通感觉（general sense）。普遍感觉包含时间和空间因素，"普通"在时间上的含义是指这些感觉"先行于其他感觉并因此而属于由心灵所赋予的所有存在"，其在空间上的意义是指，"向刺激敞开的最广泛的感觉面"。普通感觉主要包括四种：压力、热、冷、痛，它们各自都是同质体系，在不同情形下有些还会相互作用。如压力感与痛感可以形成不相关的封闭系统；而冷热则是相互对立的感觉，既受环境影响，又受感受影响，彼此相关。

② 声音感觉（sensations of sound）。声音感觉包括噪音感觉（simple noise sensations）和乐音感觉（simple tone sensations），它们的相互作用形成简单的听觉。简单噪音感觉是指乐音还没有来得及产生时产生的声音。简单乐音感觉是一个音高变化的一维连续系列，总是在性质上从一个给定点向另一点的变动。"在这一连续中，选择由恰当间隔所分离出的单个感觉，然后构成音阶，再形成音调线，这就是音乐。"②如果同时考虑性质与强度，简单乐感也可成为一个二维连续统（continuum）。③在乐音系统中，感觉过程不仅平行于生理刺激过程，还平行于物理过程。这样，"简单感觉对应简单形式的声音振动，复合（plurality）感觉对应复合形式的振动。并且，感觉强度随着振幅成比例变化，感觉性质随着形式变化而变化，由此，主体在不同感觉上的差异是随着客体物理刺激的差异增加而增加的。"④

③ 嗅觉和味觉（smell and taste）。嗅觉体系是一个复杂的多维的连续统，其细节仍待研究。最基本的味觉是：酸、甜、苦、咸。冯特还认为，味觉体系的二维连续统在几何学上可以一个矩形来表示，四种基本性质置于四角，不同的混合性质位于四边及内部，如甜和咸可相互中和。

④ 光感（sensations of light）。光感系统由非彩色光感系统和彩色光感

---

① Wundt, *Outlines of Psychology*, Engelmann, 1902, pp.35-36.
② Wundt, *Outlines of Psychology*, Engelmann, 1902, pp.57-58.
③ Wundt, *Outlines of Psychology*, Engelmann, 1902, p.61.
④ Wundt, *Outlines of Psychology*, Engelmann, 1902, p.72.

系统组成，其间有无数过渡形式。非彩色光感系统是一个在黑与白之间延展的一维系统。与一维音调系统不同的是，从一极到另一极变化既是质变化同时也是强度变化，从黑到白是增强，反之是减弱，变化中的每一点都有确定的性质与强度，称为"明度"（brightness）。整个非彩色光感系统实际就是纯粹明度的一维系统，其性质与强度的改变在同一维度。如果只考虑性质，彩色光感系统也是一维的，与明度系统不同的是，不论从哪个起点开始，其变化的最后会回归到起点，成为具有回归性的一条线。这在光谱上形成一个红、橙、黄、绿、青、蓝、紫的色环，其中紫色与红色是最为接近的性质。与此相应的感觉变化是，"我们从一个给定点出发，首先是相似的感觉，然后是明显不同的，最终走向与开始相似的感觉，但却已位于性质的另外一边。"[①]在这一过程中，每一种颜色都会遇到与自己差异最大的颜色，即"对比色"，在色环中处于直径两端，成对出现，如紫和浅绿、黄和蓝等。（图2-1）

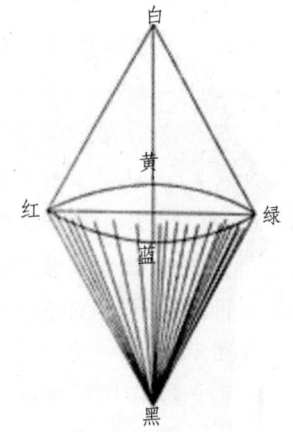

图 2-1 基本色与色调的构成[②]

通常我们所说的红、黄、蓝等主要是指"色调"（color-tone），即由颜

---

① Wundt, *Outlines of Psychology*, Engelmann, 1902, p. 64.
② 色调具有回归性的一维变化围成一个圆环形，饱和度构成指向圆心的扇形，明度的变化呈现为一个垂直的在黑白之间的强度与性质的变化，将这些结合起来就形成立体锥形结构，形成光感的三维系统。纯粹的性质变化是色调和饱和度的二维变化，而第三维明度则包含性质和强度的同时变化。（本图来源：冯特，《心理学概述：情感三度说》，谭越译，湖北科学技术出版社，2016年，第48页。

色系统中不同感觉位置所决定的不同性质。色彩系统还有另外两个属性，一是适用于彩色系统的"饱和度"，另一个是适用全部色彩的"明度"。任何彩色饱和度是一种有色与无色间的变化系列，饱和度降至终点就是非彩色的感觉。在色环中，如果以黑、白、灰的非彩色为圆心，那么每个色调的饱和度变化就是指向圆心的扇形。这一属性使彩色感觉系统与纯粹明度系统结合起来。明度有性质又有强度，明度增加会使每个颜色在性质上趋向白色，强度增加；而明度降低，则会趋向黑色，强度减低。每种颜色的中等明度时，饱和度最大，但每种颜色饱和度的最适宜亮度并不相同，越接近红色，强度要求更大，而越接近蓝色，强度要求越小。因此，微弱光线下，蓝色常常清晰可见，而红色则偏向于黑。

在光感系统中，物理刺激与感觉之间的关系不是简单的对应关系。在感觉上，非彩色的白与黑、彩色的红、黄、绿、蓝，被视为"基本感觉"（principle sensations），按元素主义的通常原则，其他颜色感觉都是以它们为基础的，可通过它们的混合而得到。如灰色是黑与白的混合。然而，冯特却指出，**事实上并不存在与之完全对应的物理上的六种"基本色"**。在物理上，我们理论上可以任何等距的三种客观的"基本颜色"产生整个光感系统，如绿、红、蓝色。其次，物理上差距大的，感觉上却可能是相似的。如红色（最长、最慢）和紫色（最短、最快）是物理上波长和振幅差别最大的颜色，然而它们在感觉上却是最接近的。再次，物理上复合的，但感觉却可能是单纯的，"灰色和黑、白一样都是简单感觉；橙色、紫色和红、黄一样是简单颜色，纯色和白色之间的任何饱和度渐变绝不是混合的感觉。"①最后，非彩色与彩色心理感觉的根源都不是单一的，常常是多个物理或环境根源的共同影响，如我们能从不同的光线获得同样的感觉，从不同的互补色的混合得到白色。冯特认为，光感需要物理条件，但视觉本质上是一种"光化学过程"，光化学的进程的类别、变化的多样性是造成物理刺激与心理感觉无法简单对应的原因。②

冯特的这一分析表明，物理刺激和感觉元素并不是一一对应的，那些在物理上的所谓基本元素并不对应于基本感觉，进而也不难看到，感受也不一一对应于感觉。冯特的弟子们更倾向于一一对应的元素主义，这显然

---

① Wundt, *Outlines of Psychology*, Engelmann, 1902, P.70.
② Wundt, *Outlines of Psychology*, Engelmann, 1902, pp.76-77.

是误读了冯特。此外,这些感觉的基本事实说明,所谓"元素"并不是存在论上绝对的实体,而是认识论上的"区分"。

(2)詹姆斯关于元素及组合的反驳

元素奠基立场预设了元素是先于复合观念及各级整体的,这种从元素到复合的组合是如何发生的呢?是依靠心灵之外的"外部作用力",还是某种"自发实现"?冯特显然更倾向于后者,这种组合的自发实现的想法源于联结主义。与冯特同时期的詹姆斯在其《心理学原理》中对这种自发组合的观念给予了批判。该批判会导出的一个可能推论:元素并不优位于其复合。

詹姆斯指出,联想主义者认为心灵是由基本心灵单位,如观念、元素等联结成的一个统一体。这就类似说有一个观念 A,还有一个观念 B,因此就存在一个观念 A+B,或者观念 A∨B。然而,"观念 A"+"观念 B"并不等于"观念(A+B)",后者是一个观念,前者是二个观念。"两个分隔的观念,永远也不能通过任何逻辑变成一个像'联想'观念这样的同一个东西。"或者说,无法自发地实现组合。"复合观念是一个全新的心理事实,在其与分隔观念的关系中,它不是后者的组分,而是后者产生的机缘(occasions)。"①在此意义上,元素反而依赖于复合,而不是相反。联想主义者们常使用的由 H 原子和 O 原子合成 H_2O 的例子来比喻观念的复合以及元素的优先。詹姆斯对此进行了反驳,认为这并不能说明由一些所谓心灵实体单元聚合起来就会自发产生新的实体。事实上,"'H_2O'只是处于新位置上的旧原子,'新性质'只是当它们处于这种位置时,对外部媒介(media)表现出来的组合效果。这些外部媒介包括我们的感官,各种让水表现出性质的试剂以及我们知道的其他东西等。"②于是,在詹姆斯看来,组合其实是既存的单个新事实,并不是元素的机械组合:

> 感受的原子不能组合为更高的感受,也就像物质原子不能组合成物理事物一样。对于一个头脑清晰的原子进化论者来说,'事

---

① Willam James, *The Princeples of Psychology* (Volume 1), Macmillan and Co., Ltd, 1907, p.161.
② Willam James, *The Princeples of Psychology* (Volume 1), Macmillan and Co., Ltd, 1907, p.159.

物'是无，存在的只有永恒的原子。当它们以一种特定的方式聚合在一起时，我们命名为这个或那个'事物'；但是我们所命名的事物只存在于心灵之中。有些心理状态因为同时知道许多不同的事物，而被人们看作复合的，这些心理状态也是一样。由于这些状态确实存在，它们就必须作为单个的新事实，或者如唯灵论者所说的，作为灵魂产生的效果（在这里我们不对此给出判断）。但是无论如何，它们是独立和完整的，并且不是由心理原子复合而成的。[1]

詹姆斯在对自己观点的注释中指出，他最想强调的观点是，一个高级状态不是许多个低级状态，它是它自己。然而，当许多低级状态一起到来时也可能会产生高级状态的出现。冯特并不是詹姆斯所批判的典型联想主义，但其元素优位的立场确实会面临詹姆斯的挑战。按詹姆斯的观点，较高的复合与整体是不能分解为较低的状态和元素来解释的，也就不存在元素优位的可能了，这自然会导向整体优位的立场。而当詹姆斯主张单一的原子才是永恒的存在时，他又似乎偏向了元素主义。对冯特来说，其实有些观点是与詹姆斯类似的，如他主张更高的复合总是意味着不同于元素的新事实。冯特如果要坚持元素优位的立场，同时避免联想主义的困难，他就必须对元素及其关联、不同层级的复合给出充分的说明。

2. 元素的相互关联性

冯特特别强调："心理元素从未能在不复合的状态下作为意识内容被直接给予。"[2]因此，在对感觉与感受严格区分的基础上，还需注意它们的关联性。感觉元素、感受元素自身是相互关联，感受与感觉也是相互联系的。纯粹感觉一方面来自感觉观念的抽取，暂时忽略感觉之间的关系，忽略时间和空间的关系，将其分解或抽取出来；另一方面从与其结合的感受中抽取出来。有许多感受是随感觉而伴生的，如声音、味觉、热等带来的愉悦或反感。简单感受也具有两种含义的抽取产物（products of abstraction）："每一感受均在现实中与观念性元素相联系；同时，其自身处于持续变化中，

---

[1] Willam James, *The Princeples of Psychology* (Volume 1), Macmillan and Co., Ltd, 1907, pp.161-162.
[2] Wundt, *Principles of Physiological Psychology*, Translated by Edward Bradford Tichener, China Social Sciences Publishing House, 1999, p.13.

并作为后续心理过程的一个组分。"①前一种抽取是将感受从感觉元素中抽离；后一种是将感受从后续的情绪、意志中抽离。

冯特对简单感受的分析，特别是其感受三维说最为充分地体现了元素的相互关联性。简单感受远比简单感觉复杂，它们总是或多或少地与观念过程相联，在主观上是难于分析的。简单感受是我们对经验分解与抽取的产物：简单感受来自于与其伴随的纯粹感觉的分离；简单感受应该是不断变化的感受元素中的最稳定者，并且是对感觉的简单效果影响扰动最小者。

冯特细致地对这些感觉的相联给出了描述。感觉在性质与强度上的任一变化都会伴随有感受同时在这两方面的双重变化，如甜是令人愉快的，但如果过甜（强度增大），感受就会在强度上向另一方向改变，最终转变为不快；如果强度不变，以酸取代甜，会发现感受要强于甜。感受在质上的变化远超过感觉，但是，感受性质的最大极和最强烈的感受对应于感觉上性质的最大差。两极对立的中间点的强度为零，理论上属于没有明确感受倾向的中立区。感受性质复杂的原因在于：一是因为任何多维系统的感觉同时属于多个感受系列；二是因为感觉多样的不同复合物，如强度观念、空间观念、时间观念，以及情绪与意志的某些阶段，都伴随着众多感受。②依据其本性，感受与感觉的不同在于："感受并不像音调、光感、味觉系统那样，形成一个可以分立的系统。所有感受统一为单一的多元体（manifold）中，其所有部分都相互联接。"③

因此，很难列出一个感受性质的清单，但都有可能区分出这一多元体中的主要的不同维度，或称之为感受变化的系列。冯特提出了著名的"感受三维说"，认为感受有三个维度（图2-2）：愉悦—不快、兴奋—抑制、紧张—放松；每一维度的两极是一对明显对立的感受，在其中心点处为无差别的中立点；每一极的感受是近似的众多个体感受的集合，不对应具体的性质。所有具体的感受要么属于三个系列，要么属于其中两个，或者只属于其中一个。普通感觉、味觉常与愉悦—不快相联系；颜色与音乐感觉经常与兴奋—抑制系列联系，红色伴随兴奋，蓝色相对抑制；紧张—放松系列则常与注意力过程有关。现实中，许多简单性质的感受也可能会有不止

---

① Wundt, *Outlines of Psychology*, Engelmann, 1902, p.33.
② Wundt, *Outlines of Psychology*, Engelmann, 1902, p.90.
③ Wundt, *Outlines of Psychology*, Engelmann, 1902, p.91.

一种感受取向。①

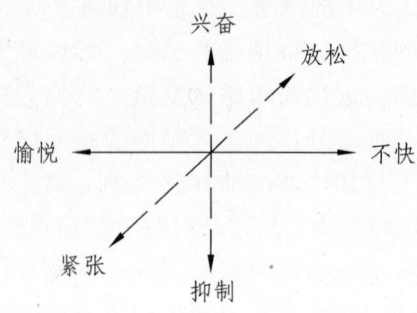

图 2-2　冯特的感受三维说②

在此三个维度中，感受虽然是最为基本的元素，但总是处于与其相配对的关系中，每一维度中的极端感受呈现其实并不多，更多地处在相互的张力间。需要进一步思考的是，这三个维度之间是否存在相互的影响？如何证明这三个维度是所有复合感受的基础？哪一个维度是更为根本的感受？冯特对此并没有给出说明。事实上，铁钦纳就认为只有"愉悦—不快"这一维度的感受才是最基础的感受维。③

3. 元素不决定复合体

元素是心理经验的基本组分，那经验内容是否也就由元素所决定？冯特对此持否定意见，他指出：

> 心理经验的实际内容总是由感觉元素和感受元素以多样的方式组成，因而一个给定心理过程的特性很大部分不是依赖于元素的本性，而更多依赖于它们联合形成的一个复合（composite）的心理复合体（compound）。④

这就像在化学中，单纯罗列出复合体元素的属性并不能得到复合体的

---

① Wundt, *Outlines of Psychology*, Engelmann, 1902, pp.92-93.
② 据原图改绘，参见冯特，《心理学概述：情感三度说》，湖北科学技术出版社，2016 年，第 48 页。
③ Brennan, *History and Systems of Psychology*, New York: Pearson Education Inc., 2003, p.165.
④ Wundt, *Outlines of Psychology*, Engelmann, 1902, p.33.

属性。因此，时间观念、空间观念、情绪、意志等都不能直接等同于初级的元素过程，而应是更高阶的元素组合过程。这就是复合体的整体原则。

从生理学来看，感觉来源于刺激，包括来自外部世界的物理刺激、我们身体的生理刺激，后者还可细分为与中枢神经相关的中央刺激、与大脑之外神经相关的外围刺激。然而，冯特强调我们不可能依据刺激特征来解释感觉特征，因为"刺激与感觉完全没有可比性；前者属于自然科学的间接经验，后者属于心理学的直接经验"[1]。刺激与感觉的互动是必要且符合"生理刺激与感觉的平行变化原理"（The principle of the parallelism of change in sensation and in physiological stimulation）的，但多样的刺激所对的是多样的感觉，它们并不是一一对应的。在这一点上，冯特的认识超越了后来华生创立的以"刺激反应"为基础的行为主义。

此外，冯特还特别强调，"元素""感觉元素""感受元素"等这些名称都只是一种抽象，如果像生理学做的那样，将单一的"感觉"直接等同于观念中终极不可还原的元素，或等同于我们感知对象，就会带来思想的混乱，心理学家们必须永远将此做法抛到身后。[2]真实的心理经验中既不存在纯粹的观念过程，也不存在纯粹的感受过程，这样的分类只是一种研究上的分析与抽取。在此意义上的"元素"其实更多只是一种认识论或方法论上的概念工具。[3]这也是冯特复杂思想的矛盾之处：一方面反对存在论意义上的元素论，强调作为认识工具的"元素"；另一方面，在具体的科学心理实验中却需要把元素/感觉视为可测量的实在。

依据以上三个特点不难看出，冯特的元素主义显然不是极端的、一元论的元素论。冯特从未否认元素之间的关联，元素甚至也可作为过程。许多研究者已指出将冯特局限为还原论主义是对冯特的误读，如拉帕德（Hans van Rappard）认为冯特心理学的内核应该是"活动/过程"（activity/process）。[4] 真正的元素主义分析模式是由冯特的弟子铁钦纳推向极端的。铁钦纳在其

---

[1] Wundt, *Outlines of Psychology*, Engelmann, 1902, p.49.
[2] Wundt, *Principles of Physiological Psychology*(5th ed.), Translated by Edward Bradford Tichener, China Social Sciences Publishing House, 1999, p.13.
[3] 可参见本书第五章对作为方法的整体与部分的论述。
[4] Hans van Rappard, *Wundt as An Activity/Process Theorist: An Event in the History of Psychological Thinking*, In: Adrian C. Brock, Johann Louw, Willem van Hoorn (edit), *Rediscovering the history of psychology*, New York: Kluwer Academic Publishers, 2004, pp.141-160.

1896 年出版的《心理学大纲》中指出,他已确认记录了 44 435 种感觉要素,其中占绝大多数的是视觉元素 32 820 种,其次是听觉元素 11 600 种。[①]在铁钦纳那里,"意识作为整体的性质消失了,意识元素的分析完全取代了整体心理现象的探讨。"[②]

三、冯特的复合整体观

对于冯特来说,一方面要坚持直接经验的整体性,这意味着直接经验具有超越元素的新属性;另一方面要坚持元素主义,这意味着所有整体归根到底可分解为元素。这两种对立的主张汇合为一种特殊的整体观,即把整体视为一种由心理元素、心理复合体、"心理复合体的互联"复合而成的系统,可称其为"复合整体观"。

1. 作为复合的整体

所有心理复合体都能分解为心理元素,分解为简单感觉和简单感受。分解出的感觉元素都属于感觉系统,分解出的感受元素不仅包含心理复合体中的纯粹感觉,还包含引发这些元素相互作用的感受元素。心理复合体是相对独立的单元,它们一方面由多种元素组成,另一方面它们自身还会组成更复杂的复合——"复合体的互联"。冯特的心理复合体的类别可分为两大类:一类为由感觉组成的"观念",包括集中性观念(intensive)[③]、广延观念(extensive idea),前者的组成元素无固定秩序仅通过元素的汇集和差异来实现复合,如复合音调;后者的组成部分则有着固定秩序,如时间与空间观念。另一类复合体是由感受元素组成的复合感受,包括强度感受

[①] Greenwood, *A Conceptual History of Psychology*, McGraw-Hill Higher Education, 2009, P.391.
[②] 叶浩生:《试论现代心理学的三个转向》,《华东师范大学学报》(社会科学版),1999 年第 1 期,第 54-60 页。
[③] "intensive idea"也译为"内涵观念",但综合冯特的表述,应译为"集中性观念",即那些由于集中在一起、由元素性质决定的复合整体。如 dfa 复合音调,并不决定于 d,f,a 的秩序,而是通过它们的集中在一起、彼此差异来实现,虽然 dfa 的呈现显然是与时间有关的。

组合、情绪、意志。下面我们将以时空观念和感受过程为例来揭示这种复合的整体。

（1）空间观念的复合性

空间观念可以简单定义为："一个三维复合体，其组成部分在相互参照的定位（location）中是固定的，但这些部分在参照观念主体的定位中可有不确定的变化。"[①] 空间观念的独特性在于，元素安置的固定秩序可以仅仅涉及部分与部分之间的关系。这一特性使空间具有了一种不受主体影响的客观独立性，如空间复合体能够前后运动，能够围绕任一轴心旋转。空间复合体及其各组成部分运动旋转的数目是相同的，都遵循空间的三维特性。另一方面，空间元素的安置会因与观念主体的关联而发生改变。空间观念主要包括触觉和视觉观念，触觉先于视觉，视觉对触觉有很大影响。以下将结合冯特对视觉空间观念的分析来讨论。

在冯特看来，任一视觉观念都可分解出两种要素（factor）：一是处于相互关联中的单个元素的定位；二是与观念主体关联的定位，包括考察单个元素及其复合体与观念主体的定位关联。视觉观念的元素是相互关联的，单一的一个点在参照空间其他部分后就会形成最简单的视觉印象。触觉常常可表现为与触觉器官直接关联的单个点，如针刺的点触觉。视觉与此不同，视觉点总是被置入一个与观念主体有一定距离的"视域"中。这里的距离不再是触觉表层可测量的线性延展，而是视域内两点之间可感知的最短间隔。光线从视域中各点出发，穿过眼睛玻璃体中的视觉中心，在视网膜形成对应的点，形成一个视角。该视角决定了视域中的元素，点的距离会随与主体的距离变化而成比例的变化。

在马略特盲点实验中，视域中的元素会因与主体距离的改变而"消失"（图2-3）。这充分说明了观念主体对空间元素的影响。当盲点出现前，空间观念是一个十字与黑色的圆组成的复合体，而当盲点出现后，空间元素只剩下了十字。

---

① Wundt, *Outlines of Psychology*, Engelmann, 1902, p.114.

图 2-3　马略特盲点实验①

冯特在研究中还注意到，除了视网膜感觉，眼睛的生理属性还决定了伴随眼睛运动产生的空间感觉，进而影响空间观念。这实际上是对生理特性与心理观念进行了统一。眼睛的运动在估算视域距离时的作用类似触觉运动的作用，眼睛的旋转，转换凝视点，不仅能够察觉视域中元素之间的位置，还能确定它们与主体之间的关系。两点之间相对距离的确定与眼睛跨越这一距离的动能有关。运动幅度越大，强度越大，经过的距离就越大。这在实现视觉目的时，一些特别的眼部肌肉会产生错觉，一种是不可变错觉，如垂直和水平方向距离感觉的差异，导致垂直方向的线段要比水平方向的线段看起来长出十分之一到七分之一；另一种是可变错觉，反映为方向错觉和长度错觉：前者体现为锐角高估、钝角低估，影响直线方向；后者体现为，比起自由和持续的运动，被迫的或间断的运动更费劲。如两点之间平滑线要比中断的线段看起来更长，一条线放在短线旁会更长，放在长线旁显短等。

冯特因此指出："视觉空间观念不能被视为（观察客体的）原初观念或光线印象自身引发的观念。"②视觉空间安置的整个过程包涵三种不同感觉元素的融合：首先是外部刺激引发感觉质；其次，外部刺激行动的作用点产生感觉质的局部标识；最后是强化的运动感觉，它由刺激点与视网膜中心的关系所决定，成为一种复杂的局部标识系统。前两种元素与最后的复杂局部标识完全融合，其产物就是简单视觉印象的空间定位，大量整合组合在一起，形成简单印象的空间安置。在直接感知客体时，局部标识系统的元素往往不被察觉，因为它完全为客体的空间阐释所遮蔽。

---

① 观察者闭上左眼，用右眼注视左侧的小十字，前后调整眼睛与图像的距离，当距离为 30 厘米左右时，右侧的黑色的圆就会落入盲点，黑色的圆消失，替换为白色的底。（据原图改绘，参见冯特：《心理学概述：情感三度说》，湖北科学技术出版社，2016 年，第 91 页。

② Wundt, *Outlines of Psychology*, Engelmann, 1902, p.143.

（2）时间观念的复合性

时间的观念比空间的观念更普遍，并不由特殊感觉的特殊效果所决定，它可以来自所有可能的感觉。感受、情绪等主体过程与客体观念一样均可被赋予时间属性。

① 时间观念具有明确的秩序。

时间复合体的一个特征是，其元素之间具有明确不变的秩序，秩序一旦改变，即便组分元素的性质没有变，时间复合体也会改变。在空间观念中，秩序不变主要是参照元素之间的相互关系；在时间观念中，当一个元素与另一元素之间关系变化时，该元素与观念主体的关系也会发生变化。时间复合体与观念主体的关系是绝对的，即严格意义上的"不变的"。不管时间元素多么短，每个时间元素都是一个"时间流"（flow of time）的秩序：

> 由于时间流，时间中的每一个瞬间，不管其填充的内容是什么，它与观念主体的关系没有任何其他瞬间可以取代。①

在空间中则是另外的情形，将某一与观念主体相联的元素替换为其他元素的可能，恰恰产生了一种感知的持续性（percept constancy）。这以时间的观念来看就是"绝对的绵延"（duration），意指在时间中无任何变化发生，但时间感知自身却必须持续变化。时间印象的持续是指，一些单个的时间段在感觉内容与感受内容上的确切相似，却唯有在与观念主体的关系上表现出不同。因此，绵延（持续）在时间上只具有相对的意义。"一个时间观念可能比另一个观念更持续，但没有时间观念能绝对持续。"②

冯特还分析了时间观念与空间观念的相同处，"时间观念和空间观念一样，不是仅仅来自于客体的印象，还有总是和这些客体因素联系在一起的主体元素，这些主体元素通过其特性来确定客体印象的理解模式。"③如分隔出一些间隔的时段听起来要比未分隔的时段更长，类似于中断线的错觉。感觉和感受的反复交替对感知的影响大于空间错觉中运动中断所造成的影响。存在两种相互融合的时间关系：元素之间的时间关系，时间模式在此可分为短、长、有规律的重复、无规律的变化等；元素对观念主体的时间

---

① Wundt, *Outlines of Psychology*, Engelmann, 1902, p.158.
② Wundt, *Outlines of Psychology*, Engelmann, 1902, p.158.
③ Wundt, *Outlines of Psychology*, Engelmann, 1902, p.167.

关系，过去、现在、未来是其主要形式。

时间观念的这种秩序可反映为触觉秩序与听觉秩序产生的不同观念。前一种是时间触觉观念，在肢体进行有节奏的运动时，肢体沿着关节以一定相似的振幅反复运动，产生一种等时性观念，即周期观念。当有节奏的运动趋向更复杂化时，运动节奏就有了韵律感。"在感受上，构成韵律触觉运动整个过程的是，两种相互对立感受的交替系列"①，如紧张与放松。另一种就是时间听觉观念。如钟表或节拍器的嘀嗒声，一下一下的连续打击形成一个简单的时间听觉观念。

② 时间观念的一般条件。

一个基本事实是，只有当单个心理元素进入与其他元素特征关系的联合中，时间上和空间上的定位才有可能性。元素本身没有时间和空间属性，它们通过联合才获得时间与空间属性。时间观念与空间观念在联合上的差异是明显的。

一个时间序列包含 a、b、c、d、e、f 这些成员，当这个系列行进到 f 时，它们可以马上呈现为一个单一的整体，就好像它们是点的空间系列。在空间观念中，元素的联合是参照注视点安置的，在不同的时刻，注视点可以是这一系列中的任何一个。而在时间观念中，"总是以此时印象作为其他印象时间安排的参照。"②假设一个新的印象 g 成为此时的印象，即便它的感觉内容与前一个印象 f 完全相同，这个新的印象对主体来说就是不同的，因为与感觉伴生的感受状态时时都在变化中，从来不会雷同。"每个点在感受系列中都有各自独特的位置"，对应于 f 和 g 的是不同的感受。

每一时间观念的元素都被固置于与即时印象的联系中，即时印象就成为所有元素中最为显著和最分明的元素。表面上，这类似于空间观念中的注视点，但与之不同的是，即时印象元素与感官生理构造没有关联，而是"全部归因为观念主体的一般属性，就像感受过程所表示出来的"③。冯特把时间观念中构成即时印象的部分称为"观念的凝视点"或"内在凝视点"（inner fixation-point）。④凝视点之外的印象，也就是即时印象之前的印象，它们是间接感知的，并从凝视点开始逐渐隐没。只要观念中每一个元素的

---

① Wundt, *Outlines of Psychology*, Engelmann, 1902, p.161.
② Wundt, *Outlines of Psychology*, Engelmann, 1902, p.168.
③ Wundt, *Outlines of Psychology*, Engelmann, 1902, pp.169-170.
④ Wundt, *Outlines of Psychology*, Engelmann, 1902, pp.169-170.

清晰性具有正值，就可能出现单一整体（unitary）的时间观念，反之，如果观念中任何元素的清晰度降为零时，该观念就分解为组分。[1]

内在凝视点本质上不同于空间感知的外在凝视点，其特性不是由感觉决定的，而是由感受元素决定的。由于感受元素是持续变化的，带来心理生活条件的持续变化，由此，内在凝视点也一直在变化，可称为"连续的时间流"（continuous flow of time）。[2] 依据冯特的观点，"连续"在此的涵义是，没有时间瞬间是彼此相似的，任何时间瞬间都不能复返。时间在此显现出其一维特征：时间的内在凝视点持续向前移动，单个点从不重复。观念主体的特征在此突显，时间不是外在于主体的客观化的存在，而是与主体感知相联的过程。

（3）感受过程的复合性

冯特对"复合感受"（composite feeling）的定义是，"一种单一的（unitary）集中状态（intensive state），单个、简单的感受组分在此状态中可以被感知。"[3] 复合感受还可细分为"组分感受"（component feeling）和"合成性感受"（resultant feeling）。前者始终是简单的感觉感受，若干组分感受可以组成合成感受的部分，合成感受还可作为复合组分进入一个整体。复合感受还可划分为："总体感受"（total feeling），包括全部组分的感受；"部分感受"（partial feeling），可参与总体感受的构成。部分感受是分等级的，第一级是简单的感觉感受；第二级是复合感受。低级别的感受可作为较高级别部分感受的组分，高级别感受就会发生组分元素的复合与交织，这使总体感受非常复杂。"有时即使是元素不变，感受整体也会因这个或那个占主导的部分感受而改变特性。"[4]例如，和弦 ceg 的总体感受，第一级部分感受是对应的单音 c、e、g 的感受；第二级部分感受是复音 ce、eg、cg 的和谐感受。这三个复音的感受或者相同，或者有一个会起决定作用。当 ceg 紧跟 cbeg 时，ce 的效应就会得到加强，而 ceg 紧跟 cea，强化的是 cg 效应，带来总体感受的改变。

"过程"在哲学上通常不被视为一种复合，但在冯特的视野中，过程也

---

[1] Wundt, *Outlines of Psychology*, Engelmann, 1902, p.170.
[2] Wundt, *Outlines of Psychology*, Engelmann, 1902, p.170.
[3] Wundt, *Outlines of Psychology*, Engelmann, 1902, p.175.
[4] Wundt, *Outlines of Psychology*, Engelmann, 1902, p.175.

是一种不同阶段事件的复合。复合感受包括情绪过程和意志过程，二者均具有复合性。伴随情绪过程的发展，其或者让位于安静的非情绪；或者会在观念内容与感受内容上发生突变，情绪瞬间结束，转化为意志行为，这种伴随结果的情绪过程就是"意志过程"（volitional process）。对冯特来说，意志是心灵活动本性的重要基础，"心理学只有在领会心灵过程的意志构成之后，才能获得符合其目的的充分描绘。"[1]意志过程是一个感受与观念的复合过程，决定意志行为的不是观念而是起主导作用的驱动感受。这是因为"感受是意志过程自身的整体构成，而观念只能通过与感受的联系施加间接影响"[2]。只有起主导作用的驱动感受才是意志行为的真正决定者：

> 如同元素组合为复合感受，意志行为的驱动感受也组合成为一个统一整体，其中一个冲动是主导的，其他冲动都从属于该冲动；方向相同者，会强化和加速效果，方向相反的会弱化之。[3]

最简单的意志行为通常是这样的：情绪具有合适的组分，其中一个单一的感受与伴生的观念形成动机，通过适合的外部运动使情绪过程结束。这种由单个动机决定的意志过程就是简单意志行为，也称为冲动行为（impulsive acts）。当一个情绪中的若干感受和观念都试图产生外部行为，同时当已成为动机的情绪链的组分倾向于导向不同的外部结果，这些结果或者相关或者敌对，这时就会从简单的（意志）行为中产生复杂的意志过程。它与简单意志行为的不同在于，在面对同时发生的互相对抗的动机时，决定性的动机占据优势，呈现为"自主行为"（voluntary act），随后意志还有了"选择行为"（selective act）。在心理过程中，最后的动机占据主导，在自主行为阶段还是一种"行为决断"（acts resolution），其动机是自觉接受的，在选择行为阶段则是一种"行为决定"（acts decision），需要从多个动机中进行选择。[4]

意志过程还包括特别的感受过程，首先是决断感受；其次是决定感受，

---

[1] Hans van Rappard, "Wundt as An Activity/Process Theorist: An Event in the History of Psychological Thinking", In: Adrian C. Brock, Johann Louw, Willem van Hoorn (edit), *Rediscovering the history of psychology*, New York, Kluwer Academic Publishers, 2004, pp.141-160.
[2] Wundt, *Outlines of Psychology*, Engelmann, 1902, p.204.
[3] Wundt, *Outlines of Psychology*, Engelmann, 1902, p.204.
[4] Wundt, *Outlines of Psychology*, Engelmann, 1902, p.207.

它比前者更强烈。二者都是兴奋与放松的感受，在不同情况下与愉悦和不快结合。在意志行为的开始的瞬间，决断感受让位给了更为兴奋的行动感受（feeling of activity）。"作为一个总体感受，行动感受是一个有起有落的时间过程，贯穿整个行为，最终变为最多种多样的感受，如实现、满足、失望，或者变为与行为特殊结果关联的感受和情绪。"[1]从感受的角度来看，自主行为和选择行为组成了一个完全的意志行为过程，与之前的冲动行为有了明显的区别，后者缺乏先在的决断和决定的感受。

2. 作为能动过程的整体

在冯特看来，不仅复合整体是一个过程，即便是元素也可作为过程，过程是其整体观的重要内容。过程之所以重要可借用过程哲学家怀特海的理解。怀特海认为，自然普遍展现为演化性的扩张过程，过程的起点——材料本身就包含着先前宇宙的事件，包含着已经存在的东西、本来会存在的东西和可能存在的东西，宇宙的本质只有在不间断的过程之中才有意义。怀特海强调："如果过程对于实存是根本的，那么每一终极的个体事实就必须被描述为过程。"[2]

然而，冯特并未直接给出"过程"的定义和特别的说明，他的过程观不是怀特海意义上的那种不可分割的、作为存在的事件系列，心理复合体的过程是复合的、可分解的。冯特的过程观主要体现为对传统联想主义机械观的反对，后者认为意识的元素是静态的心灵原子，这些静态元素通过机械的联想过程而被动地结合在一起。[3]冯特则强调意识是一个积极的能动过程，这一能动过程观在"心理复合体的互联"（interconnection of psychical compounds）中可得到充分体现。

（1）意识的生成

以复合整体观来看，心理复合体的互联之间的联系要比单个复合体内部的联系松散许多，这种互联过程生成了意识。冯特指出：

> 每一个心理复合体由一定量的心理元素组成，这些心理元素

---

[1] Wundt, *Outlines of Psychology*, Engelmann, 1902, p.208.
[2] A. N. Whitehead, *Models of Thought*. New York: The Macmillan Company, 1938, p.88.
[3] Duane P. Schultz, *A history of Modern Psychology*, Belmont: Wadsworth, 2011, p.71.

通常并不在同样的瞬间开始和结束。这带来这样的结果,心理复合体的互联把元素统一为单个的整体(single whole),并总是去超越个体性复合体。这样,彼此不同的同时性复合和接续性复合得到了统一,虽然这种互联实际上要比在单个复合体内的元素间的联系松散不少。我们把这种心理复合体的互联称为意识。①

在这一过程中,经验由复合体的"多"成为了单个整体的"一",意识不是这些互联过程的简单加和,而是它们的"总体综合"(general synthesis),若其相互关联发生改变,意识就会发生改变。如心理复合体之间的关联遭到中断,心理就呈现为无意识或昏迷状态。即便复合体本身不变,只要它们之间的组合出现异常变化,也会导致意识的扰乱。意识过程可区分为两种:在同时性复合体的互联中,"**给定瞬间的这些过程始终是一个单一的整体,其各个部分紧密相联。**"②在接续性过程中,当下的状态直接源于前面的状态,有两种显现方式:或者一些过程消失,其他过程改变路线,产生一些新的过程;或者有无意识状态的介入,而新过程则与过去(之前的当下)产生关联。任一给定瞬间的意识内容整体称为"**意识场**"(field),心理复合体的系列由不断的"来来往往"构成。③心理复合体首先进入意识场,然后进入内在凝视点,在其完全消失前,再从内在凝视点返回意识场,这是一个完全感知的过程。还有一些心理复合体即使进入意识场,但在进入内在凝视点前就消失了,它们仅能被理解。④

除了过程的观点,冯特还在意识中融入了层级的整体观。他认为在意识过程中,还存在不同的意识等级(grades of consciousness)的更替。等级的下限或零级为无意识,所有心理的互联绝对消失。在心理过程中,复合的观念和其单个的元素均可能消失,新来者会取代它们,这在心理过程中持续发生着。心理状态转入无意识状态,称为降至意识阈值之下,心理过

---

① Wundt, *Outlines of Psychology*, Engelmann, 1902, p.223.
② Wundt, *Outlines of Psychology*, Engelmann, 1902, p.227.
③ Wundt, *Outlines of Psychology*, Engelmann, 1902, p.229.
④ 这些多样关系是无法通过直接的内省来核实的。最适合观察的意识内容是观念,它们可在任何时间通过外部印象(impressions)轻易产生。在时间观念中,属于当下时刻的组分处于意识的凝视点中,短暂之前的印象仍在意识场内,更早的印象则已经从意识中完全消失。空间观念则不同,如果只是有限的空间,它可以立即被整体感知。

程产生时叫升至阈值之上。①

（2）作为能动过程的统觉

作为一个能动的过程，"统觉"（apperception）或"统觉组合"（apperceptive combinations）既要对下负责把元素、复合体进行整合，又要对上成为所有高级思维形式（如推理、语言应用）的基础。正如黎黑所指出的："统觉在冯特的体系中占据极其重要的地位，它不仅担负着把元素积极地综合为整体的重任，而且还被用来解释更高级的心理分析活动（揭示整体和部分）和判断活动。"②

① 统觉不是基于观念的机械联想。

冯特指出，传统联想主义心理学只关注意识的观念内容，并将其限制为观念的组合。观念被视为客体或者是在意识过中具有始终不变的特质并可重复的过程。联想是对观念再现的解释原则。人们假定感知印象的心理联合就足够解释它们的心理组合，联想的概念被限制为时间中前后相继观念的再现的形式讨论。他们建立了一些联想律，依据亚里士多德记忆理论中的相似与相反、同时与接续，并且试图缩减这些法则的数量。③ 沃伦（Howard C. Warren）在批评传统联想主义的这种机械观取向时曾指出：

> 把心灵或经验视为心灵状态的系列，这些状态统一在多样的复合和接续（successsion）中，这非常类似于物理宇宙的原子被统一为物质事物并产生物质事件。联想主义由此被称为机械的，因为它将物质模式用于解释心理现象。④

冯特指出了摧毁联想主义心理学的两个实验事实。一是，"联想心理学主张复合观念（composite ideas）是不可还原的心理单位，然而复合观念事实上是一个综合过程的结果，该过程与一般称为联想的复合过程密切相关。"⑤这表明，所谓复合观念并不是最底层的、不可还原的心理单位，在复合观念之前还存在着一个将观念组分联为一体的元素过程。另一事实是，

---

① Wundt, *Outlines of Psychology*, Engelmann, 1902, p.227.
② 黎黑：《心理学史》（上册），李维译，浙江教育出版社，1998年，第353页。
③ Wundt, *Outlines of Psychology*, Engelmann, 1902, pp.245-246.
④ Howard C. Warren, *A History of the Association Psychology*, New York: Charles Scribner's Sons, 1921, P.88.
⑤ Wundt, *Outlines of Psychology*, Engelmann, 1902, pp.245-246.

依据记忆的实验研究,"严格意义上观念再现(reproduction)不可能,即完全以先前观念不变的形式更新是无法实现的。"[1]新观念总是不同于它所参照的旧观念。这表明普通联想无非是早期元素联想的复合产物。真正的联想并不只是纯粹的观念组合,而是感受、情绪都共同参与的统觉过程。

② 简单的统觉过程(关联和比较)。

最初级(elementary)的统觉功能就是两个心理内容的相互关联。这一统觉总是基于单个心理复合体及其联想之上的,统觉行为实际发生的一个重要表现是,"关系本身成为特殊的意识内容"[2],即出现了与其关联的内容相区别的"关系",虽然它们实际是相互联接的。如发现一个对象的身份与先前感知对象的身份是一致的,或者意识到被记住的事件与当下印象之间的确定关系,这都会出现与联想有关的关联统觉活动。

纯粹的联想中,关联过程只是一种熟悉感受。统觉加入后,熟悉感受就开始寻找清晰的观念基础,先前的感知和新印象在时间中被分隔开,然后依据它们的基本属性建立关联。一个人认为当下印象是记起先前经验的原因,这是关联;而确认先前印象与当下印象之间的一致与差异,这就是比较。从比较视角来说,即使是心理元素,即感觉与简单感受都能进行比较。正是通过一系列的比较,我们把心理元素排入系统,每一个系统都包含着紧密关联的元素。比较是多样的,如在给定系统中可进行性质与强度的比较;元素在意识内出现的方式,清晰度的比较;内涵和广延的心理复合体的比较。[3]冯特还认为,这种比较还可以"心理量值"(psychical magnitude)来实现,如强度、性质、广延值(时空)、涉及意识不同状态时的清晰度等。

③ 复杂统觉过程(综合和分析)。

简单关联过程和比较过程的多次重复和组合,就产生了复杂的心理功能——综合和分析。综合主要是统觉关联行为的产物,分析是比较行为的产物。

统觉综合与联想和融合不同在于,联想形成的一些观念元素和感受元素被自觉地(voluntarily)强化,其他的则被抛入背景。"作为自觉行为的

---

[1] Wundt, *Outlines of Psychology*, Engelmann, 1902, pp.245-246.
[2] Wundt, *Outlines of Psychology*, Engelmann, 1902, p.278.
[3] Wundt, *Outlines of Psychology*, Engelmann, 1902, p.281.

结果，综合产物是这样一种复合：所有组分均来自先前的感知与联想，但这些组分的组合均或多或少有别于原初形式。"①如果某一统觉综合复合体的观念元素可以被视为该元素心理内容的其余部分的基质（substratum），这一复合体总称为"集总观念"（aggregate idea）。集总观念会产生两种形式的统觉分析：一是日常用语中的"想象"（image）；二是"理解"（understanding）。想象活动与理解活动是不同的，但相互关联，它们在产生和显现时是不可分离的，基础相同，都是同样的统觉综合和分析的根本功能过程。

想象活动包括两个阶段，第一阶段较被动，直接来自普通的记忆；第二个阶段是主动的想象形式，不仅预设有对想象影像的高度地自觉控制，而且还有对记忆影像的强烈干预，部分是抑制性的，部分是主动选择性的。一旦以这种主动方式形成集总观念，就比被动想象更坚固，经得住更完全的分析。对于同一分析过程来说，"大多数情况下，组分本身是次要的集总观念。"②部分是服从于整体的。

理解也始于集总观念，其中有许多真的或被视为真的经验，其中的一些相互关系会自觉合成为一个单一整体。此时，分析不仅在于更清晰地把握集总观念中的单个组分，而且在于不同组分之间确实可以比较得到的关系。理解高度发达时，理解活动必须遵循一些规则。作为对比，不同心理内容的统觉关系在想象和记忆中不是同时性的而是接续性的，由此我们需要由一个关系转向下一个关系。而在理解时，这种关系的接续发展为集总观念的发散式分割。

这可在逻辑的二元性中得到表达，集总观念分成主谓，主谓还可再分。二级的分割产生语法形式，类似于主谓的关系，如名词定语、动词宾格、动词和副词。统觉分析的过程带来用句子表达的判断。判断是分析功能而非综合功能。判断将集总观念分成相互关联的部分，判断结果是概念观念。概念观念的确立，需要参照同一整体中的其他部分的观念，处于一些通过总体关联和比较功能所揭示的关系中。"如果我们把这种能进行关联分析的集总观念叫做思想，判断就是思想分解为组分，概念就是这一分解的产物。"③

---

① Wundt, *Outlines of Psychology*, Engelmann, 1902, p.291.
② Wundt, *Outlines of Psychology*, Engelmann, 1902, p.293.
③ Wundt, *Outlines of Psychology*, Engelmann, 1902, p.295.

④ 统觉是先于组合的主动过程。

依据以上的分析，不难看出所有形式的联想都是被动的经验，因为联想时并没有出现表征意志与注意的行为感受。这一感受，只有在统觉中才会出现。统觉形成先于不同心理复合体及其元素的相互组合，很重要的一个特点就是其主动性，正如冯特所指出的：

> 在这里，伴随不同紧张感觉的行为感受不是作为组合产生的后效而跟随其后，而是先于组合，这样组合自身立即被识别为这是在注意的帮助下才得以形成的。在此意义上，这被称为主动经验。①

在统觉中，行为感受是组合的先导，组合的形成依赖于注意的协助，因此这是一种主动经验。统觉组合包含众多心理过程，日常生活中的思考、反思、想象和理解都是统觉。统觉是比感觉感知（sense perception）和记忆过程更高层的心理过程，联想基于感知，统觉则基于联想，"如同联想总是形成每一感知的一个部分，但其在记忆过程中却是一个相对独立的过程；统觉组合总是基于联想，但这些统觉组合的本质属性却不能追溯到联想。"②

3. 作为统一体的整体

冯特的复合整体中，既主张整体的分解和组合，也强调各种"统一"（unity）。如在讨论复合感受时，他强调复合感受具有多样性，但有一些共性：每个感受都有涉及两个因素，一是部分感受的相互组合关系；二是部分感受合成单一的总体感受。这二者总是密不可分、相互作用的。复合感受是一个基于组分的统一体，遵守一个基本的"感受状态的统一原则"（principle of the unity）："在一给定瞬间，只存在一个总体感受（total feeling），也就是说，任何情况下，所有部分感受在给定瞬间都统一于单个（single）总体感受中。"③ 这种单个的总体感受显然就是"整体"。这符合形而上层面对整体的个体性界定，整体应是一而不是多。对冯特来说，这里的"一"显然不是某个物（thing）而是一个统一过程。

---

① Wundt, *Outlines of Psychology*, Engelmann, 1902, p.277.
② Wundt, *Outlines of Psychology*, Engelmann, 1902, p.278.
③ Wundt, *Outlines of Psychology*, Engelmann, 1902, p.184.

（1）空间观念中的主客统一

冯特指出，视觉主体通常由一个点表示，这个点位于两只眼球的中心，称为视域的"定位点"（point of orientation）。以此为起点，向着两条视线的交叉点即外部凝视点画一条线，这条线称为"定位线"（line of orientation）。定位线的绝对长度观念，即主客之间的距离，总是难以确定的，我们总是以为它比实际距离短，这不仅与双眼位置的张力感觉调节有关，会合的方向角度对距离有直接影响，此外还与主体经验、心理发展有关。如儿童总是不容易分清远近。因此，不论是长度观念还是方向观念均与主体有直接的关联。

现实视觉中的事物不是分离的点，而是扩展的三维物体，呈现为不同的深度点，沿着定位线有着相对不同的距离，如何形成真正的深度观念呢？两点成线，两只眼睛凝视点沿着线运动，从一点到另一点的会合线称为"注视线"（lines of fixation）。一个基本的原理是，"只有当注视线联结了空间中的点，两只眼睛沿线移动时，空间的点才能因其实际的关系被感知。"①

基本的过程如下：

① 两个深度不同的点 a，b，由直线所连。

② 视域空间元素的融合，包括局部标识的连续序列及伴生的运动触觉。注视从 a 和 b 总是伴随视线会合的变化，带来其所对应的视网膜局部标识的持续变化，进而伴生 a 的内在运动触觉，对应着 a-b 的会合差异。但这条线不会扩展到第三维度，全部都位于一个特定平面。在此融合中，两眼局部标识的变化和运动感觉是相似的，唯一不同的是，凝视点远近变化时，左眼和右眼旋转及对应的视网膜成像运动的方向是相反的，右眼左转，左眼就右转。

③ 更复杂的局部标识系统形成深度观念。此时系统不仅有如上客体元素之间的相互关联，还加入了观念主体与元素的关联，即主体的方向观念和距离观念。"它们首先以观念主体头脑中的定位点作为参照，然后将其应用于相互关联外部客体的关系中。"②

这样，定位线上的两个不同的点就被赋予了一定方向和一定距离。所有这些定位线上不同位置的空间距离，汇总起来就形成了"深度观念"，对

---

① Wundt, *Outlines of Psychology*, Engelmann, 1902, p.149.
② Wundt, *Outlines of Psychology*, Engelmann, 1902, p.148.

于单个的对象来说就是三维物体观念。由此,"深度"不是与主体相对的对象观念,而是诸多观念、过程的统一。

从整体与部分的观点来分析,点是时间在先的,但在感知中只能在形成相互关系的联结或"深度"这些元素之上的整体时,这些点才能被真正感知。在这一过程中,**元素是时间优先的、奠基性的,但整体决定了观念的最后呈现**。

(2)作为统一整体的情绪

"感受"通常是指变化相对缓慢的过程,其规律正常,一般不超过中等强度,如节奏感受。"一系列感受,它们在时间上前后相继,被统一为相互关联的过程。该过程作为一个单独的整体(individual whole)区别于前后过程,并且总体上对主体的影响大于单个感受。我们将这种感受的接续(succession)称为'情绪'(emotion)。"①

在冯特看来情绪是一个"统一的整体"(unitary whole),具有三个突出特征。

① 情绪是一个复合的整体。情绪是比单个感受级别更高的过程,总是包含着多种感受。情绪不是单个的过程,而是具有共同特性的大量单个感受过程的汇集。"心理过程越复合,其单个的、具体的表现就越多样。"②每一种情绪的名称都意味着相关感受过程发生的典型形式。

② 情绪有一个确定的时间历程。情绪总是从一定强度的"初始感受"(inceptive feeling)开始,具有了一定的性质与方向;随后是感受的观念过程(ideational process),感受性质和强度都有所变化;最后以"终端感受"(terminal feeling)结束,有时延续到安静的状态,情绪逐渐淡去,成为非情绪,有时则转换为一个新的情绪。③

③ 情绪对心理过程的相互联接有更强的、即时和持续作用。在生理上,单个感受的伴生现象一般只是心脏、呼吸器官神经支配的轻微变化。情绪作为连续的感受,不仅加剧对心脏以及血管和呼吸系统的效用,还使外部肌肉受到明显影响,如表情肌、胳膊和整个身体的表达性运动。更强的情

---

① Wundt, *Outlines of Psychology*, Engelmann, 1902, p.186.
② Wundt, *Outlines of Psychology*, Engelmann, 1902, p.187.
③ Wundt, *Outlines of Psychology*, Engelmann, 1902, p.188.

绪，还会使神经受到支配，产生颤抖、抽搐等症状。①

在这里冯特既要坚持情绪在构成上的复合性，又要强调其作为整体的单一性、个体性，并且引入了过程与变化的观点。

（3）拒斥二元论

主体与客体、自我与世界的区分是二元论思考的基础，这导致许多人错误地认为心理学只是关于主体的科学。冯特对此提出一个重要的观点：

> 自我意识依存于心理过程的整体系列，它是心理过程的产物，不是心理过程的生产者。②

在此意义上，主体与客体不是认识开始处的不同个体，也不是认识结束处的两种完全不同的经验内容，它们只是用来思考的概念，统一于我们的直接经验。自我不是经验之前的先到者，而是一个由直接经验逐渐生成的复合态。这一观点契合了当代整体论科学、人工智能的研究成果，"自我"不是一个个体性的主体，而是一种过程涌现。③在冯特看来，这一过程大致如下。

首先，直接经验作为整体，其组分包括两方面：一方面组分是依据定位点的空间布置，它们外在于感知主体，参照意识的产生方式成为观念，即主体所感知的；另一方面是持续通过其性质和强度与空间秩序关联，但不属于空间秩序的其他组分。"感受是情绪的部分，而情绪被视为意志过程的组分。"④因此，所有感受过程（affective process）都可纳入"意志过程"这一普遍概念下。意志是完全的过程，其余两个仅仅是更简单或更复杂的组分。这就能解释简单的感受是如何包含意志方向的。

其次，在统觉过程中，意志的基础事实与经验内容的观念化内容有直接联系。"意志过程是一个统一化（unitary）过程，处于组分的千变万化之中，其特性却始终不变。"⑤这种一元性互联会产生一种直接感受——统一性感受（unity），并与伴随所有意志行为感受相关联，蔓延到所有意识内容。

---

① Wundt, *Outlines of Psychology*, Engelmann, 1902, pp.188-190.
② Wundt, *Outlines of Psychology*, Engelmann, 1902, p.244.
③ 刘劲杨：《人工智能的复杂性特质及伦理挑战》，《光明日报》（理论版），2017年9月4日。
④ Wundt, *Outlines of Psychology*, Engelmann, 1902, p.241.
⑤ Wundt, *Outlines of Psychology*, Engelmann, 1902, p.242.

"一个个体的所有心理经验互相关联的感受,就被称为'自我'(ego)。它是一种感受而不是通常所称的观念。"①与自我关系最密切的观念组分是一般感觉和一个人身体的观念。

最后,感受内容与观念内容从意识整体中脱离出来,与自我感受融合,称为自我意识。自我意识既不是脱离那些作为它的构成组分的过程的现实,也不是笼统的意识。自我意识与其他意识内容的分离导致了主体与客体的区别。在最狭窄的意义上,主体是意志过程的互联,这种互联在自我感受上表现出来;在更宽的意义上,它包括这些意志过程的实际内容以及为这些过程做准备的感受和情绪;在最宽泛的意义上,它包括这些主体过程的不变的观念化的基质(sustratum),即个人的身体。②

在"自我"产生的过程中,主体与客体、自我与世界、意识与身体、主观经验与客观经验等各种二元对立都统一在心理的整体过程中。作为整体的"自我"不仅是整体性的构成,还是具有时间性的整体生成。

四、厄棱费尔的"格式塔质"

厄棱费尔于1890年最早在心理学理论上提出整体主义取向的"格式塔质"(Gestalt-qualities)的问题。史密斯认为厄棱费尔的工作不仅意味着一种术语上的分水岭,而且"与随后格式塔观念相联的理论的、概念的所有论题几乎都在其工作中得到了某些方面的应对,或至少涉及。"③厄棱费尔关于格式塔质的论述,主要集中于1890年发表的《论格式塔质》一文中,其后还可见于1916年发表的《格式塔层次与格式塔纯粹(purity)》,1932年临终前完成的短文《论格式塔质》。这三篇文章都被收入了史密斯主编的《格式塔理论基础》一书中。④

1. 整体主义取向

厄棱费尔对格式塔质的思考源于对旋律的考察。音乐旋律通常被视为

---

① Wundt, *Outlines of Psychology*, Engelmann, 1902, p.242.
② Wundt, *Outlines of Psychology*, Engelmann, 1902, p.242.
③ Barry Smith, *Foundations of Gestalt Theory*, Philosophia Verlag GmbH, 1988, p.15.
④ Barry Smith, *Foundations of Gestalt Theory*, Philosophia Verlag GmbH, 1988, pp.121-123.

"音调系列的印象"（impression of the tone-series），一段旋律的呈现预设着一个由接续性音调（t_1，t_2，t_3，…，t_n）系列呈现的复合体，它们相互间具有清晰的时间上的区分。旋律由一个个音调组成，因此旋律常被认为就是音调之和。若如此，不同的音调组合就会产生不同的旋律。然而，一方面，完全不同的单调却常常组成同一旋律，如以 C 调和 G 调演奏的同一旋律来说，它们的组成音调是完全不同的。另一方面，同样的音调，如果以不同的节奏和秩序来演奏，就会形成不同的旋律。如果把旋律视为由元素组成的复合体，但旋律却不由元素所决定。不同元素组成的旋律还可成为相互同一的复合体。该如何解释这一现象呢？旋律仅仅是元素之和吗？如果旋律既与元素之和密切相联又明显与之有区别，那么旋律是某种新东西？

（1）作为整体内容的格式塔质

厄棱费尔认为这一被给予的旋律不仅不是元素之和，而且还是具有一定独立性的新东西。然而，这种新东西却不是可以直接"感觉"的。我们只能感觉同时呈现的对象，旋律却总是在时间中的，它不能成为一个能同时被感觉的对象。那为什么我们又能识别旋律呢？可能的一种解释是：空间的形状、旋律等整体的呈现并不是来自意识之外某物的完整，而是意识中个体感觉组分的某种整合与综合。[①]旋律被给予时，接续性的记忆印象呈现为共时性的意识复合体（consciousness-complex）。厄棱费尔进一步追问，意识主体 S 在把握旋律、空间形状时，其呈现的是否比组成该复合体的所有个体之和还要多？如所有音调之和、所有空间构成部分之和等。这意味着意识在把握一个复合体时，意识中伴随着新范畴的产生，"该范畴以特别的方式将复合体中的相关音调相联，是一种统一的（unitary）呈现（presentation）。这一整体（whole）的呈现属于一个新的范畴，可以'奠基内容'（founded content）之名来使用。"[②]这一新的范畴内容就是旋律、空间形状所呈现的"格式塔质"，厄棱费尔由此给出了格式塔质的基本定义：

> 凭借格式塔质我们理解到，呈现的一个肯定性的内容（positive content）在意识中是与元素复合体的在场紧密联系的，这些元素

[①] Christian von Ehrenfels, "On Gestalt-qualities(1890)", In: Barry Smith edit, *Foundations of Gestalt Theory*, Hemsbach: Philosophia Verlag GmbH, 1988, p.83.
[②] Christian von Ehrenfels, "On Gestalt-qualities(1932)", In: Barry Smith edit, *Foundations of Gestalt Theory*, Hemsbach: Philosophia Verlag GmbH, 1988, pp.121-123.

相互隔离并可独立呈现。由诸多[元素]呈现构成的某个复合体对于一个给定的格式塔质的存在来说是必要的，我们称其为该质的奠基（foundation of that quality）。①

厄棱费尔认为，格式塔质可以被严格划分为两种：一种是"过程把握"（apprehension of processes），如对旋律及其运动的把握，这是时间性的格式塔质；另一种是"瞬间态的把握"（apprehension of momentary states），如对和谐、空间外形的把握，这是非时间性的格式塔质。②在这里需要注意的是，非时间性的格式塔质并不是说不需要时间，也不是要求意识同时把握其奠基的所有元素，而是不要求这些奠基的、相互分离对象有清晰的时间上的界定。非时间格式塔质的性质的奠基可在感知的呈现（常被称为"感觉"）中被给定。与之不同的时间格式塔质的元素则在时间上分而居之，在感知呈现中至多有一个元素被给定，剩余者通过记忆影像呈现或与未来关联的期待影像。在心理活动中，旋律和空间图形的性质似乎可划分为时间性的和空间性的。然而，在实际的呈现中却是相互交融的。

（2）格式塔质的统一功能

格式塔质是意识中呈现的一个肯定性内容，即具有明显指向整体性的新内容，区别于原有元素及其简单加和，使原有元素的呈现具有某种统一性。

以听觉和视觉领域的格式塔质为例，"元素的不同复合体完全不等同于这些元素的和，复合体越近似，它们相互分离的元素就越近似。"③同一旋律以 C 大调或 F 调来演奏，它还是同一个旋律；以同一调式但以不同的顺序来演奏组成这一旋律的所有同样的音调，结果却变成了不同的旋律。于是，由完全不同组分元素组成的复合体却产生了近似的旋律；由几乎完全一样的元素组成的复合体，它们却可能是完全不同的旋律。由此，"基于个别音调之上的旋律或音调格式塔绝不是这些个别音调之和。"④类似的，空

---

① Christian von Ehrenfels, "On Gestalt-qualities(1890)", In: Barry Smith edit, *Foundations of Gestalt Theory*, Hemsbach: Philosophia Verlag GmbH, 1988, p.93.
② Christian von Ehrenfels, "On Gestalt-qualities(1890)", In: Barry Smith edit, *Foundations of Gestalt Theory*, Hemsbach: Philosophia Verlag GmbH, 1988, pp.93-94.
③ Christian von Ehrenfels, "On Gestalt-qualities(1890)", In: Barry Smith edit, *Foundations of Gestalt Theory*, Hemsbach: Philosophia Verlag GmbH, 1988, p.90.
④ Christian von Ehrenfels, "On Gestalt-qualities(1890)", In: Barry Smith edit, *Foundations of Gestalt Theory*, Hemsbach: Philosophia Verlag GmbH, 1988, p.90.

间格式塔也绝不是位置确定的汇合。格式塔秩序的每一次重置都会导致近似性联系有本质的变动。

人在听旋律时，不可能使之前复合体的所有个体音调的呈现都得到重现，他只能重现一个完全不同的复合体，其成员相互关联的属性类似于之前的复合体。这种近似关系奠基于一个新呈现的肯定性元素，即"音调格式塔"（tone-Gestalt）。这一新元素体现为，同一个音调格式塔总是决定了底层音调元素（单音的呈现）之间的同一关系。这种肯定的元素一旦在呈现中被给定，联想的呈现就很容易发生了；反之，若这种元素缺席，我们就无法理解记忆是如何重现与先前的元素间的联系。①对于旋律和空间图形的一个共同的考察是，尽管其奠基的元素完全不同但其呈现的现象却具有近似性和再现性。

厄棱费尔还给出了一种格式塔质同一性的形式判别条件②：

意识中若存在一个呈现的复合体 C，存在一个同时呈现的内容 V，当满足：

• 如果改变了 C 的元素，但依然保存了元素之间的相互关系，V 总体上没有改变；

• 如果不按规律地随意变换 C 的元素（或 C 的部分）会摧毁 V 的总体特性。

若如此，V 与 C 不同一，但 V 是属于 C 的格式塔质。若以埃斯菲德的普遍整体论条件来分析，这两个条件强调的是元素之间的一种存在论依赖，只要组成整体的元素之间的存在论依赖关系不变，格式塔质就不会随之改变。这显然是部分优位的整体论主张。

（3）作为更高秩序的格式塔质

格式塔质是超越元素之上的一种质，可作为一种更高的秩序。但是每一确定的对象都可有一些不同种类的格式塔质，如何对它们进行比较和区分呢？厄棱费尔指出，"更高层的格式塔（Gestalten）有着更大的整体统一

---

① Christian von Ehrenfels, "On Gestalt-qualities(1890)", In: Barry Smith edit, *Foundations of Gestalt Theory*, Hemsbach: Philosophia Verlag GmbH, 1988, p.92.
② Christian von Ehrenfels, "On Gestalt-qualities(1890)", In: Barry Smith edit, *Foundations of Gestalt Theory*, Hemsbach: Philosophia Verlag GmbH, 1988, p.94.

性，其部分的多样性（manifoldness）也更多。"[1]如郁金香、燕子肯定要比一块泥土、一堆石块更高层，它们的整体统一性更强，部分更多样。这意味着在格式塔质的层级中，越高层的格式塔质整体性越强，部分的多样性越丰富。因此，"每一个格式塔都具有某个格式塔层次（Gestalt level），这具有基础意义。"[2]厄棱费尔认为这可作为宇宙起源论（Kosmogonie）的基础，因为宇宙就是一种层级的构造。

在日常经验中，我们可以通过某一旋律与熟悉旋律的近似性辨认出作曲家，即便我们并不很准确清楚这种近似性包含什么。这种近似性显然不是因为组分相似，因为这些旋律明显是不同的，只能是因为整体。但这种整体的相似与同一究竟是什么？对于这样的问题，传统的基于个体同一性来寻找准确分界的方法是无法解决的。厄棱费尔指出，应赋予格式塔质作为更高秩序的优位性来给出解答：

> 科学仍未意识到有必要赋予这种近似性以优位性，让其优位于简单得多的同一关系。我们多是以同一关系的确认（determination）来把握不同个体的。这是因为，自然对象是依据习惯而有序是可证实的。而如格式塔质，其依据于密切的相互关系之上，而不是依据那些有准确分界的个体上。[3]

一个更高秩序的格式塔质是在关系呈现的上升中生成的。我们以时间格式塔质的呈现为例。假设存在一个呈现内容不断变化状态的系列，它们被一定的有限时间间隔 Z_1, Z_2, Z_3…所分离。如果变化是连续不断的，那么所有的状态都将处于 Z_1, Z_2 之间，各状态相互之间是不相同的；类似 Z_2, Z_3 之间也是一样的情况。如果从 Z_1 经 Z_2 到 Z_3 显现出一种统一特性，那么一个格式塔质就得以给定。在这一过程中，有三个特点：一是存在同一方向的一个持续状态变化系列；二是状态之间是彼此区分的；三是有一个贯穿所有状态的统一性质，即格式塔质。

---

[1] Christian von Ehrenfels, "On Gestalt-qualities(1932)", Translatedlated by Mildred Focht, *Psychological Review*, Vol 44(6), Nov 1937, pp.521-524.
[2] Christian von Ehrenfels, "Gestalt Level and Gestalt Purity(1916)", In: Barry Smith edit, *Foundations of Gestalt Theory*, Hemsbach: Philosophia Verlag GmbH, 1988, pp.118-120.
[3] Christian von Ehrenfels, "On Gestalt-qualities(1890)", In: Barry Smith edit, *Foundations of Gestalt Theory*, Hemsbach: Philosophia Verlag GmbH, 1988, p.106.

2. 元素主义取向

厄棱费尔指出，"我们的理论使整体性（unity）成为可能，人们在向整体性努力时，也能够察觉与个体主义取向（individualistic tendencies）的平衡，这虽然是一个完全不同的方向，但（格式塔质）理论依然毫无疑问的是其支持。"[①]对奠基的强调其实是一种元素主义立场。因此，**格式塔质的存在并不取消元素间的相互隔离和独立性，格式塔质并不成为超越元素之上的一个"整体"，而只是试图作为一种"新元素"。**

（1）元素复合体的奠基

奠基决定格式塔质，反之则不成立，这是一种整体与部分之间的非对称性关系。厄棱费尔对此指出：

> 格式塔质是一种被奠基的内容："并不是所有被奠基的内容都会自然在直觉上与旋律的呈现相关联，还存在着非直觉的被奠基内容（non-intuitive founded contents），如关系。每一被奠基内容都需要一个奠基（fundament），它们之间是一种单面（one-sided）的决定关系，后者决定前者。一个奠基性呈现（fundamental presentation）的被给予复合体能支持非常特定的被奠基的内容。但并不是每一个奠基都好像必须被冠以和持以某一被奠基的内容。"[②]

这种非对称的、单向决定关系表明，某一格式塔质作为被奠基的内容总可以且必须依托于某一奠基，但某一奠基的呈现却并不局限于某一特定的格式塔质。马赫会主张听觉和空间格式塔的形成并不借助于部分，心灵也不特别关注部分，它们是直接被感觉到的。这也就反对了所谓"新东西"的存在。但厄棱费尔认为这不符合科学的经验，因为先有元素复合体的奠基才有格式塔质的出现，奠基是在先的。

同一奠基似乎可有无限种格式塔质的可能，我们如何确认哪一个是其

[①] Christian von Ehrenfels, "On Gestalt-qualities(1890)", In: Barry Smith edit, *Foundations of Gestalt Theory*, Hemsbach: Philosophia Verlag GmbH, 1988, p.116.

[②] Christian von Ehrenfels, "On Gestalt-qualities(1932)", In: Barry Smith edit, *Foundations of Gestalt Theory*, Hemsbach: Philosophia Verlag GmbH, 1988, pp.121-123.

真正的呈现呢？例如一个圆形黑底上放一个白色的方形，这里存在着格式塔质。一方面视为白色的方形一方面视为内部为方形的圆。还可想象方形内存有对角线，把方形想象为两个白色三角形，或四个三角形。厄棱费尔的分析是，对于其奠基而言，所有被给予的格式塔只具有那些已经包含在原初的白色方形与黑色区域中的东西。对于意识中一个被给予的内容呈现的复合体而言，它们的奠基是明显区别于周围的格式塔质而得到呈现的。表面上，意识中被给予的同一的呈现内容可以充当不同格式塔质的奠基。"事实上，同样的格式塔质总是与同样的奠基相联。然而，基于同一的外部刺激，想象的'假象构想潜能'（illusion-forming powers）也可成功改变奠基自身，进而间接改变所对应的那些格式塔质。"①

（2）格式塔质不是让元素消失的"整体"

"元素"在厄棱费尔的意义上总是可以独立存在、彼此不相互关联的。元素的存在就是其自身，并不依赖于其他任何东西。格式塔质不同于典型的元素，它们只具有相对独立性。每一格式塔质都要求有一个奠基，格式塔质之间既具有层级上下的联系，在同一层上也具有联系。以语言为例，如果把单个词视为元素，词与词之间是没有联系的，词就是自身，其意义是固定的；而如果把词视为格式塔质，那么一个个词只具有相对独立性，处于一个嵌套的格式塔质中，同一词在不同的格式塔质中可有不同的意义。

格式塔质与元素的另一个根本区别在于，格式塔质是一种主体活动的结果，元素通常意义上是与主体区别的对象本身。厄棱费尔指出，格式塔质不仅存在于乐音（音乐性的音调和声音组合）中，还存在于"噪声"（noise）中。语言就是由这些噪声组成，即便在个别元音中，音调是被作为元素来区分的。"语言中的每一个词都是一个格式塔质。人们可在心理生活中形成由格式塔质延伸的观念。这源于这样的事实，所谓的联想律的运作与格式塔质关联的频率远远超过其与元素的关联。"②如把单个人看作一个格式塔质，依据近似性原理，其呈现时就与数不清的其他人的影像相关联；而如果只是简单元素的呈现，如一个声音或颜色，就不会与其他元素相关联。

---

① Christian von Ehrenfels, "On Gestalt-qualities(1890)", In: Barry Smith edit, *Foundations of Gestalt Theory*, Hemsbach: Philosophia Verlag GmbH, 1988, p.114.
② Christian von Ehrenfels, "On Gestalt-qualities(1932)", Translated by Mildred Focht, *Psychological Review*, Vol 44(6), Nov 1937, pp.521-524.

从格式塔质的角度来理解,"记忆的本质就是格式塔质的发现,它由于某种原因印刻在记忆中,其各部分与呈现的对象保持某种既定的关系。"①如语言中的常用习语,会将一些字词的联系固定下来。

依据厄棱费尔的观点,如果一段旋律由 8 个音组成,那么至少包括 9 个呈现,多出来的呈现就是格式塔质的呈现。这段旋律确实是一个复合的整体,但格式塔质却不是包含这 8 个音调的整体,而是奠基于它们之上的一种新质。穆里根(Kevin Mulligan)和史密斯也因此而指出,这是对感知复合问题的一种元素主义解决。②由此,格式塔质不是彼此不关联的元素,也不是让元素消失的"整体",而是使原有元素以某一方式整体关联起来的新的呈现内容。

(3)伴随原生元素的格式塔质

不同感觉领域、多样的普遍意义的呈现会表现为种种范畴鸿沟,格式塔质有助于在其间架设沟通的桥梁。这种桥梁并不是将多样的感觉与呈现物理还原式地还原为心理上的同一。所有的物理发生事件已被还原为原子的力学,如果依照这种方式,一个包括理解心理实在的完整的自然解释,必须说明心理表象是以何种方式与物理事件相联的。以声音的呈现为例,给定形式的振动、大脑某区域的振幅和周期可对应于不同音高、强度的音调的呈现。它们的这种联系可以很精确,构成某一自然规律。③事实上,由于心理质各不一样,我们不可由声音的规律推出颜色的规律,于是有多少心理质就得建立多少规律。因此,这种纯粹物理式还原很难成为心理学的共同基础。

另一方面,格式塔质作为主体活动的结果,很难取得一致。例如乐音不同于噪声,对于前者,我们至少在一定程度上可进行分析。例如,将其奠基和格式塔质相互分离,区分奠基的不同部分;对于后者,奠基和格式塔质融合为我们无法区分其部分的整体。事实上,即使乐音也很难取得一

---

① Christian von Ehrenfels, "On Gestalt-qualities(1932)", Translated by Mildred Focht, *Psychological Review*, Vol 44(6), Nov 1937, pp.521-524.
② Kevin Mulligan, Barry Smith, "Mach and Ehrenfels: The Foundations of Gestalt Theory", In: Barry Smith edit, *Foundations of Gestalt Theory*, Hemsbach: Philosophia Verlag GmbH, 1988, PP.124-157.
③ Christian von Ehrenfels, "On Gestalt-qualities(1890)", In: Barry Smith edit, *Foundations of Gestalt Theory*, Hemsbach: Philosophia Verlag GmbH, 1988, pp.114-115.

致。受过训练的人能听出和弦及其组成的每个单音,而未经训练的人会把和弦听为单音。什么是单音呢?手枪的噼啪声实际是多个元素组成的,用来什么来保证这不是所谓的真正简单音调,即这些呈现的组分不是被我们所分解呢?于是,厄棱费尔指出,我们也许可把音调想象为由伴随格式塔质的原初元素(primitive elements)的融合。

> 如果我们把音调的生成视为对共同的原生质(proto-quality)层层分级的统一化(unification),那么我们也必须承认这也适用于所有呈现的范畴。最终,我们可能到达一个单个的原初质,或者至少一个单个的"性质连续统"(quality-continuum)。由这一原生质出发,借助清楚的组合,伴随与它们联系在一起的格式塔质,共同生成了清楚的内容(颜色、音调……)。这意味着,音调和颜色可被呈现为我们尚未知道的原生元素(proto-element)更高程度的复合。①

格式塔质和联想关系中的简单感觉质没有本质上的区分。我们可将格式塔质与其奠基区分,但却无法将这种分离适用于其与简单心理元素的关联。"由于我们对实在的了解永远无法超越呈现总体(totality of the presentable),由此来自一个共同原生元素的呈现的所有内容将推导出这样的可能性,在一个单一数学公式内理解所有所知世界的整体。"②这种提供格式塔质基础的原生元素显然不是元素复合体中的任何元素,而是先于它们又与格式塔质无法分离的某种东西。在本书看来,这其实就是作为"元素"的整体/格式塔质。

3. 格式塔质的呈现

厄棱费尔强调,格式塔质在元素间的存在是难以否认的。格式塔质附着于我们的记忆中,这比简单元素的确认还要牢固。我们联想中的很大一部分要参照格式塔质进行。"如果事物之间的近似性不能被普遍理解为部分的同一性(partial identity),因而在联想律中依据近似性原理要比依据时间

---

① Christian von Ehrenfels, "On Gestalt-qualities(1890)", In: Barry Smith edit, *Foundations of Gestalt Theory*, Hemsbach: Philosophia Verlag GmbH, 1988, p.115.
② Christian von Ehrenfels, "On Gestalt-qualities(1890)", In: Barry Smith edit, *Foundations of Gestalt Theory*, Hemsbach: Philosophia Verlag GmbH, 1988, p.116.

的接续性（temporal contiguity）原理更关涉一些不同的东西，那么人们应该去确认只有在与格式塔质的关联中，前者（近似性原理）才是有效的。"①在此意义上，我们能够依据部分的同一性模糊地把握事物就源于格式塔质的呈现（presentation）。例如一段旋律会让我们想起近似的旋律，某张熟悉的面孔让我们忆起另一个以为忘记了的人。

厄棱费尔强调，"**格式塔质在本质上与元素呈现的区别不仅在于其与记忆的关系，而且在于这一事实：它们依靠想象的创造性活动（实现）自由生成（free generation）。**"②想象能够自由地组合感觉和内在知觉中给定的诸多元素。这种组合产生了具有重大意义的心理的质。"心灵的这种将心理元素组织为新组合不只是在元素自身对组分元素的位置变动：它产生了新的东西。"③厄棱费尔这里并不是想说这种创造过程完全摆脱了规律和任何限制，而是强调更自由的想象依赖于格式塔质的呈现而不是元素。

那么，格式塔质的呈现是直接的还是间接的？即是说我们面对相关元素复合体时格式塔质是否为心理活动的结果？马赫早于厄棱费尔对类似的现象进行了考察，他主张空间的形状和旋律的出现不需要理智的参与，不需要诉诸心理活动。只要某一格式塔质的奠基被给予意识，该格式塔质就成为感觉的对象（objects of sensation）。厄棱费尔把马赫的主张扩展为这样一个普遍的命题：

> 充当格式塔质奠基的复合体，不论在意识的哪里呈现，这种质就是其自身并在意识中被给予，我们（心灵）对其无任何贡献。④

该命题面对的一个直接反驳是，如果没有心理理智活动的介入，我们其实看到的是颜色而不是图画，看到树而不是树林，听到音调而不是音乐，即感觉的是奠基而不是奠基之上的更高"呈现"。对此反驳的回应是，我们对所呈现的形状和旋律什么都不说出来，也不介入我们的任何理智，这并

---

① Christian von Ehrenfels, "On Gestalt-qualities(1890)", In: Barry Smith edit, *Foundations of Gestalt Theory*, Hemsbach: Philosophia Verlag GmbH, 1988, pp.108-109.
② Christian von Ehrenfels, "On Gestalt-qualities(1890)", In: Barry Smith edit, *Foundations of Gestalt Theory*, Hemsbach: Philosophia Verlag GmbH, 1988, p.109.
③ Christian von Ehrenfels, "On Gestalt-qualities(1890)", In: Barry Smith edit, *Foundations of Gestalt Theory*, Hemsbach: Philosophia Verlag GmbH, 1988, p.109.
④ Christian von Ehrenfels, "On Gestalt-qualities(1890)", In: Barry Smith edit, *Foundations of Gestalt Theory*, Hemsbach: Philosophia Verlag GmbH, 1988, p.111.

不意味着我们不具有更高的格式塔质呈现。事实上，更高的格式塔质是可以完美地呈现于意识中，但我们却不能够直接地注意到，无法解开其与环境的联系。然而，厄棱费尔指出，这种回应至多只能确立格式塔质的勉强存在（bare existence）。应该注意这样的事实，格式塔质是"伴随其奠基在意识中的普遍给予性"。因此，更为根本的回应是：我们对一个形状或一段旋律的把握，不是基于"已经呈现的奠基"（foundation already presented），而是"填充奠基本身"（filling out of that foundation itself）。①

在此意义上，格式塔质的呈现不是被动的感觉已经呈现的元素复合体，如休谟式的被动的"印象"（impressions，包括感觉和内在知觉），其呈现是主动地去"填充"奠基本身。以绘画为例，我们被给予的并不完全是图像本身传递的视觉上的呈现，更主要的只是一个概略的框架，其呈现的给予将不得不通过想象的活动来建立。我们的目光需要在图像表面漫游，在整体的非直接的可见部分中进行错觉修改，进而读出特殊性。"只有当这一切完成的情形下，意识中才会有呈现的复合体，这一复合体成为绘画交流中总体格式塔质的奠基。"②厄棱费尔由此认为这才是审美把握的归宿。对于旋律的把握，我们不仅仅是依靠当下听到的音调，还必须回想过去的音调，才能带来时间格式塔质的奠基。需要指出的是，这种"填充"并不是心灵的理智活动，而只是一种对奠基的补充。

于是，可以确认的是，在众多格式塔质的感知情形中，我们并未经历任何心灵活动；在另一些情况下，这些心灵活动的显现是作为格式塔质奠基的补充，而不是格式塔质的生成（generation）过程。因此，厄棱费尔得到的结论是，"格式塔质是伴随其奠基被同时给予的，不诉诸任何特定指向它们的心灵活动。"③从整体与部分的形式分析，这可作为典型的元素优位的弱整体主义：**元素是整体的奠基，存在论上优先于整体，整体却依赖于元素，但元素并不决定整体，整体并不取消元素，而只是新的"元素"。**

---

① Christian von Ehrenfels, "On Gestalt-qualities(1890)", In: Barry Smith edit, *Foundations of Gestalt Theory*, Hemsbach: Philosophia Verlag GmbH, 1988, p.111.
② Christian von Ehrenfels, "On Gestalt-qualities(1890)", In: Barry Smith edit, *Foundations of Gestalt Theory*, Hemsbach: Philosophia Verlag GmbH, 1988, p.112.
③ Christian von Ehrenfels, "On Gestalt-qualities(1890)", In: Barry Smith edit, *Foundations of Gestalt Theory*, Hemsbach: Philosophia Verlag GmbH, 1988, p.112.

五、从元素主义到整体主义

不论是冯特还是厄棱费尔的主张均一方面表现出元素主义取向，另一方面又有着明显的整体主义取向，并在总体上体现为一种从元素主义到整体主义的转向。这一转向中的元素主义一极可以马赫为代表。

1. 马赫的元素主义观念

心理学中的元素主义通常认为源于科学中的"原子主义"（atomism），主张组成事物的实体（entity）总是某一个体，它们彼此独立存在，对某一个体的描述可不用顾及其他个体。这一观点在心理学中的主要表现为："某一心理状态、行为的理论描述可独立于与其有关的其他心理状态和行为。"[①]在本书看来，作为讨论的一极，典型的元素主义可以马赫为其代表。

在马赫看来，"物体"（bodies）、"自我"（ego）只是元素相对恒定的联结复合体（complexes），如物体就是由颜色、声音、压力等在时间、空间方面函数联结（functionally connect）而成的复合体；而自我是由记忆、心情和情感同身体联结而成的复合体。这样的复合体并不是绝对恒久的。马赫指出，在思维和语言上，我们更偏爱恒定东西的总和，常常忽视变化的元素，这伴随着我们关于心理呈现和命名的一种意识经济学（conscious economy of mental presentation and designation）。这一方法是本能的，部分是随意的、自觉的，即"凡单个映像中呈现的东西，都有单个的指代（designation），单个的名字。"[②]于是，我们习惯"用单个名字指称相对恒久的复合物，用单个的思想把握它，而不必每次都去分析它的组成部分。"[③]而由于我们对恒久的东西的模糊映像，在除去这一个或那一个组成部分时，不会有看得出来的变化，因此这个映像就显得是某种独立存在的东西。这带来的一个冲突是："因为每个组成部分都可以单独除去，而这个映像还能够代表和再认为是整个恒定的东西，所以人们就以为一切组成部分都可以除掉，而仍然有一个东西剩下来。"[④]这个东西就是康德所说的"物自体"。

---

① Greenwood, *A Conceptual History of Psychology*, McGraw-Hill Higher Education, 2009, pp. 12-13.
② Ernst Mach(1897), *The Analysis of Sensations*, New York: Dover Publications, Inc. 1959, P.5.
③ Ernst Mach(1897), *The Analysis of Sensations*, New York: Dover Publications, Inc. 1959, P.6.
④ Ernst Mach(1897), *The Analysis of Sensations*, New York: Dover Publications, Inc. 1959, P.6.

马赫对传统的哲学预设提出了挑战：事物、物体和物质，不过就是声音、颜色等元素的结合，除了属性外，什么都没有了。传统哲学把"具有许多特征的单个事物"作为思考的起点是有问题的，"单个事物"其实是一种思维经济的预设，是在不考虑细节的情况下的假设，并不是真实的独立实体。马赫指出："如果我们把自我视为一个真实的统一体（real unity），我们就会陷入进退维谷的两难中：或者我们必须将自我对立于一个不可知实体的世界（这是十分无聊和无意义的）；或者我们必须将包括他人自我在内的整个世界视为我们自身自我的构成（这是一个很难得到确认的命题）。但是如果我们把自我简单作为一个实用的统一体（practical unity），为了临时的考察而汇聚在一起，或是一个更强的粘合在一起的元素组，与同类的其他组联结较弱，上文所讨论的问题就不成为问题了。"①

以马赫的元素观点观之（见图 2-4），物体、自我等这些所谓"单个实体"都只是适用于一定考察目的的实用工具，在某些情景下它们完全可以被抛弃，它们只是由元素所组成的相对恒定的复合体。物体可视由为颜色、声音等元素组成的复合体 ABC……，其元素以 A、B、C 代表；身体可视为生理学元素的一个复合体 KLM……；意志、记忆印象构成的自我复合体称为 αβγ……。由此，"整个内部世界和外部世界，均由少量同质的元素所组成，处于不断变化的消逝与恒久的结合中。这种元素通常称为感觉（sensations）。"②

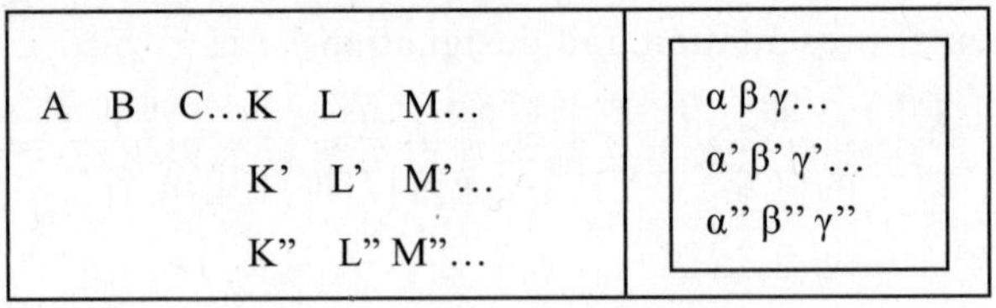

$$
\begin{array}{|ll|}
\hline
A\ B\ C...K\ L\ M... & \alpha\ \beta\ \gamma... \\
K'\ L'\ M'... & \alpha'\ \beta'\ \gamma'... \\
K''\ L''\ M''... & \alpha''\ \beta''\ \gamma'' \\
\hline
\end{array}
$$

图 2-4 马赫的元素体系③

---

① Ernst Mach(1897), T*he Analysis of Sensations,* New York: Dover Publications, Inc. 1959, P.28.
② Ernst Mach(1897), T*he Analysis of Sensations,* New York: Dover Publications, Inc. 1959, P.22.
③ 单线围成的区域为感觉世界，元素们有规律的联结和特别的相互依赖，既代表物理的（无生命的）物体（bodies）又代表人、动物和植物的身体。ABC…又与 KLM…元素相互依赖。在双线围成的区域为高级心理生活世界，包括记忆印象和各种心理呈现（presentation）。这些呈现虽然与感觉世界内的元素 ABC…，KLM…的联结方式不同，但与前者有着密切的联系，它们归根到底是由物理世界所决定的。（据原图改绘，参见 Ernst Mach(1897), *The Analysis of Sensations*, Dover Publications, Inc. 1959, P.35.）

因此，一切实体均是复合体，复合体只是由元素所构成的暂时性的恒定组合，不同领域的元素与抽象的概念其实都呈现为"感觉"，不论是时间、空间还是快乐等等，它们本质上是同质的。如此，整个世界就可避免二元论的难题，换之以统一的元素一元论。

> 任何人想把各种科学合而为单个的整体，就必须探寻在科学所有领域中他能够持有的概念。现在如果我们将整个物质世界分解为元素，它们同时也是心理世界的元素，一般称为感觉；如果更进一步，我们把科学的唯一任务视为探寻这些元素的联结与组合，把其作为所有科学部门的共同本性并探寻这些不同部门之间的相互依赖性；我们就可以有理由期望在这一概念基础上建立一个统一的、一元论结构，摆脱恼人的二元论困惑。①

需要说明的一点是，在马赫的意义上，"感觉""感觉的复合体"与"元素""元素的复合体"是基本可以通用的，具有同等的意义。但他还是给出了一些限定，这种相等一定是指在同一联系的关系中，或者说是处于同一函数关系的意义上的，只有此时元素即感觉。②从统一性的角度来说，使用感觉更直接，但由于"感觉"这一术语的使用习惯，就更适合以元素作为基本的组分。"复合体分解为元素，即分拆为最终的组成部分，也就是迄今为止我们无法再进一步细分者。"③在此意义上，元素也不是实在的个体，而是依据研究需要的认识论单元。

依据讨论，马赫的元素主义基本观点可概括为以下三个方面。

① 元素是最基本的组成单元。所谓"基本"是指，元素是不可再分者，元素就是最小的认识论单元。这一认识论单元并不等同于最小的实体，在马赫心理主义的取向上，他并不承认有这样的实在。

② 任何复合体只是一种符合思维经济原则的暂时性组合。马赫取消了复合体的实在性，也就取消了整体的实在性，主张这只是一种元素之上的暂时性组合。

---

① Ernst Mach(1897), *The Analysis of Sensations,* New York: Dover Publications, Inc. 1959, p.312.
② Ernst Mach(1897), *The Analysis of Sensations,* New York: Dover Publications, Inc. 1959, p.16.
③ Ernst Mach(1897), *The Analysis of Sensations,* New York: Dover Publications, Inc. 1959, pp.5-6.

③ 所有复合体均可分解为少量同质的元素。这是前两个命题的自然推论，所有复合体均是可分解的，且可分解为少量同质的元素。这在认识论上的意义是，整体只有分解为元素后才能得到理解和解释。

2. 冯特的整体观

在思想的追溯上，马赫曾受到了冯特元素主义的影响，但冯特的元素主义显然并不是马赫意义上的。冯特的思想很复杂，他的思想以元素主义为基础，遵循分解与组合原则，汲取了联想主义原理，又强调心理经验的互联与过程性，主张一种复合整体观（图2-5）。

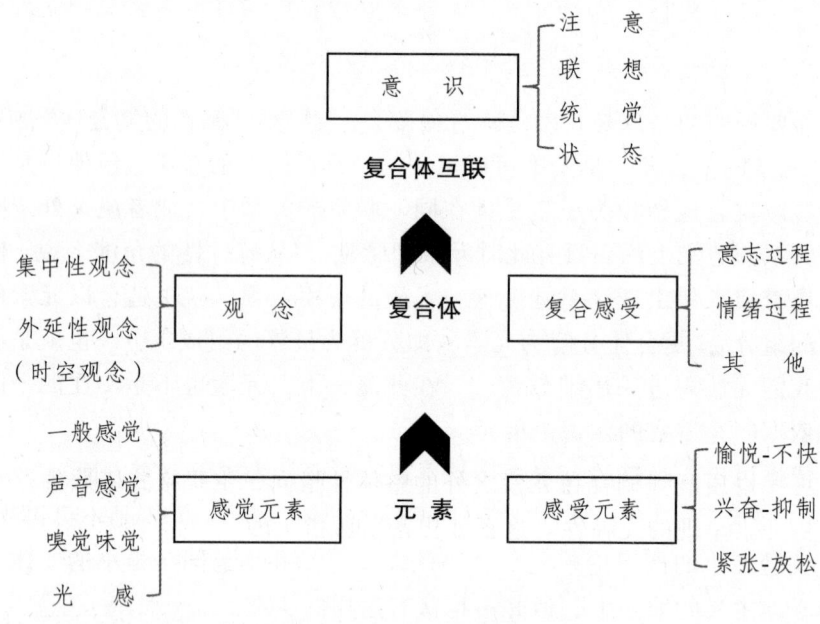

图2-5 冯特的整体主义

依据前文的讨论，冯特的整体观可做如下概括。

① 心理经验的整体观

• 心理经验是一种与主体直接相关的经验整体，基于主客的统一与互动，拒斥主客二分，拒斥内外之分。

• 直接经验整体是各种心理过程的发生与互联，作为一个统一体而呈现。

- 心理经验总是处于复合中，每一心理过程都是一个复合体。
② 元素主义取向
- 元素先于复合体，复合体先于复合体的互联，即部分先于整体。
- 元素具有相对的独立性。
- 元素之间的联系比复合体之间的联系更紧密。
③ 整体主义取向
- 元素、复合体、复合体的互联均处于不同的复合性关联中。
- 复合体具有元素之外的新属性，复合体的互联具有复合体所不具有的特性。
- 在过程整体中，心理能动过程可先于元素及其组合，主导了整体的生成。
④ 整体与部分具有弱对称性
- 元素与整体可相互影响，具有弱的对称性。元素不决定但可影响复合体，复合体也不决定但可影响复合体的互联。复合体影响着元素，复合体的互联也影响着复合体、甚至元素。
- 元素可组合为整体，即元素组合为复合体，复合体组合为复合体的互联；反之整体可分解为元素，即整体可分解为不同层级的复合体，复合体可分解为元素。

3. 格式塔质的整体观

格式塔质既强调存在元素之外的整体性指向，主张格式塔质的存在，又坚持元素呈现的先在性。这正如史密斯所指出的："对于厄棱费尔来说，格式塔质并不是以其基础组分（fundamenta）为部分的整体，这些基础组分包括相联的音调，颜色，味觉和气味等。格式塔质是额外的单一对象（unitary），与单一的元素并存，并与之相联。格式塔质不是元素的组合，而是与其相关的新的东西，它与元素的组合共存，但又与其相区别。"[①] 穆里根和史密斯还以元素主义视角来解释格式塔质的呈现。如图 2-6 所示，每一单个感觉的呈现都可对应于某个感觉材料的呈现，感觉呈现的复合就是格式塔的奠基，而感受材料的复合就是格式塔质的奠基，作为整体的格

---

① Barry Smith edit, *Foundations of Gestalt Theory*, Hemsbach: Philosophia Verlag GmbH, 1988, p.17.

式塔或格式塔质与元素的复合是相互依赖的。

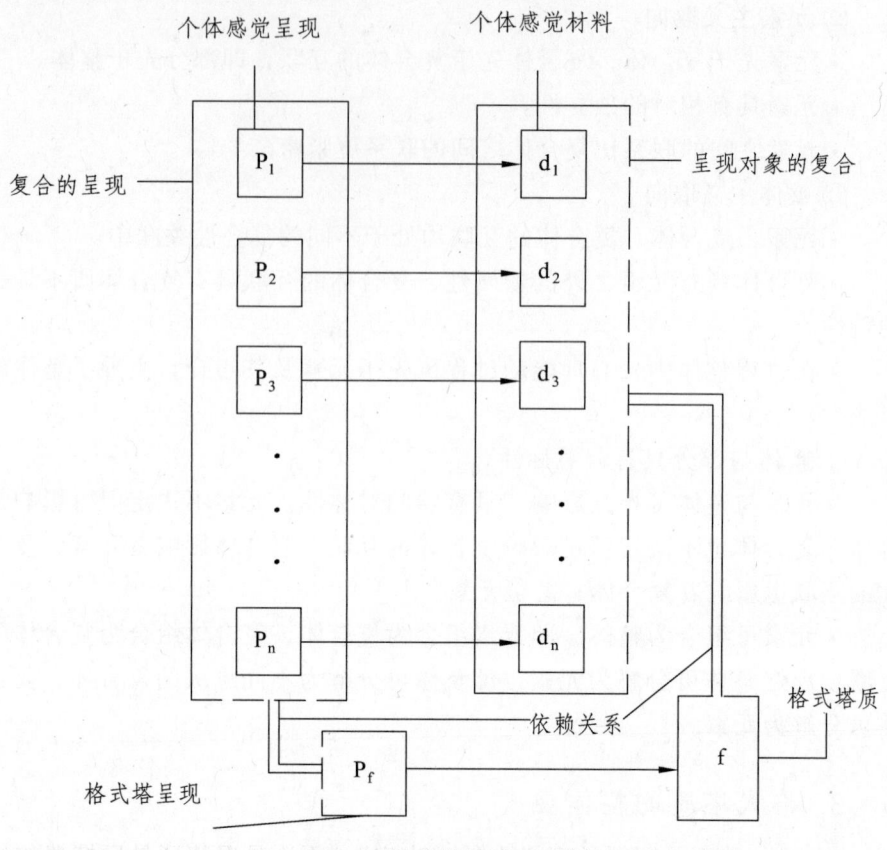

图 2-6 格式塔质的呈现[1]

福赫特（Mildred Focht）对格式塔质的解读更倾向于整体主义，包括这样的三个要点："格式塔质是属于心理复合体的东西，但它不属于构成复合体的任何部分，尽管会变换（transposition）但一直持存（persisting）；格式塔质优位于（predominate）我们所有的感知和思考；格式塔质是直接地出现，独立于任何有意识的活动。"[2]

---

[1] 箭头表示行动和其对象的指向，双线表示相互依赖。左侧为感受复合的呈现，右侧为感知材料复合。（图片来源：Kevin Mulligan, Barry Smith, "Mach and Ehrenfels: The Foundations of Gestalt Theory", In: Barry Smith edit, *Foundations of Gestalt Theory*, Philosophia Verlag GmbH, 1988, PP.124-157.）

[2] Mildred Focht, *What is Gestalt Theory*, New York: George Grady Press, 1935, p.9.

结合本章以上的讨论，从整体与部分的视角，格式塔质的整体观可作如下概括。

① 元素主义取向
- 元素的复合奠基格式塔质，格式塔质是被奠基的内容。
- 格式塔质不是取消元素的整体，而是使原有元素相互联结的新"元素"。
- 存在着某个原初质或原生元素，伴随格式塔质的呈现。

② 整体主义取向
- 格式塔质是所有元素的统一呈现，处于元素之外。
- 格式塔质是一种更高的秩序，这一程序有不同的层级。层级越高，整体性越强。
- 格式塔质的呈现是一种直接出现，优位于心灵的理智活动。

4. 元素优位的整体主义

依据本章的讨论，存在着一种特殊的弱整体论，这种整体论同时与元素主义和整体主义有许多密切联系，甚至可称为"整体取向的元素主义"，其实质为一种元素优位的整体主义，本书称为"元素奠基的弱整体论"。从整体与部分的视角，这种整体论的内核可概括如下。

① 元素是整体的"奠基"。依据第一章对胡塞尔观点的讨论，奠基在此处的含义是指如果没有元素的存在，那就不存在由之所组成的整体。在此意义上，整体并不是一个"独立存在物"，元素的存在总是优先于整体。然而，"奠基"并不是因果性意义上的"决定"，不论是冯特还是厄棱费尔均不会主张元素决定整体（复合体）。不过，厄棱费尔在此具有更强的元素主义取向，甚至主张存在某个原生元素，它决定了整体。

② 存在元素之上的复合整体，具有元素所不具有的新属性。整体体现为不同层级的复合，较高层具有较低层所不具有的新属性，层次越高整体性越强。格式塔质是更高的秩序。

③ 元素与整体相互依赖、相互影响、具有不同对称性。冯特主张元素总是处于复合之中，元素不能决定但可影响复合体，反之复合体也可影响元素；厄棱费尔则特别强调格式塔质与奠基元素的不对称性。

④ 整体是一个过程或活动。冯特主张复合体是复合的过程，有些复合体的互联还是能动的过程，这一过程决定了元素及组合；厄棱费尔强调格

式塔质的呈现不是完全被动的"被给予",即接受已完成的,而是一种主体介入的充填的活动。

  弱整体论与弱还原论是相互兼容的,冯特的弱整体主义在历史上更多地被归为元素主义,厄棱费尔是从元素主义向整体主义的过渡。这种元素奠基的弱整体论成为建立更为彻底的整体主义的起点。

第三章 整体优位的强整体论

在形式上，与元素主义真正对立的是强整体论，我们以格式塔理论为其分析的范例。"格式塔心理学"（Gestalt psychology），诞生于德国，后来在美国得到进一步发展。该学派既反对美国构造主义心理学的元素主义，也反对行为主义心理学的刺激—反应公式，主张研究直接经验（即意识）和行为，强调经验和行为的整体性，主张以整体的动力结构观来研究心理现象。格式塔心理学的创始人是韦特海默，代表人物还有苛勒和考夫卡，这三位被共称为"柏林学派"，以区别于其他格式塔心理学研究。格式塔理论不仅开创出真正意义上的整体主义心理学，还开创出一种新的"科学世界观"。[1]从整体与部分的形式分析视野来看，这是一种彻底的整体优位，主张知觉整体观、行为整体观和心物场的统一观。

一、对元素主义假设的批判

冯特创建科学心理学时，将元素信念作为心理学科学化的重要基础，他强调心理经验的全部内容均具有复合性，对心理内容的分析就是对其复合的分析。在复合分析中，首要也是最为基础的部分就是"心理元素"（psychical elements），即"心理现象的绝对简单的、不可还原的组分"。[2]仅从此定义，会把冯特定位为一种还原论者，但其实他主张的是一种元素奠基的弱整体论。在强调元素的基础性时，他也主张"心理元素从未能在不复合的状态下作为意识内容被直接给予。"[3]在心理学史上，冯特的弟子铁

---

[1] Mitchell G. Ash, *Gestalt Psychology in German Culture, 1890-1967: Holism and quest for objectivity*, New York: Cambridge University Press, 1995, p.ix.
[2] Wundt, *Outlines of Psychology*, Engelmann, 1902, p.32.
[3] Wundt, *Principles of Physiological Psychology*(5th ed.), Translated by Edward Bradford Titchener, China Social Sciences Publishing House, 1999, p.13,

钦纳的构造主义、华生的行为主义都走上了元素主义的路径。格式塔心理学最初就将元素主义及其构造主义作为批判的对象，开创了整体主义科学心理学。

1. 韦特海默的"似动"实验

1912年，韦特海默依据对"似动"（Apparent Motion）现象的实验研究发表了"视动的实验研究"（experimental studies on seeing motion）[①]，该研究成为格式塔心理学的创立基础。韦特海默不是似动现象的最早发现者，比利时物理学家普拉托（Joseph Plateau）最早曾于1831年发明的"频闪装置"（phenakistoscope），能够使静态的图像动起来，产生图像移动错觉；1875年生理学家埃克斯纳（Sigmund Exner）对"似动"进行了研究，其后心理学家厄棱费尔（Christina von Ehrenfels）于1890年，心理学家马尔比（Karl Marbe）、舒曼（Friedrich Schmann）于1901—1902年也专门对此进行了研究，马赫、冯特等也都对此有关注。但直到20世纪初，似动现象并没有得到各种理论的很好的解释，包括感觉理论、后像（afterimage）理论、眼动理论、感觉变化理论、知觉融合（fusion）理论等。韦特海默依据格式塔的原理对这些解释都给予了反驳，他是对似动现象进行系统深入研究的第一人，并由此成为格式塔心理学的奠基人。同为格式塔心理学创立者的苛勒（Wolfgan Kohler）、考夫卡（Kurt Koffka）作为被试（subject）参与了实验。

（1）似动实验

"似动"现象与"实动"（Real Motion）相对："实动"是我们常见的经验，如我们观看一只兔子从一处到另一处的移动，其区域的实际移动变化对应于知觉上的"移动"；"似动"则不同，它可由两个静态的点的刺激产生，即使是并未实际发生区域的移动，在一定条件下知觉会以为有一个从一点向另一点移动，这种知觉上的移动错觉（illusory motion）在韦特海默看来是一种现象性的移动（phi motion），并称其为"似动现象"（phi phenomenon），在实验记录中简记为"φ"。

[①] Max Wertheimer, "Experimental Studies on Seeing Motion", 1912, In: Max Wertheimer, *On Perceived Motion and Figural Organization*, London: The MIT Press, 2012, pp.1-91.

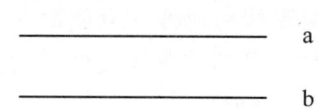

通过频闪装置，我们可在背景上投射出不同的线，如上图上方是一定长度的线 a，在其下方 2CM 处有一条同样的线 b，但我们以不同时间间隔投射这两条线时，会出现三种情况，如果时间间隔较长，这两条线会明显表现为接续出现；如果时间间隔很短，两条线会呈现为同时出现；如果间隔恰好合适，那么就会出现线条 a 与线条 b 之间的往复移动。

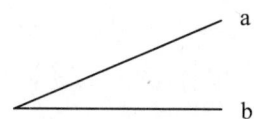

或者我们也可通过频闪装置在背景上投射一条斜线 a，和一条水平线 b，同样可实现移动现象。当投射的时间间隔较大时，a，b 是相继出现的两条线；当时间间隔很短时，a，b 构成同时出现的一个角；当间隔合适时，就会出现 a 向水平的转动。

韦特海默对这两个简单例子进行分析后指出，这里存在着三个明显的阶段：一是接续阶段（succession），时间间隔较大时，两个对象会显现为接续出现的分离对象；二是同时阶段（simultaneity），时间间隔较短时，这两个物体呈现为同时出现的一个对象；三是介于上面两个阶段之间的优化阶段（optimal motion），两个静态分离的对象呈现为同一个对象的连续移动，产生似动现象。特别重要的是，似动出现时并没有线条的实际移动。①

韦特海默为此做了精细的实验和丰富的各种比较实验，以不同形状、颜色、尺寸、位置进行实验，以排除各种可能干扰。实验结果表明，如果两条线出现的时间间隔是 200 毫秒或者更长时间，被试看到的是两条先后出现的直线，不会产生似动，这就是接续阶段。在同时阶段中，两条线出现的时间间隔小于 30 毫秒，被试看到的是两条同时出现的直线，或相联的同一个对象，也不会产生似动。当时间间隔大约是 60 毫秒时，那么被试观

---

① Max Wertheimer, "Experimental Studies on Seeing Motion", 1912, Translated by Michael Wertheimer and K. W. Watkins, In: Max Wertheimer, edited by Lothar Spillmann, *On Perceived Motion and Figural Organization*, London: The MIT Press, 2012, p.5.

察到的是同一直线从一个位置移动到另一个位置,产生似动现象。

似动现象的一个突出特征是静态分离的两个对象会呈现为"单一实体(single entity)移动并与其自身同一",并由分离的部分形成单一的整体。这一点在韦特海默设计的"二元分部移动"(Dual partial motion)的似动实验中表现更为突出。"分部移动"是指一个或多个部分的单独移动。

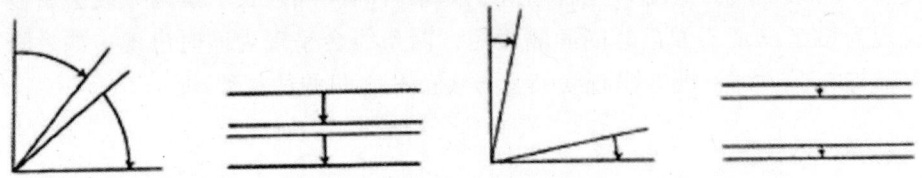

图 3-1 韦特海默的似动实验①

如图 3-1 所示,由频闪装置向背景依次投射不同的直线,只要控制好时间间隔,就可实现这样的情况:先是两个静态的对象;然后两个对象开始分别移动,如上图第一个例子中,会呈现一条线是由垂直方向向右转向形成一定角度,另一条线由倾角方向转向水平移动;最后这两个分离的部分移动会相互纠缠,并形成一个单一对象的往复移动,一会儿转向顺时针方向,一会儿以逆时针转回。

(2)似动实验的主要结论

韦特海默在结论中花了三分之二的篇幅用于论证旧的种种理论是难于解释似动现象的。首先,似动的出现并不是直接跟随感知经验的,似动并不对应于实际的移动,因而不能用感觉理论来解释;其次,似动也不是一种视网膜的"后像",因为在似动发生时并不存在相互邻接区域的接续刺激,而是有一定空间间隔的不同刺激区域,并不存在伴随前一刺激的衰退产生的后像;再次,似动也不能归为双眼不同眼动效应,因为单眼也可产生似动;最后,似动也不能归结为对物理存在的错误判断。面对这一困惑,与其追问被试是否被物理存在所欺骗,还不如问被试在判断自己看到什么时,

---

① 据原图改绘,参见 Max Wertheimer, "Experimental Studies on Seeing Motion", 1912, In: Max Wertheimer, edited by Lothar Spillmann, *On Perceived Motion and Figural Organization*, The MIT Press, 2012. pp.1-91.

是否被什么欺骗了。①似动是一个心理事实；似动也无法用刺激对象的融合来解释，因为 a 与 b 并不必然会融合为一个同一对象，ϕ 也并不必然要囊括 a，b，因而这不是元素的融合。②

韦特海默对似动现象的研究工作主要是为了反驳既有的理论，在反驳的基础上提出了格式塔理论的初步想法，可概括为以下几点：③

① ϕ 是以现象的统一方式将 a 和 b 纳入。与之相反的是，ϕ 也可以呈现为以分部移动的方式发生的某现象，它在现象上包含着两个纯粹个体性的"基础事件"（underlying events）

② ϕ 必须同时包括 a 和 b，但与之相反的是孤立移动（solitary motion）。

③ a 和 b 必须作为构成的知觉现象来呈现——至少要有两个。它们必须会以某方式被包含到经验中。

④ 基于本书的一些研究，（格式塔）理论必须对以下给出断言：（仅仅源于）早期的生成（generation），（如何实现）自身的再现以及令人惊奇的在较小的分部移动和孤立移动中的"部分化"（partitioning）。此外（格式塔）理论自身还必需充分解释其他规律现象，如二元分部移动（两个独立部分的移动）是如何成为整体移动，（静态的）同时性阶段如何成为具有先后的转换阶段的。

在萨里斯（Viktor Sarris）看来，韦特海默的似动现象研究对于格式塔理论具有三点重要意义。④

① 对象的格式塔安置（Gestalt arrangement of objects）：似动现象可以被认为与格式塔安置有关。这一原则对于三个及以上刺激对象都适用。

② 较小间隔规律（Law of smaller separation）：a 与 b 间隔越近，越容易产生似动现象，也称为较小距离原理。这也导致分部移动这类特别的似动现象。

---

① Max Wertheimer, "Experimental Studies on Seeing Motion", 1912, Translated by Michael Wertheimer and K. W. Watkins, In: Max Wertheimer, edited by Lothar Spillmann, *On Perceived Motion and Figural Organization*, London: The MIT Press, 2012, p.69.

② Max Wertheimer, "Experimental Studies on Seeing Motion", 1912, Translated by Michael Wertheimer and K. W. Watkins, In: Max Wertheimer, edited by Lothar Spillmann, *On Perceived Motion and Figural Organization*, London: The MIT Press, 2012, pp.68-71.

③ Lothar Spillmann, *On Perceived Motion and Figural Organization*, London: The MIT Press, 2012, pp.71-72.

④ Viktor Sarris, "Synopsis of Max Werthimer's 1912 Article", In: Max Wertheimer, edited by Lothar Spillmann, *On Perceived Motion and Figural Organization*, London: The MIT Press, 2012, pp.93-99.

③ 格式塔移动的强制性（Nonarbitrary nature of Gestalt motion）：格式塔有一种强制的本性，以韦特海默的话来说就是"由此，这两个对象倾向于合二为一的特殊方式，一个强制的、统一的（unified）格式塔：两条线不是从一点导出，而是从一个（由两条线构成的）角导出；不是一条水平、一条居下（的分离），而是格式塔。"①

从整体与部分的分析视野来看，似动现象表明，运动知觉的产生并不一一对应于感觉本身，传统的基于元素的感觉理论在此是失效的。两个相互区别的静态对象被感知为同一对象的移动又表明：**并不是部分构成了整体，而是整体决定了部分，一旦进入优化阶段，整体还具有强制性，分离的对象成为同一对象的不同时空状态**。对于心理学的理论来说，就有必要从元素主义路径转向基于整体的格式塔范式，以探寻整体的生成及其与部分的关联。

2. 元素主义的基本假设

韦特海默在似动实验的基础上，于1922年在《普遍理论状况》一文中较为系统地阐述了对元素主义的批判，他将元素主义概括为三个假设。本书认为，这些假设还与元素优先以及铁钦纳主张的方法论上的分析优先原则相关，这五个假设共同构成元素主义的基本立场。

（1）"束捆"假设（bundle hypothesis）

该假设也称"马赛克"假设，主张每一个"复合体"（complex）均由元素性的内容或片块（pieces）组成。例如，设存在一个由 a，b，c，三个元素构成的一个复合体（a，b，c），如果 b，c 可以分别被 e，f 所替代，那么该复合体就可变为由 a，e，f 构成的新的复合体（a，e，f）。由此，（a，b，c）与（a，e，f）同一。这意味着，复合体是由元素所决定的，只要元素同一，复合体就是同一的，复合体的不同就表示为元素的不同。如果这样，韦特海默指出："我们实质上是在处理一个由不同构成组分加和的多重体（summative multiplicity），即'束捆'，其他的一切都是基于这种加和之

---

① Max Wertheimer, "Experimental Studies on Seeing Motion", 1912, Translated by Michael Wertheimer and K. W. Watkins, In: Max Wertheimer, edited by Lothar Spillmann, *On Perceived Motion and Figural Organization*, London: The MIT Press, 2012, p.75.

上确立的。"①于是，依据冯特的元素主义取向，观念、情绪、意志、注意、理解都是感觉元素和情感元素的某种加和的产物（residues）。

（2）联想假设（association hypothesis）

联想主义的基本主张是，如果某一心理内容 A 与 B 经常一起发生，具有某种"时空接近性"，那么就存在一种 A 唤起 B 的趋向。在韦特海默看来，这一原理仅仅是一种存在意义上的"关联"（connection），一种内容出现时的"联合"（union），一种非本质的、外部性的"串联"（concatenation）。这种联系是任意的，它们之间在原则上并不存在本质性的内在关系。②

（3）机械的恒常性假设（constancy hypothesis）

在科学心理学早期，人们会假定刺激与感觉之间具有恒常性：同样的刺激会引起同样的感觉，不同强度的刺激也会产生不同强度的感觉，如韦伯定律。更强的恒常性假设还主张刺激与感觉是点对点的一一对应，他们要求"感觉场的每一个点都独自依赖于'它的'刺激"，主张"点对点的局部刺激决定感觉事实"（point-to-point determination of local sensory by local stimulation）。③苛勒反对这种过于僵硬、机械的恒常假设，这种机器理论排除了过程的组织性，"感觉经验依赖于更大范围内的刺激'星群'，因此并不对应于局部的、僵硬的过程单元，而且还会受到'态度过程'（process of attitude）的影响。"④机械恒常假设，则预设生理与心理的二分，生理性刺激决定心理的感觉与意识。

（4）自下而上的元素优先原则

进一步分析，元素主义的这三个假设均强调了"元素"的首要性、先在性：束捆假设强调的是任何心理复合体是由元素组成，元素决定了复合体；联想假设主张的是元素之间的相互联接，元素先于联系；机械恒常假设则特别强调了刺激元素与感觉元素之间的点对点对应。知觉被理解为一

---

① Max Wertheimer, "The General Theoretical Situation, Untersuchungen zur Lehre von der Gestalt", *Psychol. Forsch.*, 1922, I, pp.47-58.
② Max Wertheimer, "The General Theoretical Situation, Untersuchungen zur Lehre von der Gestalt", *Psychol. Forsch.*, 1922, I, pp.47-58.
③ Wolfgang Kohler, *Gestalt Psychology*, New York: Horace Liveright Inc., 1929, p.124.
④ Wolfgang Kohler, *Gestalt Psychology*, New York: Horace Liveright Inc., 1929, p.126.

种被动的镜子或照相机，感觉个体性的刺激，再自下而上地将各种点的刺激建构成不同层级的组合。韦特海默特别指出，"加和性"是束捆假设与联想假设共同遵循的原则，即一种基于片块的逐级建构——一阶、二阶、三阶，以此类推。片块作为首要被给予的基础，逐步组装为更高阶的结构、联合、复合体等。然而，这些不同的联接，如同时性联想与接续性联想均是完全任意的，不同"内容"或内容之间的关系都是毫不相关的，并没有可以决定元素总和（aggregation）的内在要素（moment）。①

（5）分析优位

元素主义原则在方法论上的体现就是"分析优位"。铁钦纳（Edward B. Titchener）正是以这种元素主义立场建立了构造心理学，他强调，"如果一位科学家从事一项新工作，那么在逻辑上，从时间上来说，他要做的第一件事，便是分析。这条在实践中无一例外的规律，因科学方法的局限性和引出这些方法的知识的性质，而显得必要。"②这种分析包括两种：一是分解性的，即把所给整体分解成各个组成部分，如把水分解为氢原子和氧原子；二是概括性的（总体性的），分析出所给整体的某些特质或性质，如把颜色分析为色调、色泽和色彩。铁钦纳认为，"这些是在元素水平上分析的例子。"更进一步的工作是"相关分析"（relational analysis），如说明原子在分子中的排列方式，或以色调、色泽和色彩的相关性来确定某一种颜色。相关分析之后的需要对这些元素进行综合，即"把分析拆散开来的东西又放在一起，于是又再造了我们开始所给的整体。"③ 如重组光谱色以形成白色，反单纯的音调重组为一定音色的复合音。分析与综合是相互补充的，"一个化学公式可能表达对分子的分析或对原子的综合，颜色锥体可视为对视觉特性的综合或对看到世界的分析。"④于是，"科学的典型工作在形式上表现为元素分析（elementary analysis）、相关分析、相关综合（relational synthesis）、分类以及制造自然规律。我们也可更简练地说，科学家为了某

---

① Max Wertheimer, "The General Theoretical Situation, Untersuchungen zur Lehre von der Gestalt", *Psychol. Forsch.*, 1922, I, pp.47-58..
② 铁钦纳：《系统心理学：绪论》，李丹译，北京大学出版社，2011年，第44页。
③ 铁钦纳：《系统心理学：绪论》，李丹译，北京大学出版社，2011年，第45页。
④ 铁钦纳：《系统心理学：绪论》，李丹译，北京大学出版社，2011年，第45页。

种后来的综合而进行分析。"①在这一系列工作中，"分析从逻辑上、时间上相对领先"。②

这一元素主义主张在科学上还表现为对科学规律统一性（单一性）的追求，铁钦纳认为："如果存在一个简单包容一切的公式，它的解释可逐步引导我们回到知识赖以出发的各个事实中，那么用它去理解整个科学主题，似乎就能达到科学的目标。"③然而，每种科学观点从其特殊出发点来说都只是世界整体的某一方面。铁钦纳虽然也承认"不存在全部科学统一的希望"，科学只是"人类经验的一幅不完整的片面的图景"，但他仍从元素主义立场出发，既主张科学统一性的追求就是"我们可能寻求包容一切的公式"，亦强调："自然统一性作为方法论的先决条件，对过去和现在的常规科学来说都是必不可少的，并将一直保持到科学进步本身证明它是站不住脚的时候。"④

二、知觉整体观

依据元素主义立场，由于图形是由点、线等个体的单元构成的，因而在知觉中首先呈现的就应是作为构形（configure）元素的个体性的部分、组分单元。元素主义的终极目标是揭示、区分元素及其种类。韦特海默反对这种立场，他指出："被给予者自身处于不同程度的'结构化'（'格式塔化'）中，其或强或弱地由确定的结构整体和整体过程组成，伴随着整体属性与[整体]规律，表现为整体趋向和整体对部分的决定性。'片块'在整体过程中几乎总是'作为部分'。"⑤1923年他发表了《格式塔原则研究》一文，这成为格式塔心理学的经典文献，从知觉整体观的角度集中阐述了基于格式塔的整体主义立场。

1. 视觉组织律

韦特海默指出，一方面的事实是，旋律、图形等都有其不连续的一面，

---

① 铁钦纳：《系统心理学：绪论》，李丹译，北京大学出版社，2011年，第46页。
② 铁钦纳：《系统心理学：绪论》，李丹译，北京大学出版社，2011年，第54页。
③ 铁钦纳：《系统心理学：绪论》，李丹译，北京大学出版社，2011年，第55页。
④ 铁钦纳：《系统心理学：绪论》，李丹译，北京大学出版社，2011年，第58页。
⑤ Max Wertheimer, "The General Theoretical Situation, Untersuchungen zur Lehre von der Gestalt", *Psychol. Forsch.*, 1922, I, pp.47-58.

前者包含一个个不连续的音调的刺激，后者是一个个点或边的刺激，"每一个（不连续的单元），彼此相互分离，与同质的背景相对。"①如果能用实验证明有离散刺激点在感知时是以自发成组的方式呈现的，就可表明人的感知是具有组织性和整体性的，而不是直接针对所有离散的单元个体。韦特海默由此展开了"点的研究"，依据实验总结出一些知觉组织规律，这些规律主要是依据视觉上的实验，但韦特海默认为也适用声音节奏上的知觉组织。②

（1）接近性原则（Proximity）

对于分散的刺激点，彼此位置接近者更容易以组的形式呈现。

设定存在一些离散的刺激点，每一点以某一字母表示，实际呈现的分析如下：

图 3-2-1　接近性原则——示例 1

图 3-2-1 中，知觉中的呈现是：ab/cd/ef/……

图 3-2-2　接近性原则——示例 2

图 3-2-2 中的实际呈现是：ab/cd/ef/gh/……与上图一样，这说明接近性原则是适用于不同角度的安置的。

图 3-2-3　接近性原则——示例 3

---

① Max Werthemimer, "Investigations on Gestalt Principles(1923)", P127 In: Max Wertheimer, edited by Lothar Spillmann, *On Perceived Motion and Figural Organization*, London: The MIT Press, 2012, pp.127-182.

② 本节所有图片均来自韦特海默原书。参见 Max Wertheimer, edited by Lothar Spillmann, *On Perceived Motion and Figural Organization*, London: The MIT Press, 2012, pp.1-91.

图 3-2-3 中的实际呈现是：abc/def/ghi/……

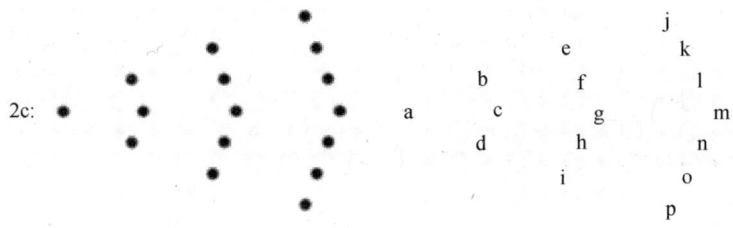

图 3-2-4　接近性原则——示例 4

图 3-2-4 中的刺激点和实际呈现的特别之处在于，a 依然保持了点的呈现，其他刺激点则是以组的形式呈现。

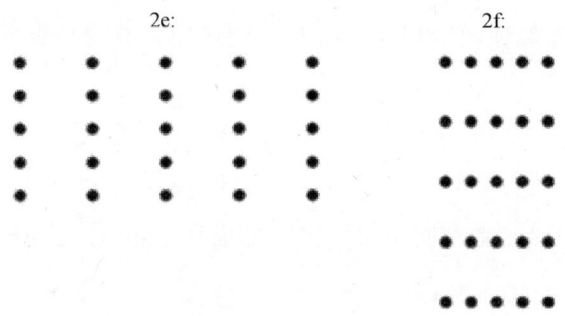

图 3-2-5　接近性原则——示例 5

图 3-2-5 中，2e 实际呈现为竖直的组，2f 实际呈现为水平的组。

（2）近似性原则（Similarity）

离散的刺激单元，分隔距离相等，彼此近似者更易成组呈现。

图 3-3-1　近似性原则——示例 1

图 3-3-1 的实际呈现为：ab/cd/ef/……，类似的如 CCGGCCGGCCGG……

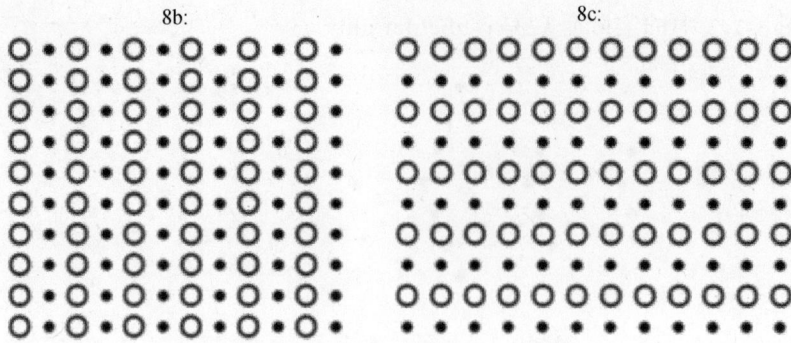

图 3-3-2　近似性原则——示例 2

图 3-3-2 中，8b 近似图形构成了竖直的组，8c 构成了水平的组。

（3）接近性与近似性的组合原则

接近性和近似性两个规则有时会共同作用，有时会彼此竞争，相似性规则更容易取胜。

12b: ● ● 〇 〇　　● ● 〇 〇

图 3-4-1　接近性与近似性组合原则——示例 1

图 3-4-1 中，二者共同作用，实际呈现为：ab/cd/ef/……

12c: ● 〇　〇 ●　● 〇　〇 ●

图 3-4-2　接近性与近近似性组合原则——示例 2

依据实验，上图的实际呈现为：a/bc/de/……，而 ab/cd/ef……则比较难出现。相似性规则胜出。

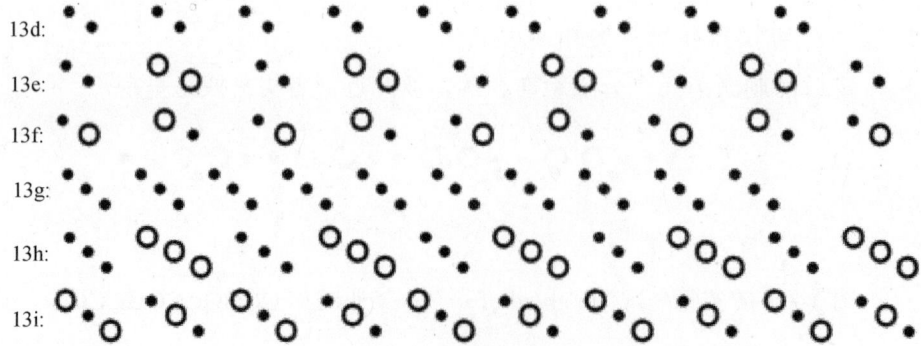

图 3-4-3　接近性与近近似性组合原则——示例 3

第三章 整体优位的强整体论

图 3-4-3 中更复杂的图形实验进一步表明了以上规律,即在两种规则相互竞争时,相似性规则取胜。13f 呈现为:a/bc/de/……,13i 的呈现为:a/bc/def/……

这一规律在声音感觉中也基本适用,"!"代表强,"."代表弱。

```
15a: ..!!..!!..!!..!!..!!.. etc.
15b: ..    !!    ..    !!    .. etc.
15c: .!    !.    .!    !.    .! etc.
```

图 3-4-4　接近性与近近似性组合原则——示例 4

图 3-4-4,在比较 15a,15b,15c 的实验中,实际呈现是:a/bc/de/……

```
16a: CCFFCCFFCCFFCCFF...
16b: CC    FF    CC    FF    CC...
16c: C    CF    FC    CF    FC...
```

图 3-4-5　接近性与近近似性组合原则——示例 5

图 3-4-5 中,16c 实际呈现的是:ab/cd/ef/……

(4)共同变化原则(common fate)

这也被直译为"共同命运"原则,即同一方向移动的元素彼此关联性更强,更容易成组。

● ● ●　● ● ●　● ● ●　● ● ●
a b c　d e f　g h i　j k l

图 3-5-1　共同变化原则——示例 1

图 3-5-1 的实际呈现为:abc/def/ghi/……

● ● ●　● ● ●　● ● ●　● ● ●
a b c　d e f　g h i　j k l

图 3-5-2　共同变化原则——示例 2

图 3-5-2 是"结构一致"的变化类型,实际呈现依然为:abc/def/ghi/……

• • • • • • • • • • • •

图 3-5-3　共同变化原则——示例 3

图 3-5-3 是"结构不一致"（structurally inconsistent）的变化类型，接近性原则会对抗共同变化原则，实际呈现为：ab/cde/fg/hij/……。导致改变的具体阈值还待研究。

韦特海默指出，最为重要的不是获得同一的变化，而是这表明了，"在片块性的、个体上相似的东西会（因不同组织类型）显示为非常不同的变化。"[①]整体对部分有着直接的主导性。

（5）简洁律原则（Prägnanz）

韦特海默并未直接给出文字概括，考夫卡对此的阐释是："心理组织将总是（趋向于优势条件所允许的那样'良好'"，所谓"良好"是指规则性、对称性、简单性等属性。[②]各种形式上的"统一"（unity）、"整齐一致"（uniformity）、"良好的连续"（good continuation）、"简单形状"（simple shape）、"闭合"（closure）等均可见到简洁律的作用。[③]知觉会倾向于花费最少的努力去呈现最简单的完整形式。例如，相对于一个破碎的圆，感知会更倾向于一个完整的圆。

实验如下，在一个具有不同间隔的点的系列中，a 与 b 间的距离为 2mm，称不 d^1；b 与 c 间的距离为 20mm，称为 d^2；保持 d^1+d^2 的距离和保持不变，为 22mm；改变 d^1 和 d^2 的数值，使其在 2mm 到 20mm 之间变动，形成 A 到 G 多个系列，如表 3-1 所示。

---

① Max Werthemimer, "Investigations on Gestalt Principles(1923)", P.144. In: Max Wertheimer, edited by Lothar Spillmann, *On Perceived Motion and Figural Organization*, London: The MIT Press, 2012, pp.127-182.
② K. Koffka, *Principles of Gestalt Psychology*, New York: Harcourt Brace and Company InC, 1935, p.110.
③ K. Koffka, *Principles of Gestalt Psychology*, New York: Harcourt Brace and Company InC, 1935, p.171.

第三章　整体优位的强整体论

表 3-1　简洁律实验示意

Series	d^1 (mm)	d^2 (mm)	d^1+d^2 (mm)
A	2	20	22
B	5	17	22
C	8	14	22
D	11	11	22
E	14	8	22
F	17	5	22
G	20	2	22

●●　　●●　　●●　　●●　　●●
a b　　c d　　e f　　g h　　i j

图 3-6-1　简洁律原则示例

实验表明，在所有这些系列中知觉并不是等权值的，其中有三个系列是知觉中最肯定的、最显明（salient，即 Prägnant）的印象组：间隔差距最大的 A 和 G，一个是开始点，一个是结束点，以及间隔相等的 D 系列。最为重要的发现是，处于这三个系列之间的一些中间系列，它们不相等的程度不一样，并不非常显明，也不非常肯定，它们往往会被知觉为所靠近三个最显明组中的某一个。如 C、E 会被知觉为近似的 D，而 B 会被知觉为近似的 A，F 是近似的 G。

韦特海默还用另一个例子对此进行了说明。对于一个从 30 度到 150 度旋转的角图形中，最显明的知觉印象也只有三个，30 度、90 度和 150 度。一个 93 度的角会典型地显现为某种不完美的直角，而不是实际的角度。实验清楚地证明，最明显的规则表现为趋向于显明的形状（the salient（Prägnant）shape）。如果人们以体系化的方式改变一个组分，例如改变上述例子中 a、b、c 之间的位置，组成系列的每一个体印象配合其步骤是平均的，但"心理上的结果并不是个体特征印象的堆砌，相反会发生特别的显明步骤，每一步骤都有其分区；其进展显示出断裂。中间的步骤典型地显现为与某个显明形式相关的印象。"[1]

---

[1] Max Werthemimer, "Investigations on Gestalt Principles (1923)", P147, In: Max Wertheimer, edited by Lothar Spillmann, *On Perceived Motion and Figural Organization*, London: The MIT Press, 2012, pp.127-182.

（6）集合原则（Einstellung or set）[①]

如果知觉的图形不是一个静态的、固定的对象，而是一个系列或称为一个集合，那么就会涌现出一个新的对知觉有直接影响的"客体（客观）集合要素"（factor of objective set（Einstellung））。

以简洁律实验中的系列为例，如果系列是从 A 到 G 或者从 G 到 A 依次出现，最初始知觉到的成组系列（如 ab/cd/……）会持续更长，经常是在经过中间系列 D 到达最后的某一系列时，它会突然跳向对立的特征组，如由 A 到 G 或由 G 到 A。在这一过程中，变化是持续、均匀的，但知觉却是跃迁式的转向。对于一个给定的构形，如系列 C，如果它在系列 A、B 后，其知觉结果与它在系列 G、F、E 后面时是不同的。简言之，"如果一个系列是一个序列（sequence）的组分（或另一组合的部分），那么这一序列具有决定性。"[②]在某一序列中导致特别成组（grouping）的构形可以在另一序列中产生另一成组。一个构形，在自身呈现时也许会产生含糊的（知觉）结果，出现一些不清楚、不准确的东西，它在一个序列中呈现时，却可产生有规则的特殊成组。这种集合要素的运作是强烈的。韦特海默还强调，这一规则不能归究于纯粹主体的条件上，"这是从开始就存在的实际的有规律的、客体要素。"[③]这不仅见于接续性的集合（successive set）中，还见于共时性集合（simultaneous set）中。更为普遍的情况是，除了"集合"外，"场"（field）的某些条件也起着本质性的决定作用。

（7）良好连续和闭合原则（Good continuation and closure）

韦特海默在对一些图形的考察中发现，一些具有良好连续的构形和一些具有闭合性的构形会成为知觉中的"胜者"，使它们不再是点、线这些"片块"单元，而呈现为由"连续"或"闭合"等所主导的构形。

[①] 该原则也常被用为"定势效应（Einstellung Effect）"，即我们在解决问题时，总是喜欢借鉴以往行之有效的方法。

[②] Max Werthemimer, "Investigations on Gestalt Principles(1923)", P148 In: Max Wertheimer, edited by Lothar Spillmann, *On Perceived Motion and Figural Organization*, London: The MIT Press, 2012, pp.127-182.

[③] Max Werthemimer, "Investigations on Gestalt Principles(1923)", P148, In: Max Wertheimer, edited by Lothar Spillmann, *On Perceived Motion and Figural Organization*, London: The MIT Press, 2012, pp.127-182.

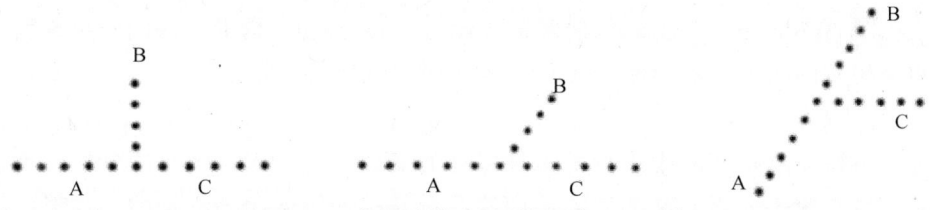

图 3-7-1　良好连续和闭合原则——示例 1

上图中三个构形显然不只是点的汇集,实验表明它们也不遵循接近律,而在知觉中明显呈现为 AC/B、AC/B、AB/C,即两条连续直线的相交。

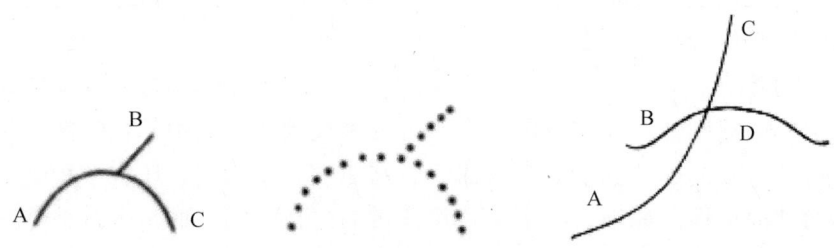

图 3-7-2　良好连续和闭合原则——示例 2

在我们对曲线的知觉中也存在类型的情形,图 3-7-2 中,左图不论是以线还是点的形式,知觉都会将连续的曲线视为一组,呈现为 AC/B,右图则呈现为 BD/AC。

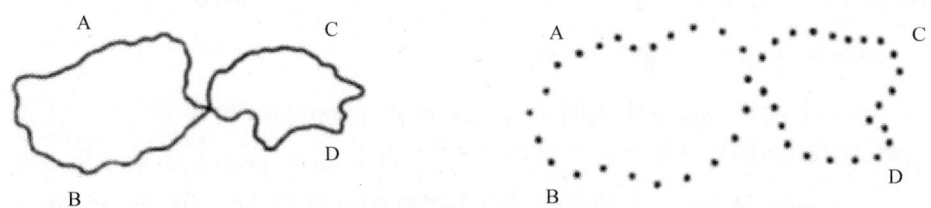

图 3-7-3　良好连续和闭合原则——示例 3

图 3-7-3 中,构形明显地呈现为两个闭合的相接的图形 AB/CD。

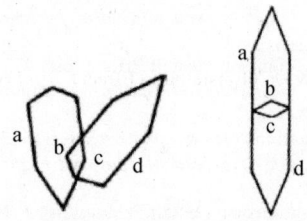

图 3-7-4　良好连续和闭合原则——示例 4

图 3-7-4 中，左图的包括四条线段 a、b、c、d，构形最倾向于呈现为两个相交的闭合的六边形 ac/bd，不会呈现为 ab/cd，或 ad/bc 等。右图最倾向于呈现为 ad/bc，即一个闭合的六边形，中间包含一个闭合的四边形。

韦特海默在实验中进行了多种多样的变化，并给出了细致的分析。首先，他否定了元素主义的立场，即这些良好的连续或闭合只是因为构形的元素（个体的组分），如点、线的组合关系。他指出："变化表明，首要的既不是个体的点，也不是点之间个体空间的相互方向。本质上首要的是它们在更高尺度上所发生的事。讨论的问题应是以整体的术语自上观看的构形属性、整体的特征，虽然这种（整体）形成在细节上是非规律的发生，在最小的片块层面也许实际是无规律的。"① 其次，他强调这种规则性并不是数学上的规则性。在这些图形中，有两种规则性，一种是数学图形所要求的一种数学的连续性，如正弦曲线、圆曲线、直线等，还有一种既不是数学的"简单性"原理，也不是片块任意的内在规则，而是来自整体的规则性，是更为本原的规则性。"这一情形对最小组分系列的简单性依赖较小，它更多依赖于与更大组分系列相联的简单性。这些更大组分作为次级整体与整体的属性相关联。"② 如"对称"绝不简单是组分间的"均等"。由此，韦特海默强调，连续、闭合等属性均是整体的某种显明属性（salient attributes），"逻辑上，这只能以整体的观点将其理解为整体的属性。"③

2. 自上而下的整体原则

视知觉的格式塔原则表明，当众多刺激自发地呈现给一个人时，人不会经验同样数量的"不可分的被给予者"（individual givens），如一个、两个、三个这样的单元。人会经验"更大尺度的被给予者"（givens of larger scope），它们是以一个特别的分隔、某一分组、某一分割的形式被给予。④ 韦

---

① Max Werthemimer, "Investigations on Gestalt Principles(1923)", P.159, In: Max Wertheimer, edited by Lothar Spillmann, *On Perceived Motion and Figural Organization*, London: The MIT Press, 2012, pp.127-182.
② Max Werthemimer, "Investigations on Gestalt Principles(1923)", P.154, In: Max Wertheimer, edited by Lothar Spillmann, *On Perceived Motion and Figural Organization*, London: The MIT Press, 2012, pp.127-182.
③ Max Werthemimer, "Investigations on Gestalt Principles(1923)", P.154, In: Max Wertheimer, edited by Lothar Spillmann, *On Perceived Motion and Figural Organization*, London: The MIT Press, 2012, pp.127-182.
④ Max Werthemimer, "Investigations on Gestalt Principles(1923)", P.128, In: Max Wertheimer, edited by Lothar Spillmann, *On Perceived Motion and Figural Organization*, London: The MIT Press, 2012, pp.127-182.

第三章 整体优位的强整体论

特海默曾以一段形象的文字对元素构造主义及其局限进行了描述:

> 我站在窗前,看到房屋、树木和天空。为着理论上的目的,我现在试图数出、说这儿有327种亮度和色调。但是,我有"327"吗?不,我只有天空、房屋和树木。没有人实际可能获得"327"之类的东西。在这一可笑的猜想中,如果房子有120个阴影、树木有90个阴影、天空有117个阴影,我也可随意说(在327之中的)那一分组、那一分隔(segregation),不是127、100、100而是150、177。我是在特定分组和分隔中看见这些;分组和分隔的观看本性并不简单是我的一时兴起。我是无法随我所愿地就得到什么一致性模式的……我听见一段有17个单调和32个伴音的旋律。我听见旋律和其伴音,不是简单的"49",不是通常的17加32,也不是纯粹我一时兴起的20加29。①

这段描述主要是针对铁钦纳的元素构造主义观点提出的两个否定:一是我们的知觉不是以精准数量的元素为基础的;二是构造主义并未提出关于元素关系组合的客观规律,其所谓组合是主体的任意选择。从整体主义角度来说,这一规则也无法在元素层面本身获得,它们来自于更高层原则的作用,即格式塔原则。视知觉实验中所表现的这七个原则均体现出整体对元素的优位性,它们均是元素之上的"更大尺度"决定了元素的呈现方式。接近性原则和近似性原则表明,知觉中首先呈现的不是一个个点,而是点的"成组"。这些组决定了知觉的呈现,"单一感觉区域的细致研究最后会导向分组(grouping)的规律。"②简洁律更体现出知觉并不严格对应于刺激,知觉会倾向于一些具有显明效果的特定组合,93度会被知觉为不好的直角。闭合性原则表明,即便是由点构成的构形也会因闭合性而呈现为某个完整的图形,决定这最终结果的绝不是元素单元本身。这都说明在知觉中存在着一种客观的整体原则,正如阿什(Mitchell G. Ash)对格式塔理论的一个总结:

---

① Max Werthemimer, "Investigations on Gestalt Principles(1923)", P.127, In: Max Wertheimer, edited by Lothar Spillmann, *On Perceived Motion and Figural Organization*, London: The MIT Press, 2012, pp.127-182.
② Max Werthemimer, "Investigations on Gestalt Principles(1923)", P.128, In: Max Wertheimer, edited by Lothar Spillmann, *On Perceived Motion and Figural Organization*, London: The MIT Press, 2012, pp.127-182.

他们主张形式和秩序并不是强加于混沌的感觉"质料"上的，也不是依据固有认知图式或逻辑规则在感觉信息假说基础上的建构。依据柏林学派，体验到格式塔并不是因为它们具有格式塔，而是它们就是格式塔。格式塔理论的一个偏好词是"sachlich"，意为"客观性"。对客观秩序的追求不是在经验之后的，而是处于经验的流变中。①

区别于元素主义自下而上的元素优先，格式塔原则意味着一种"自上而下"（from the top down）的整体优位原则。韦特海默指出："在如我们所描绘的自上而下时，从整体的状况到次级整体、再到诸多部分，个体性部分（元素）不再被作为加和意义上的片块来考虑，而是从一开始它们就被作为其所在整体的部分。"对于一段旋律来说，表面上它总是由分离的、个体性的音调元素所组成，但如果人们想真正理解旋律现象呈现的本质，就必须把使这些"元素"以清楚、显明的"部分"的方式呈现。单个的音调是不确定的，不具意义的，也不存在纯粹的内在形式，"当最后一个音调作为'终音'结束时，这些旋律的音调才会完整、固定和肯定，旋律的一切也才变得确定。"②这说明音调只有在整体中才具有意义，整体决定着部分的呈现。对应的，在视觉呈现的也是"部分"而不是"元素"。格式塔原则表明，自上而下的整体关联导致了构形的整体呈现，这一原则是一种客观的、内在的原则，如"良好"连续、最适合的曲线、内在的相互包含、展示其"内在必要性"的"良好的格式塔"。依据这些原则，人们很快就能以很大的确定性预测出这些布局的模式会出现什么样的结果。

对于这一原则的一个追问是，我们如何区分哪些原则是正常期望的、自发的、自然的？哪些是人为的、特定条件下的原则？韦特海默认为这需要依据经验意义上的基础给出判断，可追溯为一种"联想式的预置"（associative predispositions），如"房屋""窗户"和"树"是经常成组呈现，但把窗户的部分与树枝的部分进行整合的成组呈现则只能是特定条件下的可能。另外，我们还需不对任何分组抱有偏见，同等对待。他举了这样一

---

① Mitchell G. Ash, *Gestalt Psychology in German Culture, 1890-1967: Holism and quest for objectivity*, New York: Cambridge University Press, 1995, p.2.
② Max Werthemimer, "Investigations on Gestalt Principles(1923)", P.181, In: Max Wertheimer, edited by Lothar Spillmann, *On Perceived Motion and Figural Organization*, London: The MIT Press, 2012, pp.127-182.

个例子,假设我与一位来自印度的先生 Herr Tahor 站在一起,当有人叫"Herr Tahor"时的情境肯定不同于这样一些情况:即便有人同样这样叫,但我并没有与这位先生站在一起;在这一情况下,我从未听说过这一名字;恰好房间中有位女孩的名字叫"Herr Tahor"。而且"Herr Tahor"既可作为单一的一个名字,也可拆分为"Hertba,bor!"意为:Hertba,听着!针对这些不同的情形我们都应进行同等考虑。①

三、行为整体观

考夫卡认为应区分三种不同的心理学:作为意识科学的心理学,作为心灵科学的心理学和作为行为科学的心理学。早期的格式塔心理学常常被理解为关于直觉、意识的心理学,后期则明确把"行为"作为其基础。考夫卡的解释是,"如果我们从行为开始,便比较容易为意识和心理找到一个位置,而如果从心灵和意识开始,就没有那么容易为行为找到一个位置。"②在行为主义看来,内在的"心理过程"不过是行为的一种推断性决定者(inferred determinants)。意识的心理过程是内在的、难于观察和测量,行为则是外在的、可观察测量的,并且可依据对行为的研究推断出心理过程。行为主义心理学的开创者华生(J. B. Watson)曾这样描述行为主义心理学家,"他从自己的科学词汇中抛弃了一切主观的术语,诸如感觉、知觉、意象、愿望、意念,甚至主观地被界定的思维和情绪。"③由此,应从行为角度来研究心理问题。

1. "克分子行为"的整体性

现代科学心理学脱胎于生理学研究,"心理行为"最初就是指按照简单的刺激—反应的联接来描述的生理上表现出的行为,托尔曼称其为"分子行为"(molecular)。人们需要依据严格的物理学、生理学要求,描述生理

---

① Max Werthemimer, *Investigations on Gestalt Principles*(1923), P.130, In: Max Wertheimer, edited by Lothar Spillmann, *On Perceived Motion and Figural Organization*, London: The MIT Press, 2012, pp.127-182.
② Koffka, *Principles of Gestalt Psychology*, Harcourt Brace and Company Inc. 1935, p.25.
③ 华生:《行为主义》,李维译,北京大学出版社,2012年,第6页。

感受器、传导器和效应器的具体过程，如肌肉的收缩、腺体的分泌等来给出行为的描述。当华生提问，"行为主义者把规则和测杆置于自己面前，能够根据'刺激和反应'来描述其所看到的行为吗？"①他的回答是肯定的，虽然他在思想后期修正了这一定位，努力拓展"行为"的边界②，但他在具体的研究上一直坚持"整个人体的构成可以概括为迅速地对简单和复杂刺激做出反应。"③由此，分子行为在总体上其实就是生理刺激—反应行为的拓展。

（1）克分子行为的特性

托尔曼（Edward Tolman）认识到，心理行为不应只是其生理部分的总和，还存在另一类"克分子行为"（molar）④，"这样的行为是一种'涌现的'（emergent）现象，它具有自身的描述性和规定性特征。"⑤克分子的特性可概括如下。

① "二阶性"。托尔曼强调克分子行为与物理学和生理学的基本分子事实完全处于一一对应的状态，考夫卡进一步指出，"克分子行为是一种二阶现象（secondary phenomenon）；它不过是大量生理过程最终可观察的结果；这些过程是首要的（primary）事件；这些事件形成了连续的因果序列（causal sequences）。"⑥因此，克分子行为虽然可对应于分子行为事实，但却是分子行为之上更高层的事件。

② "涌现性"。作为克分子整体的"行为—活动"（behavior-acts）具有自己的某些涌现性。这种涌现性的一个突出表现就是，"行为—活动的特性无法从构成它的物理学和生理学的基本特性中直接推断出来。行为本身不

---

① 华生：《行为主义》，李维译，北京大学出版社，2012年，第7页。
② 华生曾明确指出，"行为主义的主要兴趣是整个人类行为……无人有权把行为主义者的宣言歪曲到这样一种地步，即宣称行为主义不过是一个研究肌肉反应的生理学家。"参见华生：《行为主义》，李维译，北京大学出版社，2012年，第15页。
③ 华生：《行为主义》，李维译，北京大学出版社，2012年，第74页。
④ "molar"（摩尔）是一个表示分子数目的物理单位，"克分子"（gram molecule）原来是一个化学单位，1克分子就是1mol分子。由此，"克分子"在其来源是就是指一群分子的集合。应该注意的是，在物理学的意义上，1摩尔分子在性状上与单个分子只是数量上的区别，并无质上的区别，更不是单个分子的涌现；但托尔曼引用于此，显然不仅要强调其集合意义，还要强调其在质上有了根本的不同，即成为一个整体。
⑤ 托尔曼：《动物和人的目的性行为》，李维译，北京大学出版社，2010年，第5-6页。
⑥ Koffka, *Principles of Gestalt Psychology*, Harcourt Brace and Company Inc. 1935, p.26.

能仅从肌肉抽搐的次数和构成行为的活动推论出来。"①这就像我们无法从个别水分子的特性中直接推断出水的特性。类似地,如一只老鼠在迷津中奔跑,一个小孩看到一条狗后突然跑向妈妈,我们和朋友兴高采烈地聊天,这些都是克分子行为。要理解这些行为是无法从其分子事实中获得的,如确切的肌肉、腺体、感觉神经和运动神经。

考夫卡指出,如果以分子行为的观点来看,"克分子行为并不比问题本身提供更多东西,解决的方法始终在分子行为的意义上给出,这样完成的心理学系统将仅仅包括分子材料,克分子的材料被完全取消了。"②这是因为,"它将实在归因于部分,否认它属于这些部分所构成的整体。"③在由分子行为开始并以分子行为结束的这样一个系统中,"'意义'(meaning)和'重要性'(significance)在这样一种分子系统是没有位置的。"④凯撒大帝渡过卢比河,只是某些刺激—反应的情境(situations);贝多芬写了第九交响乐、罗丹雕刻了"思想者"都会被归结为刺激—反应的图式(schema)。

③ 目的性。把行为提升到整体的高度审视,托尔曼发现了克分子行为的重要特性,"行为本身作为克分子,确实是有目的和认知的。这些目的和认知具有它的直接可描述的经纬,无疑是严格依赖于其根据的一套物理学和化学的功能。但是,开始时,作为首先可资鉴别的东西,是具有目的和认知的行为。"⑤这种目的性是分子行为整体的涌现结果,呈现为一个趋向目的,经过中介,合理选择的完整过程,其描述性特征可概括为:A,趋向性。克分子行为总是展现为"趋向"(getting-to)或"离开"(getting-from)一个特定目标对象(goal-object)或目标情境(goal-situation)。B,中介性。行为总是要经过中介的手段—对象才能完成。作为趋向或离开的一种方式,行为—活动总是涉及一种特定的模式,即与中介的手段—对象(intervening means-objects)进行交流(commerce-with)、往来(intercourse-with)、相约束(engagement-with)、相沟通(communion-with)。如某个男人离开办公室并趋向家里时,还通过一些手段—对象(如汽车、道路等)进行交流。C,选择性。对容易的(较短的)手段—活动具有选择的更大准备性,而不采

---

① 托尔曼:《动物和人的目的性行为》,李维译,北京大学出版社,2010年,第6页。
② Koffka, *Principles of Gestalt Psychology*, Harcourt Brace and Company Inc. 1935, p.26.
③ Koffka, *Principles of Gestalt Psychology*, Harcourt Brace and Company Inc. 1935, p.26.
④ Koffka, *Principles of Gestalt Psychology*, Harcourt Brace and Company Inc. 1935, p.26.
⑤ 托尔曼:《动物和人的目的性行为》,李维译,北京大学出版社,2010年,第10页。

取较长的手段—活动。如一只老鼠在奔向特定目标对象时,会选择较短的路径。①

如果心理学是以分子行为开始并结束,则我们行为的整体及其意义是无法得到说明和解释的,以分子行为为基础的心理学也将永远受到道德科学的批判。考夫卡由此主张,"让我们用克分子取而代之。也许在以克分子行为开始和结束的系统中,可以为分子行为找到位置。"②在理论上的转换就是,不是通过分子行为来解释整体,而是由整体来约束分子行为。

(2)作为整体的有机体

如果我们对克分子行为及其目的性的根源进一步追问,就会得出托尔曼进一步的主张:行为始终是作为整体的有机体的事情,而不是个别的感觉部分和身体运动部件在某个局部单独进行的,或者说:"行为是整个有机体的一种顺应(adjust),而不是个别感觉部分和运动部分的一种反应。"③

克分子行为是分子行为之上的一种涌现,并不直接对应于直接的刺激。即便是在对老鼠、龙虾等低等动物的实验中,它们也不是以某种一成不变的反应动作对相同刺激做出反应,而是在各次不同的尝试中,以恰当的变化方式对不同刺激做出反应。如龙虾通过在连续不断迷津情境中"学习",会倾向于某一较优越的方式穿越。这正如佩里(R.B. Perry)所强调的,心理学研究的是有机体作为一个单元而行动的那些外部的和内部的顺应。人类行为概念的中心特征是一种决定倾向(determining tendency),"作为整体的有机体一度全神贯注于某个任务,该任务耗费了有机体的力量并动用其机制……按照有机体是统一的程度,以及有机体以整体来起作用的程度,有机体的行为不能说成是个别与外部事件相关的简单反应。"④

这一点还可通过一个客观实验事实得到证明。克分子行为在实验中常常展现为一种"可训性"(docility),即动物在不断尝试和错误中,倾向在连续的场合中越来越快地选择能使它容易和迅速逃出去的某一方式。托尔曼将其概括为两个要件:一是投入尝试和错误的系列;二是逐步地或突然

---

① 托尔曼:《动物和人的目的性行为》,李维译,北京大学出版社,2010年,第8-10页。
② Koffka, *Principles of Gestalt Psychology*, Harcourt Brace and Company INC, 1935, p.27.
③ 托尔曼:《动物和人的目的性行为》,李维译,北京大学出版社,2010年,第14页。
④ R. B. Perry, *A Behavioristic view of Purpose*, J. philos, 1921, 18, pp.85-105. 转自托尔曼:《动物和人的目的性行为》,李维译,北京大学出版社,2010年,第15页。

地选择与达到该目的有关的更加有效的尝试和错误反应。克分子行为的可训性表明"当动物在相似的环境中重复某种行为时，行为有效性就会在某种程度上得到改进。"①这既说明了克分子行为在实验中是可训的，还说明成功的可训性需要一个有机体所有各部分之间的互相联结，决不等同于分子行为层面的刺激与反应。

2. 作为过程的行为整体

自 1913 年起，苛勒用了七年时间在腾奈列夫岛上对黑猩猩进行了动物心理学研究。他于 1917 年出版了《人猿的智慧》一书，描述了黑猩猩在各种迂回场景中解决问题的过程，发现了"整体"（格式塔）在行为中的主导作用。这使心理学对动物行为及行为的理解有了很大的改变，也为后来的新行为主义的兴起和格式塔心理学研究提供了坚实的经验基础。

（1）迂回实验原则

苛勒首先区分了动物行为的两种基本方式：一种是"直接方式"（direct way），即动物在不复杂的条件下可凭借自己的身体、神经的反射径直趋向目的物；另一种是"迂回方式"（roundabout way），在直接的道路阻塞的情况下，目的物只能通过间接的、迂回的道路才能取得。在苛勒看来，这两种方式在行为上有质的差别：

> 当人或动物借助其本身自然而然地采取直接无碍的道路，用以达到他们的目的，我们不能说这种行为是智慧的。当环境阻碍了直接的道路，而人或动物为了适应这种情境，另辟一条迂回的道路时，我们才能说这是'智慧'的行为。②

如果阻碍物有不同的形式，那么获得目的物就需要采用不同的迂回形式，遭遇各种不同的困难。动物在克服这些困难达到目的物的过程就可视为一个有效的智慧行为。通过设计不同的迂回方式就能真正揭示出这一智慧是如何实现的。

---

① 托尔曼：《动物和人的目的性行为》，李维译，北京大学出版社，2010 年，第 11-12 页。
② 苛勒：《人猿的智慧》，陈汝懋译，浙江教育出版社，2003 年，第 3 页。

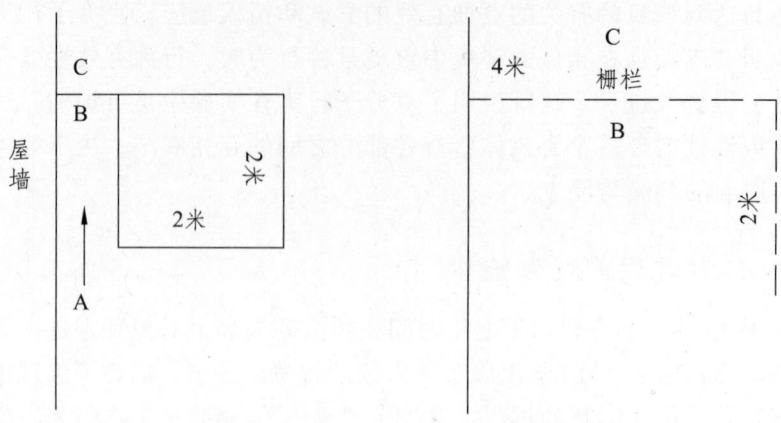

图 3-8　迂回方式的不同设计①

如图 3-8 所示，在猿室 1 米远处，用实心隔断围出一个 2 米乘 2 米的方形场地，方场一边和猿室平行，在靠墙一侧留出一条通道，并用栅栏将其与猿室隔断，形成一条 A 到 B 的死路，先把食物放在 B 处。从方向 A 把一只狗带入这条死路，狗会发现食物，这时把食物由 B 处移到栅栏相隔的 C 处。狗会迟疑一下，然后很快转了 180 度弯，绕过栅栏迂回得到了食物。这是一个典型的迂回方式。与之作一对比，方场改为 L 型，并以可观看的铁丝栅栏替代实心的隔断，把食物同样由 B 移到 C，同样是这只狗就可能因对目的物高度集中（由嗅觉引起）而抑制了它绕栏转弯的"想法"，一再用鼻子撞向栅栏，却再也不愿离开。这时起作用的是直接方式。在 L 形的阻碍中，如果是母鸡，那是永远不会以迂回的方式取得食物，但有时会因碰巧绕过了 L 形较短的一边，取得食物。一个一岁 3 个月的孩子则比较顺利地绕过障碍，以迂回的方式拿到自己喜欢的玩具。

迂回实验的要点在于：在实验设计上，必须要把条件加以限制，排除由机会产生的结果。对于一个理想的迂回实验而言，"真正的成就就是一种单一而连续的事件，在空间和时间上都成为一个整体。"②在实验中表现为动物朝着目的物没片刻停顿地连续奔跑，直到完成。以此分析一个碰巧而得到成功的解决，如母鸡通过随机的乱撞，碰巧绕过了障碍，这里包括

---

① 图片来源：苛勒：《人猿的智慧》，陈汝懋译，浙江教育出版社，2003 年，第 10 页。
② 苛勒：《人猿的智慧》，陈汝懋译，浙江教育出版社，2003 年，第 13 页。

为各种个别运动的集合，但这些运动的开始、终止和再开始，在方向和速度上都是彼此孤立的，只是一种表面上的成功。所以，问题的解决，并不等于以起点为开始，以目的物为终止，还需要考察其完成的过程。此外，对于母鸡来说，偶尔会碰巧成功，但其始终只能依赖碰巧，或在改进实验，如加长侧边后，它们就无能为力了（如图 3-9）。

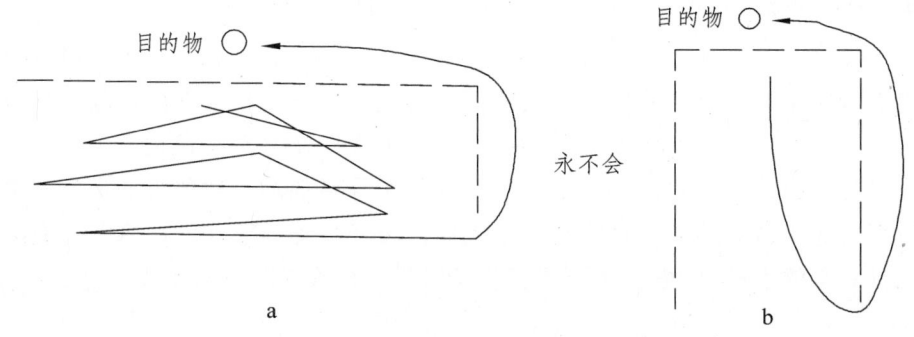

图 3-9　直接方式与迂回方式对比[1]

（2）工具的利用

通过考察动物对工具的利用，能更好地揭示行为的过程及其本质。"借助工具取得"在严格的意义上是指这样的情况："可见的目的物既不能凭借迂回而取得，也不能以动物身体适应环境状况而取得。如果动物与目的物之间已建立联系，那么它只能借助于第三物体才能达到目的。"[2]

如在有栅栏的笼子外空地上放着猩猩仅靠手臂拿不到的香蕉，笼子内放着几根手杖。猩猩开始会徒劳地想用手拿水果，失败后甚至失去了对水果的兴趣。但当笼外的猩猩想走向水果时，使笼内的猩猩又突然意识到目的物，快速拿起了手杖把香蕉拉到了可用手取的地方。这一行为经过几天的重复和训练，猩猩基本掌握了工具。在实验中苛勒有如下两点重要发现。

① 当工具行为一旦被掌握后，对工具的利用就不再受原来的目的物及工具本身的局限。如猩猩会因天热用手杖去取水桶，还会拿一些表面上完全与手杖不同的东西（马蹄铁、稻草、石头）去够取食物。苛勒认为这表明，手杖已在某种条件下获得了和动作场有关的某种功能上或工具上的价

---

[1] 图片来源：苛勒：《人猿的智慧》，浙江教育出版社，2003 年，第 12 页。
[2] 苛勒：《人猿的智慧》，陈汝懋译，浙江教育出版社，2003 年，第 21 页。

值，而这种价值可以延展到形状和性质与手杖都有些功能近似的其他物体上。"一个物体，一旦在功能上发生转变，它的形状和性质与手杖相似，便可称之为手杖。"①苛勒的这一发现揭示出了工具的本质：工具就是一定功能情景下的结构形式。凡满足这一功能形式的实在均可称为工具，工具行为的过程就是一种结构形式的变换。由此不难理解为何在一定情景下，差不多所有可移动的物体都变成了猩猩的"手杖"。

② 工具和目的物的联系。即便猩猩掌握了工具，如果手杖和目的物未建立有效关联，其工具价值就会消失。实验中当把手杖放在距离较远处或置于笼子下这些与目的物方向不一致处，猩猩即便碰到手杖也不会把它当作工具，只是看着目的物。但只要手杖处于与目的物一致的方向上，就会重新成为工具。苛勒由此提出一个大胆假设：猩猩只能在"联系"中看到工具意义的手杖，"把手杖当作工具来利用，有赖于几何的完型。"②

（3）"形"（格式塔）的问题

苛勒在实验中注意到了"形"（forms and shapes）的问题，并意识到这就是厄棱费尔、韦特海默所说的"格式塔"。实验表明，猩猩在实验开始通常会遭遇失败，苛勒以形的视角来分析，得出的原因是，"他（猩猩）没有注意到情境结构的精细地方，他在进行作业的时候，仿佛所有的形，对他来说，都只是没有精确分化结构的'整合'。"③

苛勒首先设计了一个迁移板实验，把笼子的栅栏下方用高度不等的铁丝网围住，把水果放到铁丝网较高的栅栏外，这样使猩猩既无法直接从高处来取水果，也无法从低处直接伸手去取（图3-10）。

笼内有一个手杖。于是，猩猩戚喜哥在几次尝试失败后，找到了办法，在铁丝网较高处用手杖将水果推到铁丝网较矮处，然后就可直接用手来取到水果了。不同的猩猩还会有些不同的处理，如猩猩苏丹在用手杖把水果推到铁丝网较矮处时，扔开手杖用手拿水果时，发现手不够长，重新取了手杖把水果拉近，才最终取到水果。

---

① 苛勒：《人猿的智慧》，陈汝懋译，浙江教育出版社，2003年，第30页。
② 苛勒：《人猿的智慧》，陈汝懋译，浙江教育出版社，2003年，第32页。
③ 苛勒：《人猿的智慧》，陈汝懋译，浙江教育出版社，2003年，第196页。

第三章　整体优位的强整体论

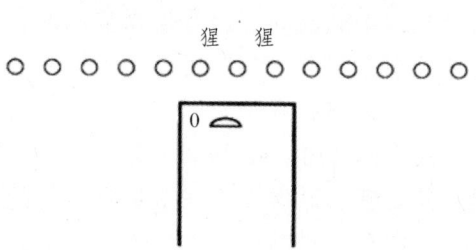

图 3-10　迁移板实验[①]

苛勒从整体的角度对此实验进行了思考。整个行为过程包括两个动作：动作 a，猩猩拿手杖把水果从他自己那里推到另一个地方；动作 b，走到第二个地方用手或手杖够到水果。从部分的角度来看，每个单独动作都不能被称为智慧。第一个动作是将水果推向离自己更远处；第二个动作是直接方式，也不具智慧意义。除了苛勒强调的这两个动作外，还应包括一个拿手杖的动作 c，这个动作本身也是无意义的，它可能只是因为机会而发生。但是，这些个体上毫无意义的甚至带有不利的动作，当相互联系在一起的时候，它们就变成了智慧的动作了。苛勒由此指出：

> 我是否可设想（a 和 b）是由于动物（或人）智慧地概览这种情境引起，可作为一种完备的统一的行动计划呢？我看不到别的方式，如果把这个过程的开始部分分解开来看，那么它就不含有一点解决的痕迹，反而起了阻碍的作用，因而它不能作为一个分解的部分，实际上我们必须以整体来说明它的'部分'——因为这样的过程才可叙述为智慧的成就。形的理论认为整体不只是'其部分的总和'：这里就需要一个整体，尽管它可以和它的部分处于对立的地位。[②]

这里涉及两个关键问题的讨论：一是如果作为毫不相关的个体（部分），动作 a、b、c 是否具有达成最后目标的可能。[③]苛勒的回答是否定的。因为

[①] 图片来源：苛勒：《人猿的智慧》，浙江教育出版社，2003 年，第 200 页。
[②] 苛勒：《人猿的智慧》，陈汝懋译，浙江教育出版社，2003 年，第 198-199 页。
[③] 需要注意的是，苛勒所言的"部分"并不是处于整体中的"部分"，而是个体性的单元实体。只有当这些个体单元实体处于整体中才能成为真正的部分。

有些单独的动作明显是有不利性的、违背动物身体的直接方式原则,如将水果推离自己。为了证实这一点,苛勒还设计了另外一个更难的迁移板实验。把一个只有一面开口的抽屉置于笼子前,猩猩需要用手杖将抽屉向远离自己的方向推动使其旋转 180 度,再将其拉近才能吃到水果。猩猩并不是一次成功的,但在其不断尝试中也不完全是碰运气的。由于"动物必须进行的迂回,不是从朝向目的物的动物的位置去做,而是从另一条迂回道路,从朝着动物目的物的原始位置去做。"因此,是无法仅从动作本身给予这些动作合理解释的。另一个问题是,这是否能够推出,只有存在着一个联系在一起的"整体",才能形成唯一的可能解决。苛勒对此给出了肯定的回答;只有存在一个整体才能给出这些动作的完备解释。他还设计了一个更突出整体的复杂实验(图 3-11)。

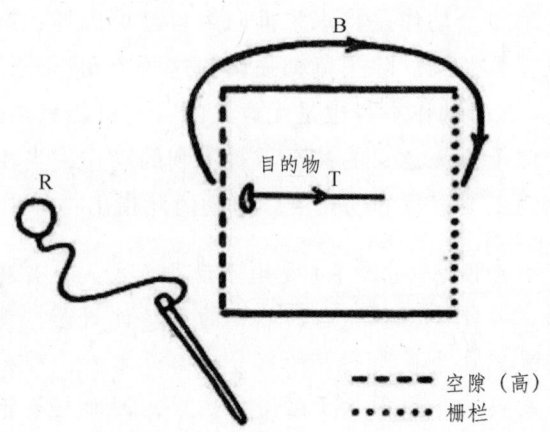

图 3-11 联系的整体①

　　一个大的木笼,图的上下两边由木板封闭,左边较高处去除一块木板,通过该空隙可观察到笼内情况,但无法伸手够到地板。在左边还有一个固定的手杖,有一定长度,让猩猩只能从左边用手杖;右边是栅栏,可以伸手够到地板。在笼子靠左边处放上水果,让猩猩可以从左边看到,但无法从右边来取。实验中猩猩只有正确地用手杖把水果推离向远离自己右边,才有可能再绕到右边取水果。当把手杖换成 T 型时,猩猩为了达成目的,会有意识地调整手杖方向以方便伸入笼中推动目的物。总之,"在所与结构

---

① 图片来源:苛勒:《人猿的智慧》,浙江教育出版社,2003 年,第 221 页。

是很清楚和简单的条件下,最聪明的猩猩可以对形做出清楚的适应;在另一方面,当形是非常复杂时候,就是最聪明的猩猩,也会产生不聪明的推拉动作。"①苛勒的实验表明,一个目的性行为依赖于一个整体的引导,整体具有优先性,行为展现为一个完整的组织过程。

这种整体性的组织显然不是由于外部的命令,而是猩猩的自我顿悟。从当下整体论科学的视角来看,这可视为一种系统的自组织。斯塔德勒(Michael Stadler)认为,格式塔认知图式的生成中的非线性感知图式,很接近自组织理论协同学中的一些核心理念。在格式塔中不难看到存在着一个微观与宏观层面的区分,在微观层面上是直接看不到其对宏观走势的影响,猩猩能否顿悟就在于能否在微观层面出现决定宏观走向的序参量。在此意义上,整体的涌现就是某种序参量的作用。这些思考推进了我们对格式塔理论的进一步理解。②

四、心物场整体观

在苛勒看来,猩猩是否能解决问题就取决于能否在问题情境中产生"顿悟","在智慧活动的场合中,必须表明顿悟的解决,就它们发生于和情境相协调的动力过程来说,常与情境的结构具有相同的性质。"③ 这表明,行为的整体不仅体现为从分子行为上升为克分子行为,描述整体对克分子行为的主导,还必须深入揭示环境对行为的影响。

1. 行为环境

从环境的观点来看,"克分子行为发生在环境中,而分子行为则发生在有机体内,由被称为'刺激'的环境因素(environmental factor)所引发。"④那么,对行为来说,究竟什么是"环境",环境就是行为所在的物理实在吗?

---

① 苛勒:《人猿的智慧》,陈汝懋译,浙江教育出版社,2003年,第228页。
② Michael Stadler, "Gestal Theory and Synergetics: From Psychophsical Isomorphism to Holism Emergentism", *Philosophical Psychology*, Sep94, Vol.7 Issue 2, 1994., pp.211-227.
③ 苛勒:《人猿的智慧》,陈汝懋译,浙江教育出版社,2003年,第232页。
④ Koffka, *Principles of Gestalt Psychology*, Harcourt Brace and Company Inc. 1935, p.27.

(1) 行为环境对行为的主导

考夫卡以康斯坦茨湖（Lake Constance，也译博登湖）的一个传闻故事提出了问题。在一个风雪交加的傍晚，大雪覆盖了一切道路和路标。一位男子骑马在大雪中奔驰了数小时，总算找到了一家旅店，非常高兴。店主很诧异地迎接这位陌生人，并问他从何处来。男子直指旅店门外的方向。店主有些惊恐地说："你可知道，你已骑马穿越了康斯坦茨湖？"这名男子感到非常后怕，自己竟然在冰上穿越了这么宽阔的湖，最终倒毙而亡。

客观的事实是，该骑马人通过了结冰的湖面，但骑马人自己以为这只是一个荒芜的雪原。如果骑马人事先了解实情，那么他的行为肯定会有所不同。考夫卡认为这里需要区分两种不同的环境：一个是"地理环境"（geographical environment），即结冰的湖面这一物理实在；另一个是"行为环境"（behavioural environment），即骑马人所认为的荒芜的雪原。不可否认的是，行为环境也发生于地理环境中，行为环境依赖于两组条件，一是地理环境所固有的，一组是有机体内所固有的。在这一案例中，地理环境表面上似乎更真实，但其实对行为并未起到主导作用却是行为环境，地理环境在此只是一种"刺激"。①

在一个对比实验中，两只猩猩分别被带入一个笼内，笼子的天花板上挂着水果，笼内还随意放着一只木箱。猩猩靠自己的身体是无法直接获取水果的。其中一只猩猩会发现，可以把箱子放到水果的悬挂处下方，自己再借助箱子得到水果；另一只猩猩则只会坐在箱子上苦闷。对于这两只猩猩来说，地理环境或情境刺激是一样的，但行为却很不同。这只能归结为它们的行为环境不同，一个将木箱视为获取水果的"梯子"，另一个只是将木箱视为无关联可坐的"凳子"。再如贾斯特罗错觉（Jastrow illusion）图形实验中，图形是两个完全一样的扇形，其情境刺激是一样，但我们总是会把它们知觉为一个大的，一个小的，这也是由于不同的行为环境（图3-12）。更多的实验还表明，"当两种刺激产生两种一致的行为目标时，与这两种刺激有关的行为便是一致的；当两种相应的行为目标不同时，行为

---

① "如果人们用'刺激'这个术语来取代'地理环境'这个术语，整个困难便消失了，而不再需要再对行为环境与地理环境进行区分了。"参见 Koffka, *Principles of Gestalt Psychology*, New York, Harcourt Brace and Company Inc. 1935, p.29.

便也不同。"①之所以如此,是因为行为环境具有地理环境里所没有的关系,或者说"由于这种关系无法在地理环境中获得,所以这种关系一定在其他某个地方存在着,而这个地方便是我们所谓的行为环境"。②

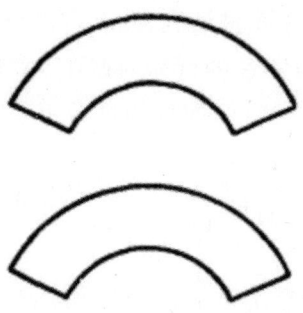

图 3-12　贾斯特罗错觉③

考夫卡指出:"行为发生于行为环境之中,行为环境调整(regulate)行为。"④在更强的意义上,"只有在行为环境中发生的有机体运动才可称为行为。仅仅在地理环境中发生的有机体运动不是行为。应当注意的是,这种定义并不声称一切行为都是运动。"⑤由此,行为就是指行为环境中的行为,对行为的理解也必须依据行为环境。

(2)行为环境的本质

三只老鼠在同一迷津内,每只老鼠均从迷津的一端钻到另一端。从地理环境的视角来看,这三只老鼠的"行为"是一致的。从行为环境视角来看则可能是,一只老鼠是为了食物而奔跑,另一只老鼠是为了探索而奔跑,第三只老鼠是为了练习而奔跑,或者只是因为不安而奔跑。极端的行为主义者则会认为,"只有地理环境中的行为才是一种实际的活动,而行为环境中的行为只是动物们所认为的活动。"⑥因为,行为环境只是一种"拟人的"(anthropomorphic)假设,不是客观真实的。

---

① Koffka, *Principles of Gestalt Psychology*, Harcourt Brace and Company Inc. 1935, p.34.
② Koffka, *Principles of Gestalt Psychology*, Harcourt Brace and Company Inc. 1935, p.33.
③ 两个一样的扇形在知觉中却是不一样大小的。(图片来源: Koffka, Principles of Gestalt Psychology, Harcourt Brace and Company Inc. 1935, p.39.)
④ Koffka, *Principles of Gestalt Psychology*, Harcourt Brace and Company Inc. 1935, p.31.
⑤ Koffka, *Principles of Gestalt Psychology*, Harcourt Brace and Company Inc. 1935, p.32.
⑥ Koffka, *Principles of Gestalt Psychology*, Harcourt Brace and Company Inc. 1935, p.37.

考夫卡首先指出，行为主义试图通过获取基于纯粹地理环境的刺激资料，以建立所谓真正客观化的理论道路是行不通的。因为"每一种资料都是行为的资料；物理实在并非资料，只是一种构成物（constructum）"①。对行为来说，物理实在并非就是最真实的，因为它并不是行为的直接主导。另一方面，"我们必须假设实在的行为的存在，就像我们必须假设实在的台子、书本、动物。"②克分子行为的目的是真实存在的、实在的，虽然它们难以直接测量，但并不应由此而否认其实在性、真实性。在理论上，考夫卡认为，地理环境视角下的"行为"，只是一种结果上的"达成"（accomplishment），并不是真正的"行为"。因为我们对一个动物达成的了解并不等同于对它的行为有了了解，如上述案例。"达成"与"行为"在有些情境下还是对立的，有些时候也会相互联系，成为一对事实。在经验上，我们往往能从达成推论行为及其环境，为行为环境提供客观性基础。如老鼠在迷津中奔跑的时间，它所犯错误的次数，它进入或不进入哪些死胡同等，均为解释行为和行为环境提供了线索，但它们本身并非关于行为的陈述。③

其次，行为环境既是地理环境与行为、刺激与反应之间的中介，又是"直接经验"（direct experience）的一个部分。这里的直接经验就是意识，意识意味着比行为环境更多的东西。由于每一真实有机体的直接经验是不同的，那么这就会得出一个推论："环境始终是某一事物的环境，因此，我的行为环境就是我和我的行为的环境。"④任何实际（real）的行为均可区分为两种类型：一种是其他行为环境中我的行为，称为"表面行为"（apparent behavior），另一种是我自己行为环境中的我的行为，称为"现象行为"（phenomenal or experienced behavior）。只有把这两种行为共同纳入讨论，才能使行为更走近直接经验的整体性。为了实际行为而抛弃现象行为是错误的，而盲目地、排他性地只考虑现象行为也是错误的。⑤如一个孩子小明突然伸手推了另一个孩子小刚，其表面行为可能是打了小刚，而其现象行为则可能是因为小明发现了危险，试图推开小刚，帮助他避险。当然也可

---

① Koffka, *Principles of Gestalt Psychology*, Harcourt Brace and Company Inc. 1935, p.35.
② Koffka, *Principles of Gestalt Psychology*, Harcourt Brace and Company Inc. 1935, p.39.
③ Koffka, *Principles of Gestalt Psychology*, Harcourt Brace and Company Inc. 1935, p.38.
④ Koffka, *Principles of Gestalt Psychology*, Harcourt Brace and Company Inc. 1935, p.39.
⑤ Koffka, *Principles of Gestalt Psychology*, Harcourt Brace and Company Inc. 1935, pp. 39-40.

能确实是因为防范而打了小刚。生活中这样的例子非常多，只有透彻理解了这些不同的行为，才能真正给出行为的解释与说明。

以上行为与环境的关系大致可用图 3-13 示之。

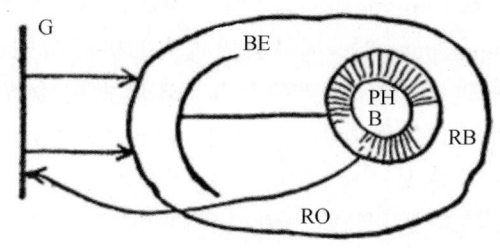

图 3-13　行为与环境的关系

注：G 代表地理环境，它产生行为环境（BE）；BE 处于 G 之中并受 G 的调节从而产生实际行为（RB）；RB 的有些部分在现象行为（PH B）中反映出来。在某种意义上，BE、RB、PHB 均发生在实际的有机体（RO）之中，现象的自我（Phenomenal Ego）则属于 PH B。RO 直接受地理环境影响，并通过 RB 反作用于 RO。当实际行为 RB 对 G 作用后，行为环境 BE 和现象自我 PH E 会随之发生变化。本图示并不表明 BE 和 PHB 依赖于有机体，但作为整体的有机体确是克分子行为的基础。（图片来源：Koffka, *Principles of Gestalt Psychology*, Harcourt Brace and Company Inc. 1935, p.40.）

2. 心物场的统一

行为环境的观念使我们对行为的理解摆脱了分子行为的局限，但同时也会带来心物对立的二元论难题，因此有必要以更广阔的整体观对行为环境进行拓展。考夫卡引入科学中"场"的概念，提出了"心物场"（psychophysical field）主张。

（1）场的观念与行为环境的局限

麦克斯韦电磁场理论、爱因斯坦的引力场理论都颠覆了传统的物理实在观，"场"及其应力关系是比空间、物体更为根本的实在。一个物体的场和行为是相互关联的，"在一个给定环境中，应变（strains）和应力（stresses）的分配将决定一个特定构造物（constitution）会做什么。反之，当我们了解了物体，观察它在某种环境中做了什么，我们就可推断该环境中场的属性。"①场的存在，意味着不仅要考虑物体，还要考虑与其有关的动力特性，动力行为的变化就是场的变化。我们可以考夫卡引入的场的视角反观行为，当一切意向和目的是同质（homogeneous）时，场处于一种平衡态；而当场不再是同质态（inhomogeneous）时，场就会出现力的极性结构（polar structure），并产生一种行为矢量动力，决定着行为。环境中包含着各种事物和空洞（holes），通常认为只有事物或物体才产生了力，但其实"空洞"也会成为行为的"引力中心"，如足球比赛中的球门。举重运动员一个行为的成功完成，不仅与地理环境意义上的肌肉组织的动作有关，还取决于与运动员其空间注视点相伴随的自我行为环境，后者以行为目标的形式成为场的极性指向。②于是，一种真正的、更完整的行为描述应是这种类型的描述，"它是对行为环境及包含其中的自我的一种场的描述。"③

行为环境能否直接转换为关于行为的场的描述？考夫卡从行为环境的本体论状况、行为环境与地理环境的关系、不能归入行为环境的行为几方面进行了讨论，认为行为环境是很难直接适用于行为场的，主要的原因可概括为两个方面。

① 寻找统一的论域。行为环境对行为起着主导作用，以场的观念来看，这需要预设行为环境具有一种"力"的特性，如认为诱惑会产生吸引力，危险会产生排斥力，等等。然而物理运动显然只能通过物理力产生，这种对行为环境的理解是要构想一种精神的力。这导致我们必须在本体论上主张存在着两种实体，一种是物质的，一种是精神的。前者产生对应于地理环境的物理结果，对应为分子行为；后者产生对应于行为环境的行为结果，对应于克分子行为，并且还要主张两者之间的因果关联。强的行为主义者会支持前者推出后者，行为环境的支持方又会认为，后者主导前者。这自然带来一种二元论难题，导致我们必须要由一个论域推出另一个。这恰恰是整体论者所反对的，一个论域的原因如何能在另外一个论域中产生另一结果呢？考夫卡强调，"我需要的是同一个论域（universe of discourse），在

---

① Koffka, *Principles of Gestalt Psychology*, Harcourt Brace and Company Inc. 1935, p.42.
② 据考夫卡考察，当重量级举重运动员在举重时需要依据视觉的空间稳定性，即盯着某处固定处来提供一种行为上的动力。在一个灯火通明的大厅中，如果没有这种视觉的固定处，将严重影响其成绩发挥。
③ Koffka, *Principles of Gestalt Psychology*, Harcourt Brace and Company Inc. 1935, p.46.

该论域中,所有事件都会发生于此,因为活动是在一个论域中被界定的,而不是从一个论域到另一个论域。"①从场的观点来看,应在明确地理环境与行为环境二者区分的基础上进行整合。考夫卡的主张是,作为最基本的观念,心理场不等同于行为环境,它必须与地理环境在因果上联系起来,心理学运作于不同的层次上,行为环境是层次之一,它是整个场的一部分。②

②更为整体的行为观。行为主义的错误是把克分子行为完全还原为低级的刺激与反射,但另一方面不可否认的事实是,如果没有肌肉的紧张调节,我们便不能坐,不能站,也不能有更多行动。所有这些反射性调节都是在我们不知觉的情况下发生的,并不归属于行为环境的范围。精神分析所揭示的事实还表明,在我们表面行为决定因素之外,还隐藏着一些并不在场的隐蔽的"力",也不归属于行为环境内。记忆、无意识给行为环境带来的挑战是,记忆是在没有行为环境的情况下发生了一种行为,但它们却对我们的行为有深层的影响。因此,我们应由行为环境出发寻找能将不同层次"行为"整合在一起的场。

(2)心物场

在考夫卡看来,造成行为环境与物理环境、心与物二元论困难的主要原因在于,把生理过程只当作分子行为处理,而行为环境只处理克分子行为。如果我们发现生理过程其实也是一个克分子过程,那么这两类不同论域就成为了同一类关于克分子的论域,其内在的困难就可迎刃而解了。

> 让我们把生理过程视作克分子现象而不是分子现象。如果我们这样做,则旧理论的一切困难就消失了。这是因为,如果它们是克分子,它们的克分子属性就会与作为意识过程基础的意识属性一样。如果这样,那么我们这两个领域,不会被不可逾越的鸿沟所分隔,而是会尽可能地密切结合在一起。这样,我们既可使用行为环境的观察材料,也可使用针对生理假设具体阐述的行为材料。由此,我们不只处理这些过程中的一种,我们必须处理多种

---

① Koffka, *Principles of Gestalt Psychology*, Harcourt Brace and Company Inc. 1935, p46.
② Koffka, *Principles of Gestalt Psychology*, Harcourt Brace and Company Inc. 1935, p49.

多样的心理过程，这两个类别的多样性（variety）应该是一样的。①

传统的行为主义理论对神经及其过程过于简化，没有认识到其行为的复杂性。如声音的刺激引起听觉神经中神经纤维的兴奋，继而传递到皮层的颞叶，从而刺激那里的神经节细胞，引起与音调感觉特征相对应的特殊形式的反应；光刺激则是传入皮质的枕叶，有着不同的兴奋过程。更复杂的是，同样的枕叶细胞也能产生不同类型的兴奋，皮质细胞和感官表面细胞还存在一些固定的联结。总之，神经过程其实是非常复杂多样的，是由不同部位的细胞兴奋彼此的相互结合共同作用的。考夫卡指出："对行为的巨大复杂性的解释不具有同样的复杂过程，而仅仅是通过许多彼此分隔的过程的结合来解释。"②这种分隔与简化处理导致传统理论的取向，一是把行为描述为大量反射的结合（不论是原始的反射还是条件反射），二是依据感觉把行为环境描述为心理元素（elements），它们共同导致对行为和意识的分子解释，造成了生理过程与行为过程的割裂。

苛勒于 1920 年指出物理学并不是通常所认为的"超级分子科学"，其实可以看作是一门关于克分子行为的克分子科学。因为在物理学中，有许多是针对物质的结构及其模式的研究。如不能把对水的物理特性的研究归就为对 H 原子和 O 原子本身，而是要探究其内在结构与轨道关系。解剖学表明，个别的神经结构并不是彼此隔绝的，它们是相互依存的。如由局部刺激产生的狗的大脑皮质的活动流，并不局限于皮质的小型区域，而是形成一种渗透到整个皮质的模式。由此神经结构不是在分隔之上的组合，而是相互依存之上的表面区分。由此，我们必须把它们视作某种相互依存程度的克分子分布：

现在我们理解了克分子心理过程了。它们并不是独立的、局部的神经过程之加和（sum），也不是这些过程的组合（combination），而是延展中的神经过程，这使克分子分布范围内每一个局部过程都依赖于所有其他的局部过程。③

由于生理过程的也是克分子行为，这意味着行为环境中克分子行为的规律也可适用于生理过程，我们一方面不让心理行为完全脱离生理行为和

---

① Koffka, *Principles of Gestalt Psychology*, Harcourt Brace and Company Inc. 1935, p56.
② Koffka, *Principles of Gestalt Psychology*, Harcourt Brace and Company Inc. 1935, p.54.
③ Koffka, *Principles of Gestalt Psychology*, Harcourt Brace and Company Inc. 1935, p.59.

物理环境，另一方面我们还可从心理反观生理，并进而揭示生理、心理与物理之间的内在统一关联。这就是由韦特海默在海林、马赫基础上提出，并由苛勒给予系统阐述的"心物同型论"（psychophysical isomorphism）原则："在每一种情形里，任何一种实际的意识不仅盲目地与它相应的心物过程成对结合，而且它们在本质的结构性属性上相近。"①

以苛勒的一个例子给予说明，一个黑色的表面上有三个白色的点，一个在中间，其他两个对称性的分布于其侧。在我们的直接经验中，这里存在着一种秩序，这一秩序明显同时对应于由大脑生理过程的视觉功能。当经验到一个点处于两个点"之间"时，经验的空间秩序其实对应于大脑事件功能上的"之间"，而所谓时间上的"之间"对应于大脑过程事件的先后相继的功能秩序，在更广泛意义上，经验单元（unit）跟随着基础的生理过程的功能单元。"在此意义上，经验的秩序被认为是经验所依赖的过程所对应秩序的真正呈现。[心物同型论]原则的这一应用也许是格式塔心理学最为重要的原则。作为一个关于感觉经验及其子过程的心理假设，它实际覆盖了心理学的整个领域。"②

综上，考夫卡分析得出了几个重要结论。第一，应放弃以分子事实为基础的心理学，转而建立基本克分子行为的心理学。后者使分子事实成为较大场事件中的局部事件。第二，克分子理论是关于生理事实的，也是关于心理事实和直接经验事实的。克分子理论的一个重要优势是能提出分子行为理论永远提不出的问题，即"宇宙的粒子是由什么质料组成的，哪些质料是整体的亦即具有整体的意义。"③第三，克分子行为是一种场过程，我们可用行为术语而不是生理术语来描述行为场。有意识相伴的生理过程肯定在某个未知的方面与没有意识相陪伴的生理过程不同。进一步的推论就是，以场的观点来考察行为，这些心理事件中所涉及的所有物理过程、生理过程和生理过程均是场的一部分，它们共同处于一个统一的"心物场"之中，包括以下方面的内容。

① 环境场及其内在的组织观念。行为总是发生于环境中，环境决定着行为，如视知觉将彼此独立的对象组织为不同的组和整体。

---

① Koffka, *Principles of Gestalt Psychology*, Harcourt Brace and Company Inc. 1935, p.62.
② Kohler, *Gestalt Psychology: An Introduction to New Concepts in Modern Psychology*, New York: Liveright Publishing Corporation, 1947, P.63.
③ Koffka, *Principles of Gestalt Psychology*, Harcourt Brace and Company Inc. 1935, p.65.

② 心物场存在于一个实际的有机体内，自我处于该有机体内，该有机体又处于一个地理环境之中。

③ 自我是场的一个部分。行为体现为有机整体的克分子行为，行为需要一种运作着的自我，自我总是处于场中。把自我与其他场部分联系起来的力和环境场不同部分之间的力属于同一性质，处于同一论域中。

④ 行为活动与记忆。刺激是任意发生的，但行为活动是有目的的。记忆并不作为新的实体或功能而出现，而是作为组织过程的结果和决定因素。

⑤ 社会交往行为。在此背景下，自我与行为理论得到进一步发展。

心物场的建立意味着一个关于物理、生理、心理的统一论域的建立。在这一论域中共同遵循着整体原则：由自我和环境所组成的心物场概念，场的组织定律，通过活动、记忆而实现的场的重组，在交往中实现的社会与人格交往行为。

3. 彻底的整体优位

苛勒指出，"格式塔"（Gestalt）在德语传统中有两个基本的意思，一是指作为事物属性的"形状"（shape）、"形式"（form），另一个意思是指："一个具体的、个体性的、有一定特征的实体（entity），该实体是某种可分离的东西，它具有某一外形或形式的属性。"[①]遵循这一传统，在格式塔理论中，"格式塔"通常就是指任何可分离的整体（segregated whole）。依据史密斯（Barry Smith）的考察，从词源上追溯，"Gestalt"还来自于德语中的"stalla"，意为"站立的地方"（a place to stand），英文中的"stall"与其同源。"stalla"一个常见的用法是指"外在的或可见的形式"（external or visible form），如魔鬼的形式、陶罐的形式。作为这种"形式"的某种延伸，"格式塔"也非常普遍地意味着某种结构（structure）或复合体（complex）。[②]在汉语中，"Gestalt"也常被译为"完形"，这强调了作为构形的完整性特性。

依据本章的讨论，格式塔的整体主义可用表3-2示之。

---

① Kohler, *Gestalt Psychology*, New York: Horace Liveright Inc., 1929, P.192.
② 19世纪德国著名军事理论家克劳塞维茨（Clausewitz）曾将战争视为一个"绝对的格式塔"（absolute Gestalt），一个不可分的整体，其部分只有在与整体的关联中才有价值。
参见：Barry Smith edit, *Foundations of Gestalt Theory*, Philosophia Verlag GmbH, 1988, p.14.

表 3-2 元素主义与强整体主义的比较

元素主义	整体优位的强整体主义
（1）"束捆"假设	（1）格式塔原则。心理对象总是处于某种格式塔安置中。
（2）联想假设	（2）客观性原则。 • 构造主义并未提出关于元素关系组合的客观规律，其所谓组合是主体的任意选择。 • 格式塔原则是一种客观的、内在的原则。
（3）机械的恒常性假设	（3）动态性原则。 • 恒常性假设不成立，运动知觉并不一一对应于感觉本身。 • 格式塔不是机械规则而是一种动态分布和自我调适。
（4）分析优位	（4）过程优位。一个目的性行为依赖于一个整体的引导，整体具有优先性，行为展现为一个完整的组织过程。
（5）自下而上的元素优先原则	（5）自上而下的整体优位原则。 • 知觉不是以精准数量的元素为基础的。 • 元素之上的"更大尺度"决定了元素的呈现方式。自上而下的整体关联导致了构形的整体呈现。 • 克分子行为是分子行为之上更高层的事件，具有二阶性、涌现性与目的性等分子行为所不具有的特性 • 存在统一的心物场：由自我和环境所组成的心物场概念，场的组织定律，通过活动、记忆而实现的场的重组，在交往中实现的社会与人格交往行为。

在理论上，格式塔理论既反对原子主义和联想主义，也反对任何基于元素之上的加和性（summative）路径，如对格式塔质理论的反对。[1]苛勒强调格式塔理论最为通用的观念应该是："任何一处过程的动态分布（dynamically distributes）和自我调适，都是由整体场中的实际情景所决定的，这一过程被称为遵循了格式塔原则。"[2]韦特海默的表述是："整体的一个部分会发生什么，是由该整体中固有的内在定律所决定的。"[3]考夫卡认为，组织的过程并不比过程的产物更少"格式塔"，这一内涵包含着对心理

---

[1] Johan Wagemans/Jacob Feldman/Sergei Gepshtein/Ruth Kimchi/James R. Pomerantz/Peter A. Van der Helm, "A Century of Gestalt Psycholgoy In Visual Percepttion:II Conceptual and Theoretical Foudations", In: *Psychological Bullertin*, 2012, Vol.138. No.6. pp.1218-1253.
[2] Kohler, *Gestalt Psychology*, Horace Liveright Inc, 1929, P.193.
[3] Weitheimer, "über Gestalttheorie.Symposion", pp.1-24. In: Koffka, *Principles of Gestalt Psychology*, Harcourt Brace and Company Inc. 1935, p.683.

学中的"混乱—宇宙"（chaos kosmos）观的抵抗和选择。"如果我们说一个过程或一个过程的产物是格式塔，那么我们指的是，它不能被解释为只是混乱（chaos）即本质上是无联系因果的盲目结合，而是它的存在是其存在的理由。"[①]

瓦格曼斯（Johan Wagemans）等在对一个世纪以来心理学视知觉的研究中，对格式塔理论及其相关学派进行了系统的比较，可作为更全面理解格式塔中整体与部分关系的参考（表3-3）。

表3-3 格式塔柏林学派与相关理论的比较[②]

格式塔心理学柏林学派	对立的学派
	构造主义/联想主义/经验主义（冯特等）
心理的首要单元是结构整体或格式塔。	心理首要单元是感觉。
经验现象学：感知经验的描述必须依据单位个人的自然感知。	内省：感知经验必须被分解为物理刺激的感觉元素的组合，元素作为组合的积木。
感知的发生是基于大脑中持续的整体过程：依靠大脑中的互动感知组织自身。	感知是元素激发的联想式组合。
感知组织是基于天生的、内在的自发规律	感知组织基于感知学习、过去经验、意向。
简单性和最少原则（minimum）。	类似原则。
	格式塔格拉兹学派（梅龙 Meinong，厄棱费尔等）
格式塔（结构性经验、整体）不同于部分之和。	格式塔质超过其组分的原初感觉之和。
部分与整体是双面的相互依赖：①由特殊的功能关系来决定整体还是部分；②对整体的把握常在个体性部分进入意识之前。	部分与整体间是单面的依赖（整体依赖于部分，而部分不依赖于整体）。
感知通过自组织而"涌现"：感知在大脑中通过自发过程非机械发生。	感知是在感觉基础上"产生"的。

---

① Koffka, *Principles of Gestalt Psychology*, Harcourt Brace and Company Inc. 1935, p.683.
② 本表来源：Johan Wagemans/Jacob Feldman/Sergei Gepshtein/Ruth Kimchi/James R. Pomerantz/Peter A. Van der Helm, "A Century of Gestalt Psycholgoy In Visual Percepttion:I Perceptual Grouping and Figure-Ground Organizaion", *Psychological Bullertin*, 2012, Vol.138. No.6. pp.1172-1217.

续表

格式塔心理学柏林学派	对立的学派
	格式塔莱比锡学派（Leipzig school, Kruger, Sander）
感知组织律在格式塔涌现时无法把握可分解的阶段,只能把握其功能关系。	阶段理论。
与自然科学整合的整体论（物理格式塔、同型论、最小原则）	神秘整体论,与自然科学分离。

综上所述,在这种整体优位的强整体论中,整体总是优位于元素。即便元素先在于整体,但对于元素之上的知觉、行为和心物场来说,整体也是优位的。在更强的意义上,这种优位还表现为整体决定着部分：如果没有作为整体的格式塔存在,就不存在知觉、行为等这些心理现象；任何元素、部分均只有在整体中才有存在的意义。

第四章　整体与部分对立的形式分析

整体与部分常常被视为一种"严格对立",如何理解或看待这种对立?在科学理论的确证中,这种对立极为典型,可作为我们分析的范例。人们关于科学的一个根深蒂固的信念是:我们所接受的科学理论是经受过经验检验的知识,每一陈述原则上都能得到经验的确证。"迪昂—奎因论题"对此提出的一个弱的挑战是,"物理学实验决不能否定一个孤立的假说,而只能否定整个理论群"[1];更强的挑战是,通过理论整体中某些部分的适当调整,"在任何情况下任何陈述都可以认为是真的"[2]。从整体与部分的视角分析,前者是在主张理论确证的单位是构成理论体系的单个陈述,后者则主张确证的基本单位必须是整体。如果迪昂—奎因论题成立,科学的这个知识论基础就会遭到根本动摇。这一论争的内核是围绕着整体与部分的确证之争展开的。

一、迪昂—奎因论题的整体论定位

"迪昂—奎因论题"(Duhem–Quine thesis)也称"不充分决定论题"(underdetermination thesis)等。该论题中的思想最早由法国物理学家迪昂(也译为"杜恒")于1906年在《物理学理论的目的和结构》(英文版1954年)一书中提出,讨论主要集中于物理学理论的验证问题。奎因于1951年在《经验论的两个教条》中援引了迪昂的思考,并将整体论思考拓展到更为广泛的领域。1959年格林鲍姆发表了对迪昂论题的批判,[3]1962年他在

---

[1] Duhem, *The Aim and Structure of Physical Theory*, Princeton University Press, 1954, p.183.
[2] Quine, *From a Logical Point of View*, Haroer& Row Publishers, 1963, p.43.
[3] Grünbaum, "The Duhemian Argument", In: Sandra G. Harding (edit), *Can Theories be Refuted*, D.Reidel Publishing Company, Boston: 1976, pp.116-131.

第四章 整体与部分对立的形式分析

与奎因的交流中使用了"Duhem–Quine thesis"这样的表述。这既重新激发了人们对迪昂思想的热情,又使该问题在哲学及更广泛语境下得以全面展开,这些讨论共同被称为"迪昂—奎因论题"。

1. 迪昂—奎因论题的背景

迪昂—奎因论题对科学、哲学以及其他领域均有广泛而深入的影响,有许多科学家和哲学家对该论题进行了多方面的阐释,这使该论题讨论更为广阔的同时也加剧了论题的开放性。1949年爱因斯坦曾以迪昂式的整体论立场批评过证实主义的意义观念。[①] 20世纪中期正是科学哲学的转折时期,以逻辑实证主义与逻辑经验主义为代表的经典科学哲学正转向批判理性主义、历史主义、相对主义,而该论题具有承上启下的影响力。奎因的论述直接针对卡尔纳普为代表的逻辑实证主义与逻辑经验主义信念,波普尔、拉卡托斯、劳丹、库恩等许多著名科学哲学家均参与了迪昂—奎因论题的讨论。1976年,哈丁(Sandre G. Harding)主编的《理论可以被驳倒吗?》是迪昂—奎因论题最为经典的论文集,除了收入以上提及的著名科学哲学家相关的经典文献外,还特别收录了格林鲍姆(Adolf Grunbaum)对迪昂—奎因论题的两篇批评以及奎因对他的回应。[②]1992年,福多(Jerry Fodor)在《整体论》一书中首先分析的就是迪昂—奎因论题中的意义整体论问题。[③]除了科学与哲学领域,迪昂—奎因论题来还辐射到经济学等更多领域,如2006年,Siobhain McGovern对经济学理论中如何应对迪昂-奎因论题所涉及的经验检验问题作了探讨。[④]2015年,科科(Klodian Coko)则从科学思想史的角度以迪昂-奎因论题中的反原子论思想来重新定位了迪昂的科学思想。[⑤]

[①] Don Howard, "Einstein and Duhem", In: *Synthese*, Vol. 83, No. 3, Pierre Duhem: Historian and Philosopher of Science. Part II: Duhem as Philosopher of Science (Jun., 1990), pp. 363-384.

[②] Harding, *Can Theories Be Refuted:Essays on the Duhem-Quine thesis*, D. Reidel Publishing Company, 1976.

[③] Jerry Fodor, Ernest Lepore, *Holism: A shopper's Guide*, Blackwell publishers, 1992.

[④] Siobhain McGovern, "Dealing with the Duhem—Quine thesis in financial economics: can causal holism help?", *Cambridge Journal of Economics*, Vol. 30, No. 1 (January 2006), pp. 105-122.

[⑤] Klodian Coko, "Epistemology of a believing historian: Making sense of Duhem's anti-atomism", *Studies in History and Philosophy of Science* 50 (2015), pp.71-82.

究竟什么是"迪昂—奎因论题"？对此并无一个精确的、能得到共识的标准答案。严格意义上，如吉利斯所言"这是一种真正的用词不当"，因为"迪昂论题"与"奎因论题"在许多重要的方面均不同。①在数十年的讨论中，每位学者对迪昂—奎因论题的解读也并不一致。②造成这个结果的一个重要原因是，迪昂与奎因并不是同一时代的共同作者。迪昂是主要生活在19世纪末到20世纪初的科学家，他的整体论是为了批评基于归纳的朴素科学真理论，反对物理科学理论与经验的简单对应关系。奎因是20世纪的哲学家，在他的这篇经典论文中，其整体论直接针对逻辑经验主义的还原论主张，五分之四的篇幅都用于批判分析与综合的区分，奎因的整体论涉及更为广泛的意义问题，引发了意义整体论的讨论。

然而，迪昂论题与奎因论题又确实有太多的内在联系。1962年，奎因在给格林鲍姆的回信中，对"Duhem-Quine thesis"的表述并不反对，也证明该论题的合理性得到了原作者本人的认可。③在本书看来，迪昂—奎因论题中，迪昂与奎因最为本质的两个共同点在于：① 他们的论证核心均涉及经验与理论的关系问题，尤其是确证问题；② 他们都主张以整体论来批判传统的认识论基础。因此有必要从这两个视角给出迪昂—奎因论题的恰当定位。

2. 迪昂—奎因论题与确证问题

确证问题之所以是迪昂—奎因论题的核心是因为，不论是传统的朴素的科学认识论还是以逻辑经验主义为代表的现代经验论者，科学理论与经验的确证关系都是认识论核心。迪昂与奎因的批判的起点都源于对这一关系的思考。迪昂所面对的是19世纪科学家们的朴素实在论，"他们坚定地相信科学是对真理的探寻，即使理论可能不被证实，但他们依然相信通过恰当的消除（如证伪）与之竞争的假说，他们会最终发现最终留下的是真理。"④奎因直接面对的则是当时最为主流的逻辑经验主义的主张，尤其是

---

① Dollard Gillies, *Philosophy of Science in the Twentieth Century,* Blackwell Publishers Ltd, 1993, p.98.
② Roger Ariew, "The Duhem Thesis", *The British Journal for the Philosophy of Science*, Vol. 35, No. 4 (Dec., 1984), pp.313-325.
③ Quine, "A Comment on Grünbaum's Claim", In: *Sandre G. Harding, Can Theories Be Refuted: Essays on the Duhem-Quine thesis,* Boston, D. Reidel Publishing Company, 1976. p.132.
④ Laurens Landan, "Grünbaum on'The Duhemian Argument'", *Philosophy of science*, Vol.32 (1965).

第四章 整体与部分对立的形式分析

卡尔纳普的理论。

对于早期逻辑经验主义来说，认识论的首要问题就是意义问题与证实（verification）问题。一个问题如果能够被证实或否证，该问题就是有意义的，因此后一问题其实预设了前一问题，证实问题就成了认识论真正首要的问题。可证实性原则最早由维特根斯坦提出，但这一原则会面临这样挑战：一是由于某一对象的全称陈述要面对该对象所有经验事实，而我们所能证实的经验事实永远是有限的，这意味着任何理论均无法实现经验上的完全证实；二是理论陈述与经验事实的关系并不是充要关系。卡尔纳普由此指出："如果证实的意思是决定性地、最后地确定为真，那么我们将会看到，从来没有任何（综合）语句是可证实的。我们只能越来越确证一个语句。因此我们谈的将是确证（confirmation）问题而不是证实问题。"①他进一步分析，如果我们只知道一个句子的检验方法，这一语句可称为"可检验的"（testable）；如果我们还知道在什么条件下这个语句为真，那么这就可称为"可确证的"（confirmable）。②这样，逻辑经验主义后期将确证作为了认识论的首要问题，亨普尔由此指出，在经验科学的实践中，确证呈现为一种基于经验的建构，即依据实验或观察的发现去检验经验假说，然后接受或拒绝其规则；其在认识论上表现为依据感知、感觉材料等等对信念的确认（validation），确证的实际问题是："以准确、普遍的术语去描述一群证据在什么条件下能被说成是确证或否证一个经验性的假说。"③

从经验证据与理论假说之间的关系来分析，证实、可检验和确证均强调证据与理论间存在着关联，其差别体现在关联度不同：可证实的命题一定既可检验又可确证，关联最强；可检验的命题不一定可确证，更不一定可证实，关联最弱；可确证的命题不一定可证实，但一定可检验，关联度居中。由此，确证问题也就成为逻辑经验主义认识论及其论争的核心。

进一步分析，"确证"关系的存在其实就预设了理论与经验的二分，预设了理论可以通过经验的确证来实现对实在的准确描述。这其实也是经验

---

① Rudolf Carnap, "Testability and Meaning", *Philosophy of Science*, Vol. 3, No. 4 (Oct., 1936), pp. 419-471.
② Rudolf Carnap, "Testability and Meaning", *Philosophy of Science*, Vol. 3, No. 4 (Oct., 1936), pp. 419-471.
③ Carl G. Hempel, "Studies in the Logic of Confirmation(1945)", In: Carl G. Hempel, *Aspects of Scientific Explanatlon and other Essays in the Philosophy of Science*, New York: The Free Press, 1965, pp.8-9.

主义的预设,理论总是建筑于经验之上的抽象实体。不论是迪昂还是奎因对此并不反对,他们反对的是在经验主义背景下的一种简单化的确证关系,即孤立的科学陈述是可以直接得到经验确证。迪昂—奎因论题的提出并不导致对经验主义根本原则的否定,而只是对基于还原论传统的确证标准的反对,这就需要转向整体论。

3. 迪昂—奎因论题的整体论定位

没有学者会否认迪昂—奎因论题的整体论取向,但这是否就意味着迪昂—奎因论题的核心是整体论与还原论之争?不论迪昂还是奎因都在文中使用了"整体"(whole)、"总体"(totality)、"一整组"(a whole group)等与整体论相关的术语,但在迪昂的时代,"holism"这个词还未创立,迪昂与奎因都没明确使用这一词,迪昂—奎因论题初期的讨论文献也都不涉及"holism";还原论的相关思想可追溯久远,迪昂明显具有"反原子论"(anti-atomism)的倾向[①],但"还原论"(reductionism)这个术语最初则来自奎因对卡尔纳普思想的概括。因此,迪昂—奎因论题虽然有着强烈的整体论取向,与还原论存在明显的论争,但在具体的整体论与还原论形式上却需要我们重新给出定位。

迪昂—奎因论题是一个认识论层面的问题,而认识论层面的核心问题就是意义与确证。于是,迪昂—奎因论题既涉及"确证整体论"(confirmation holism)又与"意义整体论"(semantic holism, meaning holism)有关。在福多看来,迪昂—奎因论题,特别是奎因论题更主要的是意义整体论问题。他认为:"迪昂—奎因论题认为确证是整体的;相当于说,理论中的每一个陈述(部分地)决定理论中每一个其他陈述的确证度。证实主义认为陈述的意义是由确证关系所决定的。这里引发的整体主义的推论是,理论中每一个陈述部分地决定了每一个其他陈述的意义。"[②] 这句话的前半句是强调了基于确证关系的确证整体论,最后的推论则导向基于意义的"意义整体论"。依据奎因后来的工作,迪昂—奎因论题也展现出一些意义整体论的取向。

在本书看来,奎因接受了皮尔斯关于意义的一个观点,即"一个陈述

[①] Klodian Coko, "Epistemology of a believing historian: Making sense of Duhem's anti-atomism", *Studies in History and Philosophy of Science*, Vol 50 (2015), pp.71-82.
[②] Jerry Fodor, Ernest Lepore, *Holism: A shopper's Guide*, Blackwell Publishers, 1992, p.41.

的意义就是经验确证或否证它的方法。"这一观点有着很强的经验主义取向，强调了经验确证比意义更为根本，如奎因自己对此的解读是，"当且仅当陈述在经验确证或否证的意义上是同样的，它们才是同义的。"因此，奎因在迪昂—奎因论题被提出之初，也更强调确证。本书更倾向于认为确证整体论是迪昂—奎因论题的一个主要定位，意义整体论可作为迪昂—奎因论题的延伸讨论。李醒民认为迪昂—奎因论题中迪昂主要是"理论整体论"，强调物理学理论是一个整体。①但在本书看来，理论之所以能够被视为一个整体，并不是理论本身是一个整体，最重要的原因是因为理论与经验是一个整体，其内核依然是确证，因此本书倾向于采用"确证整体论"。

在整体论与还原论的许多讨论中，论者常常由于对观点的强弱和论证层次不区分，带来很多混淆。在迪昂—奎因论题中，迪昂的主张相较奎因更弱，奎因总体体现为一种强整体论。迪昂—奎因论题属于认识论层面的论争，在这一层面整体论与还原论的争论是一种理论基础的争论，即确证基础的争论。理论的确证是否可依据科学陈述得以实现？为何确证必须是整体的？如果"整个科学理论"才能得到确证，整体的边界又是哪里？这些问题都是迪昂—奎因论题引发的论争。

二、基于部分的确证

经验主义的一个基本信念是，"只用纯粹的思考而没有经验的检验（借助于观察），要说明现实世界的性质及其法则是不可能的。"②朴素实在论者会以此作为科学理论的可靠基础，以逻辑经验主义为代表的现代经验论则将这一原则发展为更为严格的形式。在卡尔纳普看来，传统经验主义过于看重、甚至完全依赖于感觉材料，忽视了数学与逻辑的重要性；传统的理性主义忽视了经验，错误地认为理性不仅能提供形式还能产生新的内容，没有将二者结合。③逻辑经验主义一方面从理性主义出发，强调科学理论与经验事实的构造性，即科学命题之间、经验事实（证据）之间的可还原性；

---

① 李醒民：《从理论整体论到意义整体论》，《湖南社会科学》，2003 年第 5 期。
② 施太格缪勒：《当代哲学主流》（上册），王炳文等译，商务印书馆，1986 年，第 366 页。
③ Carnap, *The Logical Structure of the World and Pseudoproblems in Philosophy*, Open Court Publishing Company, 2003, p.vi.

另一方面从经验主义出发，主张所有科学陈述的经验可证实性。从还原论的角度来看，这是在主张一种基于个体（元素）的经验确证，或者说，确证的基本单元是个体（元素），可称为"确证还原论"（confirmation reductionism）。我们把这一立场作为迪昂—奎因论题提出的起点，有必要对其进行较为深入的剖析。

奎因把逻辑经验主义的认识论简化为两个教条，甚至最终归结为一个教条，即还原论。这一做法其实也是一种"还原论"式的思维，即寻找理论的最根本的（一个）原则与（一个）基础。[1]与此不同的做法是，我们需要揭示这种认识论主张背后的潜在结构，只有这样才能更好地将迪昂—奎因论题所面临的问题呈现出来。从结构的观点看去，对于确证问题，还原论路径所要解决的问题是：确证对象（确证单元）是什么？如何确证？这涉及以下两组基本命题。

1. 理论与经验的基础是个体（R1）

这一主张我们统称为"R1还原论命题"，它包括两个子命题。

科学是一种抽象的、概念化知识，卡尔纳普认为科学理论可以转换为一种逻辑构造体系（system）：该体系呈现为一种对象（概念、命题等）等级序列；每一等级的对象都由较低等级的对象构造出来，较高级对象可还原为较低级对象；所有对象都从少数几个基本对象（基本概念、基本命题等）中推导出来；由于可还原性（reducibility）具有传递性，"构造体系的所有对象间接地都是从最初一级的对象构造出来的；这些'基本对象'形成了构造系统的'基础'。"[2]从还原论的角度来看，这一立场是在主张理论与经验的基础是个体，而并不存在一个理论的整体。

（1）理论与经验是可还原的构造（R_{11}）

卡尔纳普对"可还原的"（reducible）定义为：如果每一个仅仅关于对象 a、b、c……的命题函项（其中也可能没有 b、c……）都相应有一个仅仅关于对象 b、c……的外延相同的命题函项（propositional function），那么

---

[1] 在此意义上，认识论层面的还原论是与基础主义相通的。
[2] Carnap, *The Logical Structure of the World and Pseudoproblems in Philosophy*, Open Court Publishing Company, 2003, p.6.

我就可称 a "可还原" 为 b、c……。即是说："如果关于某一对象的一切陈述都可翻译为仅仅谈论其他一些对象的陈述，那么我们就说这个对象'可还原'为其他一些对象。"[1]对于理论来说，理论的构造性就是指理论陈述的可还原性，"如果一个概念可还原为其他概念，那么它原则上就可由这些概念构造（construct）出来。"[2]构造关系表现为概念、陈述之间的可还原性关系。卡尔纳普强调，"所有科学陈述都是结构陈述"，每一个科学陈述原则上都可转换为一个只包含结构特性和一个或更多对象域的指示（indication），但由于不同的对象域可最终统一为一个，不用特别指出，因此每一个科学陈述原则上就是一个结构陈述。[3]

这种理论的还原还对应着一种事实的还原，即某对象 a 相关的事实存在如果仅仅依赖于某对象 b 的事实存在，更高层的事实也可还原为更为基本的事实。事实系统的可还原构造相当于可还原的"科学指标"（scientific indicator），而所有科学事实都有这样的指示（indication）。如气压表读数可作为气压的指示条件，二者在形式上具有同构性，"当我们为某一科学对象的基本事态创造出这样的指示时，该对象的构造就得以建立。"[4]

由此，一切科学的对象都可按可还原性的等级序列安置于一个构造体系中，每一个科学命题都可依据这种还原关系给出描述，陈述可分为分析命题与综合命题。

该命题可形式化为：设 T 为理论，J_1、J_2……J_n 为一个个科学陈述；E 为经验证据，O_1、O_2…为一个个具体经验事实，则以下命题成立。

$T \leftrightarrow (J_1 \rightarrow J_2 \rightarrow \cdots\cdots J_n)$　　　　　　　　（R_{111} 分析命题）

$E \leftrightarrow (O_1 \rightarrow O_2 \rightarrow \cdots\cdots O_n)$　　　　　　　　（R_{112} 综合命题）

（2）理论不是"整体"而是"复合"（R_{12}）

确证还原论在坚持理论构造的可还原性时，是否也要主张存在一个超越所有科学陈述之上的理论"系统"（system）或"整体"呢？由于"system"

---

[1] Carnap, *The Logical Structure of the World and Pseudoproblems in Philosophy*, Open Court Publishing Company, 2003, p.80.
[2] Carnap, *The Logical Structure of the World and Pseudoproblems in Philosophy*, Open Court Publishing Company, 2003, p.81.
[3] Carnap, *The Logical Structure of the World and Pseudoproblems in Philosophy*, Open Court Publishing Company, 2003, pp.28-29.
[4] Carnap, *The Logical Structure of the World and Pseudoproblems in Philosophy*, Open Court Publishing Company, 2003, p.83.

"结构"(structure)这两个术语常见于整体论的讨论中,因此很容易产生这种误解。

卡尔纳普在《世界的逻辑构造》一书中并未专门对"system"给出说明,该词主要是与"概念系统""构造系统"组合式的使用。这表明,对于卡尔纳普来说"system"主要的内涵是指一系列的概念体系,并不是超越概念与陈述之上的一个整体性的实体。这可从他对"复合"(complex)和"整体"(whole)的严格区分得到这个推论。

卡尔纳普认为,如果一个对象可还原为其他对象,该对象可称为其他对象的"逻辑的复合"或简称"复合",而其他对象则为其"元素"(element),"类"就是一种复合;如果一个对象和其他对象有这样的关系,即相对于一个外延的媒介(如空间或时间)这些其他对象都是它的部分,那么该对象为其他对象的"外延的整体"或简称"整体"。这些部分也可称为该整体的元素,整体由其各部分组成。整体与复合的区分并不对应于"真正的整体"(如有机整体,格式塔等)和"堆集,加和"(collection, sum)的区分。在逻辑上,整体与部分是同一类的对象,复合与元素却不同,其元素并不是其外延意义上的"部分",是"自主的复合"(autonomous complexes)。如果一个对象是由其他对象构造出来的,那么它就是这些对象的复合。一个构造体系内的所有对象都是这个系统的基本对象的复合。①

这是一种典型的还原论观点。对于一个由元素构成的组合,元素是其真正的实体,而组合只是诸多元素的类或"复合",该复合不会因为元素的减少与增加而改变其属性,因为复合并不是具有属性的实体,也就绝不是整体。以此立场观之,虽然存在着各种相互关联的概念与陈述,但并不存在一个可以涵盖这些元素与关系之上的理论整体。整体是不存在的,只存在个体及其相互的可还原关系。

2. 确证就是经验与陈述的逻辑配位(R2)

该命题可称为"R2确证命题"。R1还原论命题解决了确证对象的构造问题,剩下的问题是如何确证。该命题通过三个原则来实现:严格配位原则、构造性验证原则和逻辑蕴涵原则。

---

① Carnap, *The Logical Structure of the World and Pseudoproblems in Philosophy*, Open Court Publishing Company, 2003, pp.62-63.

第四章 整体与部分对立的形式分析

（1）陈述关系与经验关系的严格配位（R_{21} 严格配位原则）

在形式上，科学理论呈现为符号按一定法则执行的"标示活动"（act of designating）。符号的标示不会改变事物，但能通过与事物现象的配位（coordination），成为对象的概念化知识。石里克强调："我们的概念与现象相配位，而现象被设定为与这些事物相配位；由此，我们的概念也是标示这些事物的，因为符号的符号同时也是被标示物本身的符号。"[1]这意味着科学不是对事物的自在本质的揭示，而只是对事物现象的符号描述，该描述应符合理论与经验配位的唯一性原则，即"相同的符号总是对应于'相同'的对象"[2]。更进一步，"事实性科学作为一个系统，构成一个判断之网，一个个的网眼配位（coordinate）于一个个的事实。"[3]在这一系统中，概念代表网上的纽结，判断是把这些概念联系起来的线，形成一个旨在捕捉事实系统的巨大的判断之网，该系统最为重要的条件是："判断构造的每一个成员（member）都要唯一地（uniquely）配位于事实构造中的一个成员，否则全部[科学]事业就毫无意义了。"[4]因此，只有每个对象都与其他一切对象区别开来，而且每一次都作为同一对象被认识，才有可能做到这种无歧义的配位。

卡尔纳普进一步把石里克的符号与事物现象的配位明确为一种关系配位，即理论陈述关系与经验证据关系的对应。他认为不同于传统基于主谓逻辑的描述，科学理论是基于对象之间的"关系描述"，"每种科学理论的目标，就其内容而言，都是要成为一种纯粹的关系描述。"[5]由此，科学理论构造呈现为一个个科学陈述关系与一个个经验事实关系的逻辑配位。

既然科学真理性的最为简单的特性是"判断和事实关联的唯一性"[6]，即依据完善的指示规则，使一个单独的事实与其对应的判断相关联，那么我们就可通过对这种配位关系的检验来判断理论的真假，这一检验方法就是"证实"（verification）。配位命题可形式化为：设 T 为理论构造，$J_1, J_2 \ldots\ldots J_n$ 为一个个科学命题判断；E 为经验证据构造，$O_1, O_2 \ldots\ldots O_n$ 为一个个具体经验事实，那么应存在以下的逻辑关系。

---

[1] Schlick, *General Theory of Knowledge*, Springer-Verlag/Wien, 1974, p.89.
[2] Schlick, *General Theory of Knowledge*, Springer-Verlag/Wien, 1974, p.68.
[3] Schlick, *General Theory of Knowledge*, Springer-Verlag/Wien, 1974, p.69.
[4] Schlick, *General Theory of Knowledge*, Springer-Verlag/Wien, 1974, p.79.
[5] Carnap, *The Logical Structure of the World and Pseudoproblems in Philosophy*, Open Court Publishing Company, 2003, p.20.
[6] Schlick, *General Theory of Knowledge*, Springer-Verlag/Wien, 1974, p.162.

$$J_n \leftrightarrow O_n \quad (R_{21})$$

(2)陈述与经验的确证的构造性（R_{22}，构造性验证原则）

R_{21}命题是对科学理论的理想化描述，对于一个科学理论系统来说，由于某些条件的限制，我们很难对理论构造中所有命题直接给予一一对应的证实，但我们可通过构造性特性来实现对不可直接证实命题的证实。在石里克看来，证实是按如下步骤展开[①]：假设存在一个关于实在的任意论断 J_0，存在一个已被绝对确定为真的判断 J'（如关于实在的论断，或纯粹的概念性命题，或一种形式定义），那么以 J_0 与 J'作为前提可推出新的一个判断 J_1，即 $J_0 \wedge J' \to J_1$，步骤可如下：

J_0

J'

$J_0 \wedge J' \to J_1$

$J_1 \wedge J'' \to J_2$

$J_2 \wedge J''' \to J_3$

……

$J_{n-1} \wedge J''^{\cdots'} \to J_n$

假设存在一个经验判断描述 O_n，并且 J_n 与 O_n 具有关联的唯一性，即 $J_n \leftrightarrow O_n$

那么，J，J_1……J_n 均得到了证实。

分析以上判断链，只要最后一个判断 J_n 与 O_n 的配位性得到证实，就不仅证实了 J_n，还表明判断链之上的从出发点至终点的所有判断均满足这个成真的条件，整个过程可视为对判断 J 的证实。这样，"每一个关于实的论断都能通过一条判断之链与直接给予的事实相关联，这一方式使论断得到这些被直接给予材料的检验。"[②] 这一方法成立的前提有两个：一是存在 J'……J''^{…}'这样绝对为真的命题；如果 J'……J''^{…}'为真，那么就可以保证 $J \to J_1 \to J_2 \to \cdots J_n$ 这一蕴涵序列在形式上成立，或者说命题真值的传递性有效。对于逻辑经验主义者来说，J'……J''^{…}'是分析命题，在形式上是绝对正确的命题，或者说无需经验检验的真命题；J_1，J_2……J_n 为综合命题，需

[①] Schlick, *General Theory of Knowledge*, Springer-Verlag/Wien, 1974, p.163.
[②] Schlick, *General Theory of Knowledge*, Springer-Verlag/Wien, 1974, p.163.

第四章 整体与部分对立的形式分析

要经受经验的检验。

对一个逻辑形式系统来说,如果我们知道最初的命题为真,按照形式规则就能推出一切保全真值的所有推论;对于一个事实系统,最底层的事实经验为原子事实,而罗素曾指出:"如果我们已知一切原子事实,并且已知除我们所知者外别无任何原子事实,那么我们在理论上就能够把无论什么形式的一切真理都推导出来。"[①]这样就建立了一个基于原子事实与基本命题之上的理想的真值形式构造:只要保证底层的事实与命题前提正确就能保证整个系统以及更高层的推论和最终结论为真。

R_{22} 可证实性命题的形式化为:

J', J'…… J''…' (R_{111} 分析命题)
$J_1 \to J_2 \to \ldots \to J_n$ (R_{112} 综合命题)
$O_1 \to O_2 \to \ldots \to O_n$ (R_{113} 观察事实)
$J_n \leftrightarrow O_n$ (R_{21})
$(J_1 \to J_2 \to \ldots \to J_n) \leftrightarrow (O_1 \to O_2 \to \ldots \to O_n)$ (R_{22})

(3)确证就是经验证据关系对理论假说关系的逻辑蕴涵(R_{23},逻辑蕴涵原则)

从形式上分析,确证的核心是得到"证据支持",越好的理论会得到越多证据的支持。依据亨普尔,一个全称条件假说 H 得到确证的条件当且仅当该假说同时满足观察证据的前件与后件。例如,如果存在这样的观察报告,$(x)P(x) \to Q(x)$,即对于任何对象 x,如果 x 是 P,那么 x 就是 Q;或 P 的发生必然导致 Q 的发生。那么,该观察报告作为经验证据 E 就确证了假说 H,$P \to Q$。在实践中,理论的确证总体上还可分为绝对的确证和递增的确证:前者是指观察证据 E 高度支持理论假说 H,甚至只要 E 存在,那么 H 就成立;后者是指,随着 E 的增加,H 得到更多支持,如证据对假说的概率性支持。[②]

亨普尔曾概括出严格确证的精致形式条件。[③]

[①] 罗素:《我们关于外间世界的知识》,上海译文出版社,1990 年,第 41 页。
[②] Alan Hájek and James M. Joyce, "Theories of confirmation", In: Martin Curd & Stathis Psillos (edit), *The Routledge Companion to Philosophy of Science*, Routledge, 2014, p.146.
[③] Hempel, "Studies in the Logic of Confirmation(1945)", In: Hempel, *Aspects of Scientific Explanatlon and other Essays in the Philosophy of Science*, The Free Press, 1965, p.3-46.

① 蕴涵条件（Entailment condition）。任何被观察报告所蕴涵的语句所确证，即如果 E 蕴涵 H，那么 E 就确证了 H。该条件指出了确证的逻辑实质是，观察证据关系对理论陈述关系的逻辑蕴涵，任一科学陈述的确证的形式化定义为：

E→H　　　　　　　　　　　　　　　　　　　　　　　　　　　（R_{23}）

② 后件条件（Consequence condition）。如果一个观察报告确证了一个语句类 K 中的每一个语句，那么该观察报告也确证任一作为类 K 的逻辑后件的语句。该条件有如下两个推论。

· 特殊后件条件（special consequence）：如果一个观察报告确证了假说 H，那么它也确证 H 的每一个后件，即如果 E 确证了 H，并且 H 蕴涵 H'，那么 E 也确证了 H'。

· 假说等值条件（Equivalence condition）：如果一个观察报告确证了一个假说 H，那么它也确证任何一个逻辑上与 H 等值的假说。

该条件表明确证某一命题 H，也意味着确证该命题的逻辑推论和逻辑等值命题 H'，可形式化为：

(H→H')∨(H→H')

E→H'　　　　　　　　　　　　　　　　　　　　　　　　　　（R_{231}）

③ 一致性条件（Consistency condition）：每一个逻辑上一致的观察报告与其确证的所有假说的类在逻辑上相容。该条件有如下两个推论。

· 一个观察报告如果不自相矛盾，就不能确证任何在逻辑上与该报告不相容的假说。

· 一个观察报告如果不自相矛盾，就不能确证任何一组互相矛盾的假说。

该条件强调确证必须在逻辑上保持一致性，若观察报告 E 蕴涵假说 H，当且仅当观察报告 E 自相矛盾，观察报告才能确证与 H 矛盾或不相容的理论假说，否则确证不成立。可形式化表达为：

(E→H)∧¬(H→H')

(E→¬E)→(¬H∨H')　　　　　　　　　　　　　　　　　　　　（R_{232}）

因此，在形式上，确证是指一个语言外的事实关系在逻辑上同构于一个理论假说，经验证据 E 语句和理论假说 H 语句在逻辑形式上的蕴涵关系，使确证成立的形式条件是必要但不充分的。

达米特在讨论迪昂—奎因论题时，曾指出任何意义理论都应服从这样

第四章 整体与部分对立的形式分析

的要求，存在满足以下两个条件的语言单元。①

• 它是这样一个最小的单元，在其中一个言说的正确性并不依赖于别的言说所表达的东西。

• 构成这一单元的复杂表达式的涵义是可以系统地从它的组成部分的涵义推导出来的。

这两个基本条件也可适用于确证还原论，即一方面必须存在一个理论确证的最小单元，对该单元的确证不依赖于其他单元；另一方面，我们可依据其他部分的确证来推导该单元的确证。这是典型的基于部分及其组合的确证路径。与之相对的确证整体论则反对这些原则。

三、基于整体的确证

在迪昂—奎因论题中，虽然观点强弱不同，但有三组基本命题可作为迪昂与奎因的共同论述，分别为：孤立陈述确证的否定命题、整体命题、不充分决定命题。还有两组命题均是奎因与迪昂个人的观点，但也涉及整体论的主张，可作为基本命题的辅助命题，包括奎因对分析与综合区分的反驳、迪昂对整体否证的主张。

1. 孤立陈述无法确证（H1）

这可称为"H1 孤立陈述确证的否定命题"，该命题主张孤立陈述无法确证，其真假依赖于与整体的关联，包括以下子命题。

（1）孤立的理论陈述无法确证（H_{11}，迪昂）

最代表迪昂观点的是这样一段文字："物理学家决不能让一个孤立的假说经受到实验检验，而只能让整个一组假说受到这种检验；当实验与物理学家的预言不一致时，他知道这一组假说中至少有一个是不可接受的，应

---

① 达米特：《形而上学的逻辑基础》，任晓明、李国山译，中国人民大学出版社，2013年，第259页。

当加以修改；但是，实验并没有指明哪一个假说应当加以改变。"[1]

为了讨论的深入，我们给予形式化分析。对于传统的确证观点来说，存在一个观察证据 O 确证一个假说 H，如果观察证据 O 被否证，那么 H 被否证，如下：

P_1　$H \rightarrow O$

P_2　$\neg O$

P_3　$\neg H$

迪昂认为，这样的确证是不存在的，在物理学中假说 H 并不是孤立存在的，还存在相关的辅助假说 A_1，A_2，A_3，等，它们共同构成一组假说（$H \wedge A_1 \wedge A_2 \wedge A_3$）；那么确证的结果将如下所示：即我们只能否证假说 H 和其所有辅助假说存在否证的可能，仅凭 O 是无法指明究竟是哪一个假说不是真的。

P_1　$(H \wedge A_1 \wedge A_2 \wedge A_3) \rightarrow O$

P_2　$\neg O$

P_3　$\neg (H \wedge A_1 \wedge A_2 \wedge A_3)$

（2）判决性实验是不可能的（H_{12}，迪昂）

该论断是 H_{11} 的延伸。人们通常认为"判决性实验"（crucial experiment）对于确证关键理论假说有举足轻重的作用，当一个经验规律面临两种及以上相互竞争的假说时，可以通过判决性实验来进行裁决，确证其中的正确者，排除错误者。迪昂首先指出，判决性实验的内在逻辑是一种归谬法模式，包括三个步骤：① 列举能够阐明现象的所有假说；② 用实验矛盾排除其中的错误假说；③ 剩下一个假说将获得确证。[2]假设关于经验现象 O，存在两种假说分别可能对应不同的经验证据，可作如下的形式化：

P_1　$(H_1 \rightarrow O_1) \vee (H_2 \rightarrow O_2)$

P_2　$\neg O_2$

P_3　$\neg (H_2 \rightarrow O_2)$

P_4　$H_1 \rightarrow O_1$

P_5　H_1

---

[1] Duhem, *The Aim and Structure of Physical Theory*, Princeton University Press, 1954, p.187.

[2] Duhem, *The Aim and Structure of Physical Theory*, Princeton University Press, 1954, pp.188-189.

在这个裁决过程中，归谬法模式不会为所列举假说之外的假说留有余地，一个真，其余必假。迪昂的反驳是，首先对于 O，我们没有办法在理论上保证只存在两种假说，也许还有第 3 种或更多种假说；其次，H_1、H_2 并非孤立陈述，它们均伴有其他辅助假设，依据 P_2 我们是无法直接导出 P_3 的，由此这种模式是无法保证 P_4 的成立，事实上，即使我们观察到 O_1，仅凭后件的肯定也难以得出 P_5。

迪昂结合历史上著名的傅科实验对以上论证进行了说明。在当时的光学理论中，存在关于光的两种相互竞争的假说：一是微粒发射说，认为光是高速的抛射体；二是波动说，认为光是在以太中传播的波。依据微粒说，会得出推论，由于光的运动由其自身激发，其在水中会比空气中传播更快；依据波动说，光是从一个物体介质间传递，在空气中传播更快。傅科实验最终表明，光在空气中传播更快，于是依据判决性实验原则，光的波动说取胜，而微粒说被否证了。这里的关键是，虽然光在空气中比水中传播更快这一证据是清楚的，但并不能由此确证光的波动说。

在迪昂看来，首先不论微粒说还是波动说，都不是孤立的假说，它们都伴随有一组假说。在这两个假说的背后是完整的牛顿光学与惠更斯光学。依据 H_{11} 论断，我们是无法直接否证其中之一；其次，我们并不能保证只有这两种假说。"光可能是一大群抛射体或者是一种介质中振动传播的波，难道它完全被禁止是别的什么吗？"①任何物理学家决不会肯定他已完全列举了所有可能假说。因此，迪昂指出，"与几何学家的归谬法还原不同，实验矛盾是没有力量把一个物理假说转化为一个无可辩驳的真理……物理理论的真理性不由钱币的正反面来决定。"②

（3）孤立陈述的真假无意义（H_{13}，奎因）

由于任何陈述都处于与其他陈述关联中，任何陈述的评价也处于与其他陈述的评介关联中，任何陈述的真假均与整体相联。奎因在强意义上强调："不论怎样，任何陈述都可以被认为是真的，如果我们在系统中的别处做出足够剧烈的调整的话。即使一个很靠近外围的陈述在面对经验的顽强对抗时也可被认为是真的，通过诉诸幻觉或者修订那些被称为逻辑规律的

---

① Duhem, *The Aim and Structure of Physical Theory*, Princeton University Press, 1954, p.190.
② Duhem, *The Aim and Structure of Physical Theory*, Princeton University Press, 1954, p.190.

某些陈述。"①如在受到量子力学的经验挑战时,理论一个可能的修正方案就是取消排中律,建立新的逻辑。因此,陈述的真假并不取决于陈述本身而是取决于其与整体的关联。谈论某个孤立陈述的经验内容——尤其当它是离开这个场的经验外围很遥远的一个陈述,是无意义的。因为孤立陈述的真假无意义,任何陈述既可为真亦可为假。

H1命题从原则上否定了孤立陈述的可确证性,由于无法确定是否存在辅助假设,也无法确定是否穷尽了辅助假说,我们既无法确证,也难以否证一个孤立命题。该难题可表述为:"当一个核心假说和一个或多个辅助假说组成的命题组被反驳时,并不存在规范性方式在这些命题组中去分配责难,由此几乎不可能说这个反驳在什么程度上否证了这个核心假说。"②

2. 理论与经验的确证是整体(H2)

本书将此称为H2整体命题,包括以下子命题。

(1)理论与实验的比较是整体比较(H_{21},迪昂)

科学理论假说的确立依赖于理论与实验的比较,但这一比较并不是单个陈述与单个事实间的比较,而是整体的比较。迪昂由此指出,"对不是非逻辑的物理学理论唯一的实验检查,就在于将物理理论的整个体系与整个实验定律组相比较,并且判断后者是否能由前者以令人满意的方式加以描述。"③

迪昂分析了科学史上牛顿万有引力原理的案例。通常认为,万有引力原理是依据基于开普勒行星三定律推导出来的动力学,后者是天文观测的概括,并作为前者的经验支持。但事实上,依据万有引力原理得出的行星牛顿轨道与依据开普勒定律的开普勒轨道由于摄动的存在而产生偏差。只有在太阳的质量相对于各行星质量,行星质量相对于其卫星的质量都非常之大的情况下,开普勒定律才成立。在此情形下,如何确证万有引力原理呢?由于摄动的存在,每个天体在每一瞬间都在偏离开普勒轨道,就需要通过高度完善的数学方法的近似计算来逼近,然后将计算出来的摄动与通

---

① Quine, *From a Logical Point of View*, Haroer& Row Publishers, 1963, p.43.
② Strevens M, "The Bayesian treatment of auxiliary hypothese", In: *British Journal of the Philosophy of Science*, 52, 2001, pp.515-537.
③ Duhem, *The Aim and Structure of Physical Theory*, Princeton University Press, 1954, p.200.

过精确仪器观测的摄动进行比较。迪昂强调，这种比较不仅与牛顿原理的这个或那个部分有关，而且同时涉及这个原理的所有部分；进而也涉及所有的动力学原理；此外它还需要借助于所有的光学命题、气体静力学和热的理论，以便为望远镜的观测、调整和构造提供支持。因此，"现在已不再是用观测一个个地证实定律的问题了，也不再是通过归纳和概括把每个定律提升到原理的高度这样的问题了；而是把整个一组假说的推论和整个一组事实加以比较的问题。"[①]

假设存在一个理论假说体系 $H(h_1, h_2 \cdots\cdots h_n)$，一个实验定律组 $E(e_1, e_2, e_3 \cdots\cdots e_m)$，那么理论的确证关系为：$E(e_1 \wedge e_2 \wedge e_3 \wedge \cdots\cdots \wedge e_m) \to H(h_1 \wedge h_2 \wedge \cdots\cdots \wedge h_n)$

（2）理论是一个人工编织的整体（H_{22}，奎因）

奎因指出："所谓的知识或信念的总体（totality），从地理和历史的最偶然的事件到原子物理学甚至纯数学和逻辑的最深刻的规律，是只沿着边缘同经验紧密接触（impinge）的人工编织。或者换一个画面，整个科学是一个力场，它的边界条件就是经验。场外围处的冲突会引发场内部的再调整，某些陈述必须重新分配真值，一些陈述的再评价导致其他陈述的再评价，因为它们在逻辑上是相互关联的——这些逻辑规律依次也只是系统的某些更多陈述，场的某些更多元素。一旦再评价了某个陈述，我们就得再评定其他某些陈述，它们可能是与最初的陈述逻辑相联，也可能是关于逻辑联系自身的陈述。"[②]

理论等知识信念总体是一种基于经验值与逻辑之上的人工编织整体。所有陈述（包括逻辑规律）都是整体的元素，陈述之间具有逻辑关联，陈述的评价具有经验上的关联，一些陈述的改变、评价会引发其他相关陈述的再调整和再评价。从整体与部分视野看去，这里强调的是部分的相互关联性，即在理论的整体中，部分构成整体，部分与部分具有相互关联性，不存在不受其他陈述影响的孤立陈述。这种相互关联性就是超越单个陈述之上的整体性。

---

① Duhem, *The Aim and Structure of Physical Theory*, Princeton University Press, 1954, p.194.
② Quine, *From a Logical Point of View*, Haroer& Row Publishers, 1963, p.42.

（3）理论只是经验确证的符号性工具（H_{23}）

在迪昂看来，物理学理论的目的不是对物理实在或实验规律的本质"解释"（explanation），"它是从少数原理推导出的数学命题体系，其目的在于尽可能简单、完备、准确地描述（represent）实验规律。"①因此，真的理论并不是符合物理表象的解释，而是能以满意的方式描述一组实验规律的命题体系。假的（false）理论也不是与实在相矛盾的预设的解释，只是一组与实验规律不符的命题。物理学理论唯一的真理性标准是"与实验规律相符"，通过四个步骤来实现：物理量的测量与定义；假设的选择；理论的数学展开；理论与实验的比较。②奎因认为科学概念系统根本上是根据过去经验值来预测未来经验的工具，"物理对象不是依据经验的定义而是作为方便的中介物，被概念化地引入这一局面。它们只是不可还原的设定物（posits），认识论上相当于荷马诗中的诸神。"③这一命题显然是反对经验与理论的二分的，也响应了奎因的"人工编织的整体"的说法。

3. 确证的不充分决定性（H3）

H3 不充分决定命题包括以下子命题。

（1）理论整体与经验事实不是一一对应的（H_{31}）

① 理论的检验不需要检验所有部分。物理学理论整体上呈现为一种逻辑构造，其构成材料包括两部分，一是用于描写物理世界的各种量和质的数学符号；另一方面是充当原理的一般公设。理论一方面要符合数学和逻辑的法则，另一方面要经受实验的检验，但这并不意味着要对理论整体的所有部分进行检验。迪昂强调："这种由事实所做的检验应当唯一地指向结论，因为只有后者才表现为实在的映像；用来作为理论出发点的公设和我们从公设到结论所使用的中间步骤并没有必要受到这种检验。"④

传统科学观认为，普遍的理论来自对经验精确测量和归纳概括，理论陈述与经验事实是一一对应的。迪昂对安倍电动力学案例的考察表明，电

---

① Duhem, *The Aim and Structure of Physical Theory*, Princeton University Press, 1954, pp. 19-20.
② Duhem, *The Aim and Structure of Physical Theory*, Princeton University Press, 1954, p. 21.
③ Quine, *From a Logical Point of View*, Haroer & Row Publishers, 1963, p.44.
④ Duhem, *The Aim and Structure of Physical Theory*, Princeton University Press, 1954, p.206.

动力学理论并不是完全从安倍实验中推导出来，因为当时的实验条件还无法对电流做出建立理论所需要的精准的定量测量。不精准的实验意味着经验事实与理论构造的对应不是一一对应的，实验转换为理论符号的可能无限多的。迪昂由此强调了两点："第一，没有一条实验定律，在它得到解释使之转变为符号定律之前就能适合理论家的要求，而这种解释意味着坚持整个的一组理论；第二，没有一条实验定律是准确的，它只是近似，物理学家必须选择一种能给他提供富有成效的假说的转换方法，而他的选择根本用不着实验的指导。"[1]同样的，由于开普勒定律是近似的，动力学可以把它们转换为无限多个不同的符号形式，"在这些无限多个不同形式中，有一种而且仅有一种形式与牛顿原理相一致。"[2]因此，经验证据并不唯一地决定理论的整体构造，它们也不是一一对应的，理论整体也就不可能使其各个部分都接受检验。

② 理论整体中存在不可直接检验的陈述。科学陈述常常是以数学的形式进行表达的，但有些陈述并不具直接的经验值意义，它们只是理论整体中的数学陈述。以迪昂所举的作为化学理论基础之一的"倍比定律"为例。倍比定律基本内容为：不同简单物是按比例合成不同化合物的。设简单物 A、B、C 可以按不同比例结合成不同的化合物 M、M'，如果组成化合物 M 的三个简单物 A、B、C 的质量分别为 a、b、c，那么组成化合物 M' 的 A、B、C 的质量分别为 xa、yb、zc（x、y、z，是三个整数）。由于 a、b、c 绝不可能为零，再加上化学分析的近似性，所以无论 A、B、C 是以何种关系结合，也不论化学分析的结果是什么，我们总能找到三个整数使其得到超过实验精度的"证实"。这种与经验结果无关的证实表明：孤立地看，这种定律的实质不是物理的、不具实验意义，它只是一种数学关系的表述，"其目的是为了断定某些关系是可通约的数"[3]；但整体地看，这些数学化假说，是作为重要的基础而参与到理论整体的结构中，共同参与到整体的经验确证中。

（2）理论的边界条件由经验决定，但经验对理论的决定是不充分决定的（H_{32}）

理论的边界条件就是指理论陈述取得真值的范围，这一范围由经验所

---

[1] Duhem, *The Aim and Structure of Physical Theory*, Princeton University Press, 1954, p.199.
[2] Duhem, *The Aim and Structure of Physical Theory*, Princeton University Press, 1954, p.195.
[3] Duhem, *The Aim and Structure of Physical Theory*, Princeton University Press, 1954, p.214.

决定，即理论的边缘必须与经验相符合，但经验对理论决定是不充分的。

奎因强调："全部科学，数学科学、自然科学和人文科学，是同样地但更极端地被经验所不完全决定的。这个系统的边缘必须保持与经验相一致；其余部分伴随所有精致的神话或虚构，是以规律的简单性为其目标的。"①所谓"系统边缘"是指理论系统中可检验的最终结论或其检验蕴涵。这继承了逻辑经验主义的知识观，但分析性陈述被赋予的认识论优位则被取消。然而，"边界条件即经验对整个场的决定是如此的不充分，以致在依据任何单个的冲突经验给哪些陈述再评价的问题上有太大的选择自由度。除了考虑整体上影响场的均衡的间接联系，任何特殊的经验与场内任何特殊陈述都没有关系。"②

这种不充分决定性的一个强的推论是，任何陈述都可以被当作是真的，如果我们在系统的别处做出足够剧烈的调整的话。反之，由于同样的理由，没有任何陈述是免受修改的。

4. 反对分析与综合的区分（H4）

这一观点可概括为：H4 构造性的否定论题。

确证还原论把单一陈述作为确证的基本单元，把构造性作为其分解命题的合理规则。对于孤立陈述，迪昂的反对相对较弱，奎因则非常强烈。奎因对分析与综合的批判可视为对构造性原则的彻底批判，因为一旦分析性这个先验性的预设坍塌为经验的确证，那么逻辑构造对经验超越的合法性，或不受经验检验的合法性就必然遭到质疑。构造性也因此会坍塌。

在逻辑实证主义看来，分析陈述不依赖于经验，其真值由语义规则确定，具有形式上的绝对必然性，成为某种"先验知识"；综合陈述则依赖于事实，依据证实规则来判断真假。由此，建立了知识的一个双重的确定性基础：超越经验的分析陈述成为知识的支架，支架之上是受经验检验的综合陈述，共同构成一个确定性的符号体系。如卡尔纳普对理论构造中定理的说明："这些定理或者是'分析的'即可由定义推演出来，或者是'经验的'……这样，一个分析定理产生一个重言式，一个经验定理则产生一个

---

① Quine, *From a Logical Point of View*, Haroer& Row Publishers, 1963, p.45.
② Quine, *From a Logical Point of View*, Haroer& Row Publishers, 1963, p.42-43.

第四章 整体与部分对立的形式分析

关于基本关系的经验形式的特性的命题。"①

奎因认为这一构想是不成立的,不仅分析与综合的划分是不成立的,而且还原论也是不成立的。他把这概括为两个教条:一方面坚持"在分析的或以意义为根据而不依赖于事实的真理与综合的或以事实为根据的真理之间有根本的区别";另一方面坚持还原论,"相信每一个有意义的陈述都等值于某种以指称直接经验的名词为基础的逻辑构造。"②奎因的分析可概述如下。

(1)预设一:分析性是一种保全真值的形式替换

通常认为,分析性等同于一种"同义性"。"同义"在形式上通常被视为在所有语境中都可以"保全真值",即两个表达式同义,当且仅当它们所在任何句子的真值不因一个替换另一个而改变真值。如下所示,P_1是逻辑的真,P_2则通过将"未结婚成年男人"同义替换为"单身汉"也为真。

P_1 未结婚的成年男子都不是已婚的。

P_2 单身汉都不是已婚的。

首先可以提出的反驳就是,为什么"未结婚成年男人"可以同义替换为"单身汉"?不论是把其归为词典的定义还是习惯,都是在依赖于先前的经验总结;其次,这一替换的有效性依赖于语境,并不是"任何语境",如以下的语境是无法替换的:

P_3 "未结婚的成年男子"有八个字。

再次,如果把"所有语境"限制为"所有外延一致的语境",那么就有:

P_4 所有单身汉并且只有单身汉是未婚成年男子

但在日常语言中,外延一致并不能就保证意义一致,如"所有有肾脏的生物并且只有肾脏的生物是有心脏的生物"。该命题保证了"有肾脏的生物"和"有心脏的生物"的外延一致,但却很难被视为意义相等。

(2)预设二:语义规则决定的分析性

分析性的另一种辩护是基于语义规则的"意义公设",即通过人工语言的语义规则建立意义关联,如规定,对于所有 x,如果 V_x(单身汉),U_x

---

① 卡尔纳普:《世界的逻辑构造》,陈启伟译,上海译文出版社,1990,第342页。
② Quine, *From a Logical Point of View*, Haroer & Row Publishers, 1963, p.20.

（未结婚男子），那么，一个句子 S 在 L_0 中是分析的，当且仅当 S 是从 L_0 的意义公设得出的。奎因认为，带有语义规则的人工语言概念是极其捉摸不定的，"在 L_0 中是分析的"这样的处理只是一种逻辑的形式定义，而没有说明形式为什么可以这样定义。决定一种人工语言分析陈述的语义规则仅仅在我们已经了解分析性概念的限度内才是值得注意的。因此，这实际上是一种无效的循环定义：以规则来定义分析性，以分析性来预设规则。

（3）预设三：分析性陈述是经验检验的一种极限情况

如果陈述的意义取决于经验证实，那么分析陈述可被视为一种可检验的极限情况：即不论什么经验都无法将其否证的命题。奎因的反击并没有直接针对这一预设，而是针对该预设更为根本的主张，即主张陈述与经验的可以一一对应的彻底还原论："每一个有意义的陈述都被认为可以翻译为一个关于直接经验的陈述（真或假）。"①如果还原论不成立，那就取消了陈述与经验的一一对应，也就不存在基于陈述之上的证实或否证问题，从根本上反驳了分析陈述所谓的形式先验性，取消了分析与综合的划分。

在奎因看来，还原论之所以无法成立，除了形式本身的困难外②，更为重要的原因在于理论及其确证在理论上是一个整体，无法还原为一个个陈述与经验事实。这是因为，"我们关于外在世界的陈述不是单个的，而是只作为法人团体（corporate body）来面对感觉经验的法庭。"③

5. 理论整体的否证命题（H5）

奎因没有正式讨论整体的否证问题，按其不充分决定的强推论，理论在逻辑意义上总是可以保持正确的。当然他也强调没有任何理论可以免于修改。对于迪昂来说，理论整体是可以被否证的，这种否证的一个事例就是任何理论的基本假说均可能遭到否证，另外在理论整体遭到经验的否证

---

① Quine, *From a Logical Point of View*, Haroer & Row Publishers, 1963, p.38.
② 这项工作在形式上就面临巨大困难，我们几乎无法将"性质 q 是在 x；y；z；t"（某一时空下的某种性质）的陈述翻译为感觉材料和逻辑的初始语言。这不仅要求把每一个感觉性质归于点-瞬间使其达到与基于经验的综合陈述相符；而且还要求综合陈述在形式上与基于逻辑规则的分析陈述相符。卡尔纳普是这项工作的伟大开创者，但最终放弃了这种彻底的还原。
③ 国内学界对"corporate body"多意译为"整体"，参见 Quine, *From a Logical Point of View*, Haroer & Row Publishers, 1963, p.41.

时，卓识会从整体上提供一种选择。迪昂在此表现了他的约定主义观念。H5 整体否证命题主要包括以下子命题。

（1）否证理论整体将导致基本假说的否证（H_{51}）

在科学理论中存在着一类基本假说，这类假说是理论整体的基础和关键部分。通常认为这类假说是不会与经验相矛盾的，它们本身乃是理论的基础定义，因此不会被否证。迪昂举了自由落体定律的定义："当一个重物自由下落时，它下落的加速度是恒定的。"这一定义包括两个条件，一是"自由下落"，二是"加速度恒定"，其实它们是相互定义的。假设在落体实验中，我们会发现实测的落体加速度是有微小变化的。在确信这个观测事实无误的情况下，科学家们会面临两个选择：一是我们必须抛弃这一定义关系，反对加速度恒定就必须放弃自由下落及其伴随的整个一套理论；二是接受这一理论，加入空气阻力等因素来解释实测的偏差。大多数科学家会选择第二方案，因为否证这样的基本假说就否证了整个理论体系，在此意义上此类假说是无法否证的。但"光线在均匀介质中沿直线传播"基本假说被光的衍射假说所颠覆从而使物理光学取得了历史性的进步，迪昂以此说明，基本假说不是不能被否证，而是否证基本假说意味着否证整体，或者说否证了整体才能否证基本假说。

这一结论也适用于理论整体中那些不具直接经验意义的数学陈述，一旦它们所在的理论整体遭到否证，那么这些陈述也就同时被否证了。迪昂进行如下强调。若有一天理论与实验的整体比较表明，我们的某一描述对它应当描绘的实在适应不良，对这一体系随后进行的校正和复杂化并没有在这一体系与事实间产生足够的一致，那些长期被承认无疑的理论就要被拒斥，以便在完全不同的或新的假说之上建立完全不同的理论。那时，在实在与体系整体推论的矛盾压力下，我们先前不顾直接的实验反驳而孤立采纳的某个假说就会和它所支持的体系一起土崩瓦解。①

（2）卓识是理论选择的法官（H_{52}）

在迪昂看来，当理论整体面临实验矛盾需要修改时，并不存在客观的

---

① Duhem, *The Aim and Structure of Physical Theory*, Princeton University Press, 1954, p.216.

绝对原则，因为实验本身是无法告诉我们必须改变的是什么。面对实验矛盾，不管是致力于保护基本假说来重建理论与事实之间关系的努力还是致力于推翻原有假说建立新理论的努力，都具有方法论上的同等价值。只要所用方法能通过实验证实，理论的结果满足实验要求，那就可以在逻辑上宣称理论修改的工作令人满意。面对这两种可能产生偏向的选择，纯逻辑并不是我们裁决的唯一原则，这时需要诉诸研究者的"卓识"（good sense），即"这些并非出自逻辑但仍可直接引导我们做出选择的动因，这些'理性并不知道的理由'，它们涉及丰富的'灵巧头脑'而不是'几何学头脑'"。①在维护旧理论和打造新理论的永恒争斗中，卓识不仅是一个科学认识的范畴还涉及道德的条件，"为了确定物理理论与实事的一致，仅仅做一个优秀的数学家和技巧熟练的实验者是不够的，其还必须是一个公正、诚实的法官。"②

四、确证整体论中的整体与部分

迪昂—奎因论题是一个命题组，从确证还原论与确证整体论之争的视角能更好地揭示该论题的实质。由于是一个命题组，在其命题结构中也不难发现命题与命题之间的强弱差别、观点取向的差别、推论结果的不同。这些均需要从结构角度给予比较。

1. 迪昂—奎因论题的内核分析

依据以上基本命题的分析，我们可从确证整体论与确证还原论的论争的视角将迪昂—奎因论题的内核予以呈现（见表4-1）。

表 4-1 确证还原论与确证整体论的比较

	确证还原论：基于部分的确证	确证整体论：基于整体的确证
确证基础	（1）理论与经验是可还原的构造。（R_{11}） （2）理论不是整体，而是复合。（R_{12}）	（1）分析与综合的严格区分不成立，构造性原则不成立。（H_4） （2）理论与经验均是整体，确证是理论与经验的整体比较。（H_2）

---

① Duhem, *The Aim and Structure of Physical Theory*, Princeton University Press, 1954, p.217.
② Duhem, *The Aim and Structure of Physical Theory*, Princeton University Press, 1954, p.218.

续表

	确证还原论：基于部分的确证	确证整体论：基于整体的确证
确证基础	（3）推论：理论确证就是对个体陈述的确证，判决性实验有效。	（3）孤立陈述无法确证，甚至没有确证的意义，判决性实验无效。（H_1）
确证条件	（1）理论的确证就是理论陈述与事实的严格配位。（R_{21}） （2）理论确证可遵循构造性验证原则。（R_{22}） （3）确证逻辑形式应满足经验证据对理论陈述蕴涵要求。（R_{23}）	（1）确证必须是整体的，理论与经验不是一一对应的，反对经验与理论的二分，确证是经验与理论的整体比较。（H_2） （2）理论确证不需要确证所有部分，整体的否证将导致基本假说的否证。（H_{51}） （3）经验对理论具有不充分决定性，不满足逻辑蕴涵要求，否定后件式的归谬法逻辑无效。（$H3$） （4）超越逻辑的卓识是确证/否证的重要法官。（H_{52}）

确证还原论主张确证的基本单元是个体。依据还原论，理论是一种逻辑构造，可还原为一个个科学陈述；经验可还原为可观测的一个个事实；科学理论的确证就是这些一个个被还原的科学陈述在逻辑上成为其所对应一个个经验事实的蕴涵。这一主张得以成立的重要基础：一是理论的构造性原则，以保证理论与经验的可还原性；二是个体确证原则，以保证陈述与事实可以进行比较。前一原则在奎因的批判下瓦解了，奎因强调，主张在分析与综合之间有这样一条界线可划，"这是经验论者的一个非经验的教条，一个形而上学的信条。"[1] "说在任何个别陈述的真理性中都有一个语言成分和一个事实成分，乃是胡说，而且是众多胡说的根源。总的来看，科学双重地依赖于语言与经验；但这个两重性不是可以有意义地追溯到一个个依次考察的科学陈述。"[2] 构造性原则的根本其实源于分析性陈述的先验性，只有在分析性的真理性得到保证的前提下才可能存在构造性的真理性，保证命题之链的真值传递，如 R_{22} 的构造性验证原则。

因此，当奎因揭示出分析性的真正意义也依赖于经验的验证时，分析性的真理性就坍塌了。在本书看来，随之坍塌的是构造性原则的认识论基

---

[1] Quine, *From a Logical Point of View*, Haroer & Row Publishers, 1963, p.37.
[2] Quine, *From a Logical Point of View*, Haroer & Row Publishers, 1963, p.42.

础。迪昂的工作则使个体确证原则遭到经验层面的质疑。在迪昂看来，孤立的单一陈述是无法得到确证的，因为理论与经验均是一个整体，任何陈述的确证离不开整体。支撑这一主张的就是对判决性实验的判决性的否定。奎因的主张更为强烈，认为孤立的陈述完全没有意义，完全可因整体的调整而发生改变。

在确证条件方面，构造性验证原则是对严格配位原则的弱化，基于严格构造原则的还原论强调确证是经验与陈述之间的一种逻辑配位，其弱条件是符合构造性验证原则，在形式应满足蕴涵关系。确证整体论对此的回击有三点。一是确证必须是整体的，理论与经验不是一一对应的，确证是经验与理论的整体比较。整体比较的含义是理论整体与经验整体并不是一种逻辑上的严格的配位，而是网状的、边界模糊的某种相互纠缠。二是经验对理论具有不充分决定性，理论并不完全受制于经验，二者不满足严格的逻辑的蕴涵要求，基于否定后件式的归谬法逻辑不成立。三是超越逻辑的卓识是确证的重要法官，这使经验确证不再纯粹是还原论者所主张的客观的、超越主体间性的，而可能是一种科学共同体的约定。

2. 迪昂—奎因论题的强弱分析

在迪昂-奎因论题中还包含着迪昂与奎因的不同取向和强弱的不同表达。迪昂的整体论观点相对较弱，而奎因的主张则相对较强。这种强弱的区分很大程度是源于整体的范围不同或因确证条件的程度不同（见表4-2）。

表4-2 迪昂—奎因论题的强弱比较

划分依据	基于迪昂的弱观点	基于奎因的强观点
整体范围	在任何给定情形下，处于检验的假说群实际上是有限的，并没有扩展到整个人类知识	整体论适用于高阶（二阶）的理论假说，无论是物理学或其他科学，甚至数学和逻辑
确证条件与理论选择	（1）孤立陈述无法确证 （2）理论整体可以得到确证 （3）卓识是理论选择的法官	（1）任何理论的部分，包括孤立的陈述，陈述的有限合取等，均不具有经验确证的意义。 （2）整体的边界是模糊的，不充分决定的。（任何确证都是不充分决定的）。 （3）不存在任何合理的规则

第四章 整体与部分对立的形式分析

吉利斯认为迪昂—奎因论题强弱的区别就在于整体论适用假说的"理论群"的范围的不同,可区分为:A(奎因)整体论适用于高阶(二阶)的理论假说,无论是物理学或其他科学,甚至数学和逻辑;B(迪昂)在任何给定情形下,处于检验的假说群实际上是有限的,并没有扩展到整个人类知识。①

拉卡托斯从确证条件与理论选择的角度给出了迪昂—奎因论题的强弱分析,"在其弱解释中,它只断言对一个严密限定的理论靶子要给予直接实验的打击的不可能性和以众多不确定的方式塑造科学的逻辑可能性。这种弱解释打击的只是教条式的而不是方法论的那种证伪主义:它只否定了反驳一个理论系统中任何单独组分(any separate component)的那种可能性。在其强解释中,迪昂—奎因论题排除了在候选者中的任何合理的选择规则;这一见解是同所有形式的方法论证伪主义不一致的。"②这里,弱解释反对任何基于单一陈述基础上的确证规则,如证实理论、教条式证伪理论;强解释则指向了是否存在整体确证的规则问题。

拉卡托斯举了这样一个例子:

假设存在以下假说组"H_1,H_2,H_3"和观察事实 O

H_1 如果一条线上系上一个超过其抗张力的重物,这条线会断。

H_2 该线的抗张力为一磅。

H_3 该线系上的重物为两磅。

O 两磅重的铁块系在位于时——空位置 P 的这条线上,而线没有断。

面对观察事实与理论不符的挑战,原则上均不难通过拒斥一些假说或事实条件来消除矛盾,并且保持理论与经验的整体稳定。例如,可以通过拒斥观察事实 O,提出屋顶还存在一个新的磁场吸引力事实假说,来维持原来假说的正确;还可以通过修改某一假说来保持其他假说的确证,如修改 H_2 假说中线的抗张力等。

从迪昂—奎因论题的弱观点来看,面对观察事实和理论假说组成的整体,我们很难通过直接的反事实条件来否证某一单一的理论假说。O 与一些有限的理论前提 T(H_1,H_2,H_3……)中若干假说相矛盾,那么 O 与 T

---

① Danald Gillies, "The Duhem Thesis and the Quine Thesis", In: Danald Gillies, *Philosophy of Science in the Twentieth Century*, Oxford: Blackwell Publishers Ltd., 1993, PP.98-117.

② Lakatos, *Methodology of Scientific Research Programmes*, Syndicate of the University of Cambridge Press, 1978, pp.96-97.

的合取 O∧T 就肯定无法为真，也无法判决性的否证某一个假说，即"每一个检验都是对我们全部知识的一次挑战"。①此观点打击了教条式证伪主义，即主张能够以百分之百的逻辑上的可靠性来证伪理论，一旦实验结果同理论相矛盾就必须放弃这个理论。②对此，拉卡托斯认为是可以接受的。

从迪昂—奎因论题的强观点来看，特别是奎因的观点来看，面对 O 这个反事实条件，不仅无法否证某一单独的假说，甚至无法否证 O 与 T 的合取 O∧T，因为在 O 和 T 之外还有与之相连的其他理论部分。理论上我们可通过调整理论某个遥远的部分使之不被否证。反之，任何陈述或 O∧T 也会因同样的原因而做出修改。奎因对此有充分的表述，"如果我们在系统的其他部分做出足够剧烈的调整的话，任何陈述不管什么情况都可以认为是真的。即使一个很靠近外围的陈述，面对着顽强不屈的经验，也可被认为是真的，或者借口发生幻觉，或者修改被称为逻辑规律的某些陈述。反之，由于同样的原因，没有任何陈述是免受修改的。"③

那么，对于某个理论的"其他部分"究竟如何确定呢？对于奎因来说，这个"其他部分"逻辑上可以是"人类知识的整体"，因为"具有经验意义的单位是整个科学"，④并且"全部科学（total science），包括数学、自然的和人文的科学，是同样地但更极端地被经验所不充分决定的（underdetermined）"。⑤如果把整体定位为整个人类的理论与信念，那么会带来强整体论的几个推论：一是任何理论的部分、孤立的陈述、假说的有限合取等，均不具有经验确证的意义，因为它们均可因其他部分的调整而得到（"虚假的"）确证或否证；二是由于整体的边界模糊性，我们总能找到比某一整体更大的整体，就可能使任何理论都变成某种"部分"，结果导致任何理论都很难得到真理确证与否证；三是确证由此会走向相对主义。当面对经验与理论的矛盾时，我们找不到任何经验的、理性的合理原则来甄别候选理论。

波普尔、拉卡托斯从证伪主义的批判视角给出了反对意见。

① 对原有理论的否证或批判永远不会从无开始，批判某理论并不意味

---

① Lakatos, *Methodology of Scientific Research Programmes*, Syndicate of the University of Cambridge Press, 1978, p.98.
② Lakatos, *Methodology of Scientific Research Programmes*, Syndicate of the University of Cambridge Press, 1978, p.12-13.
③ Quine, *From a Logical Point of View*, Haroer& Row Publishers, 1963, p.43.
④ Quine, *From a Logical Point of View*, Haroer& Row Publishers, 1963, p.43.
⑤ Quine, *From a Logical Point of View*, Haroer& Row Publishers, 1963, p.45.

着要去批判与其相关的所有背景知识。波普尔认为，存在与待检验理论相关的"背景知识"是必要的，它们在理论原则上并不是不可批判的"先验"之物，反而"在所有语境下，这种呈现于我们面前的背景知识很少有绝对没问题的部分，它的任何一部分在任何时候都可能受到挑战，特别是当我们怀疑的某些困难是由于无批判地授受它们所引起的时候"①。这种背景知识的可错性并不直接导致我们必须在批判某一理论时，就需要同时将作为背景的全部知识纳入。因为，由于实用的原因，不论是日常讨论还是科学批判，我们往往保持背景知识不受怀疑，否则，"这种怀疑一切的错误企图——就是说，从零开始——很容易导致批判讨论的崩塌。"②

② 理论的每一点都可批判，但只能一点一点地进行。波普强调，科学总是始于问题，终于问题。一个问题就代表着一个"点"，因而"一切批判必定是零碎的……一切批判的基本准则是，我们应当盯住我们的问题，如果可行还应加以细分，力求一次只解决一个问题，尽管我们当然也总是可以推进到一个附属问题，或代以更好的问题"。③在此意义上，理论的批判必须基于一个个命题假说之上的，每一个假说都会受到挑战，"但要对所有的假设都提出挑战是完全行不通的。"④

③ 理论整体检验并不意味着所有部分参与检验。波普尔指出："我们所能检验的往往仅是理论的一大块，有时也许是整个系统，在这一情形下认为它的各个组成部分均应对任何证伪负责，就纯粹是一种猜测。"⑤在现实中，我们很多情况我们都是最可能先发现假说遭到反驳，次之是某组假说、某部分假说遭到反驳，这种部分的独立性可由公理化系统的独立性原理得到说明。在一公理系统中，某一公理是不可能由其他公理导出的。那么，对该公理的否证是否会因其所在的公理系统整体而受影响呢？波普尔认为，这是没有关联的，因为这正是其独立性的体现。

④ 现实物理理论系统是可分解的，每个部分均具有独立的可检验性。波普认为，物理理论系统既可融合为一，也可分成不同的组，每一组都可以为反例所驳倒。如在保持原子理论基本不变的情况下，对宇称守恒的驳倒。

---

① Popper, *Conjectures and Refutations: the Growth of Scientific Knowledge*, 1963, p.238.
② Popper, *Conjectures and Refutations: the Growth of Scientific Knowledge*, 1963, p.238.
③ Popper, Conjectures and Refutations: *the Growth of Scientific Knowledge*, 1963, p.238.
④ Popper, *Conjectures and Refutations: the Growth of Scientific Knowledge*, 1963, p.238.
⑤ Popper, *Conjectures and Refutations: the Growth of Scientific Knowledge*, 1963, p.239.

⑤ 对于第三个推论,拉卡托斯是明确反对的。他强调精致证伪主义可把"进步"作为理论选择的理性原则,"精致证伪主义者允许替换科学体中的任何部分,唯一的条件是要以'进步'方式替换,从而使这一替换能够成功预见新奇的事实。"①这一"进步"原则也不同于迪昂过于约定主义取向的"卓识",理论进步是有客观标准的,那就是对新事实的预测,这保证了理论不断通过提升自己的"逼真度",实现进步。波普尔也因此主张判决性实验有其知识增长的重要意义。

3. 走向温和的整体论

迪昂—奎因论题成功地打击了确证还原论的基础,使人们更愿意接受基于整体论取向的"语句系统""理论群",不再主张将理论中的单一语句一一对应于观察事实陈述。但是,迪昂—奎因论题的强观点,在理论上遇到的一个难题是:整体的范围是什么?如吉利斯就不支持奎因的无限边界的整体论。库恩在评述迪昂—奎因问题时也指出:"一切评价只要足够严格,就一定是整体性的。因为任何评价程序都包含一系列命题,任何失败都必然反映到全体。通常总有一些似是而非的理由可以把这一失败归咎于其中所包含的一个小的命题子集,但是这不可能很确切,只能似是而非。因此,某一个别的知识要求决不能用这个传统所追求的确定性来检验,只能用这种要求的总体来检验,而这个总体的范围又显然是很难限制的。这个传统的这一特点以迪昂—蒯因论题的名称出现于本世纪。"②

奎因在后期对自己的强观点做了调整,转向温和整体论。他指出,当我们以整体方式把整个理论或者理论系统视为传递经验意义的负载时,"我们认为这个系统应当包括多大的范围呢?是否它应当是科学整体?或者一门科学的整体,或者科学的一个分支?"③他认为,这些范围的变化只是一种程度上的不同。虽然各门科学在某种程度上是相互连接、相互共享的,但"如果把我们关于世界的科学系统看作整个(enbloc)包含在每一个预言之中,那就是一种无趣的死脑筋(uninteresting legalism)。一个更适中的范

---

① Lakatos, *Methodology of Scientific Research Programmes*, 1978, p.99.
② 托马斯·库恩:《科学知识作为历史产品》,《自然辩证法通讯》,1988年第5期。
③ Quine, "Five Milestones of Empiricism", In: Quine, *Theories and Things*, The Belknap Press of Harvard University Press, 1981, pp.67-72.

第四章 整体与部分对立的形式分析

围就够了,使之几乎足以传递它们的独立的经验意义,因为在任何情况下必须容许意义上的一些模糊性"①。除了将无限边界的整体收缩为适中的整体,奎因还反对完全取消单一语句的经验意义,"如果以为理论中没有任何单一的语句具有它的可分离的经验意义,那也是错误的。"因为在一些极端情况下,有一些单一的语句,如一些很长的理论语句,肯定也具有自己可分离的(独立的)经验意义,因为我们能够依据这样的语句构造出整个理论的合取句。这意味着,该语句构成了整体,但并不完全可由其他部分所决定。这样的整体论就是一种温和的或相对的整体论(moderate or relative holism)。依据马西(Gerald J. Massey)的工作,奎因整体论不同时期的变化可以表 4-3 示之。不难看出,其整体论范围有了明显的弱化,而面临经验对抗时的拯救策略稍有弱化。

表 4-3 奎因整体论不同时期的比较②

比较内容	前期奎因整体论	后期奎因整体论
整体论范围	没有限制,没有例外,应用于日常命题、常识规律和所有科学、数学和逻辑。	(1)应用于那些使用假说—演绎方法的科学。 (2)不用于可直接证明(ostensive)事物的直接属性。 (3)在极端意义上才用于数学规律。 (4)在极端和间接意义上用于逻辑推导规则。
面临经验对抗命题时的拯救策略	蕴涵失效:修正辅助假说(包括修改能作为辅助假说的逻辑和数学规律)。 让实验的观察失信:攻击观察者和实验者。	否定推理:在极端的意义上才替换逻辑推导体系。

奎因在《经验主义的五座里程碑》一文中描述了经验主义经历的五个

---

① Quine, "Five Milestones of Empiricism", In: Quine, *Theories and Things*, The Belknap Press of Harvard University Press, 1981, pp.67-72.
② 本表来源:Gerald J. Massey, "Quine and Duhem On Holistic Hypothesis Testing", *American Philosophical Quarterly*, Vol. 48, No. 3, W. V. Quine Centennial, pp. 239-266.

转折点：一是从观念到词语；二是从语词到语句；三是从语句到语言系统；四是放弃分析与综合的区分，走向方法论的一元论；五是自然主义。①这其中第三和第四个转折均与迪昂—奎因论题有关。在奎因看来，整体论导致人们不再要求或期望一种具有它自己的可分离的经验意义的科学语句，模糊了分析与综合的区分与对立，经验与理论的二分。"现在人们认为分析语句所起的那种组织作用其实为所有语句普遍共享，而以前被假定为仅由综合语句所具有的经验内容已散布于整个系统之中。"②

4. 确证之争的主要结论

迪昂—奎因论题非常重要，事实上只要我们面临理论与经验的冲突、面临理论的预测与选择就很难离开迪昂—奎因问题，其学术价值主要表现在以下方面：第一，它首先引发了对经验意义单位的论争，使人们由语句转向语句系统，由单一陈述转向理论整体；第二，引发了经验与理论、经验主义与理性主义二分的论争，使二分的预设在整体论面前变得模糊起来；第三，虽然奎因自己将强的整体论调整为温和的整体论，但强整体论主张实际对根深蒂固的基础主义和辩护主义提出了严重的挑战，为后来的历史主义、新经验主义探索提供了通道。

依据前文的讨论与分析，本章的主要结论有以下几点。

① 迪昂—奎因论题的内核是确证整体论，理论的确证问题为其论争焦点，整体论是其辩护路径，意义整体论是其延伸命题。

② 迪昂—奎因论题不是一个命题，而是一个命题系统，应从结构分析的角度给予剖析，包括三组基本命题：孤立陈述确证否定命题、整体命题和不充分决定命题以及两组辅助命题（构造性否定命题和整体否证命题）。共同的主张是，反对单一陈述的确证意义，理论确证的基础应为"整体"，理论整体的确证是不充分决定的。

③ 确证还原论的基本命题包括：还原论命题，主张理论与经验的基础是"个体"，理论不是"整体"；确证命题，主张确证是经验与陈述的逻辑配位，包括严格配位与构造性验证以及逻辑蕴涵。

---

① Quine, "Five Milestones of Empiricism", In: Quine, *Theories and Things*, The Belknap Press of Harvard University Press, 1981, pp.67-72.
② Quine, "Five Milestones of Empiricism", In: Quine, *Theories and Things*, The Belknap Press of Harvard University Press, pp.67-72.

④ 迪昂—奎因论题与确证还原论在确证条件与确证基础两方面展开论争，还应区分其观点的强弱。还原论主张依据语句与事实陈述的一一对应关系来考察确证，整体论者则否定任何单一陈述的经验意义可能，认为判决性实验是不可能的，主张确证必须是整体的，是理论与经验的整体比较，理论与经验的关系是不充分决定的。迪昂的观点相对较弱，奎因的观点相对较强。前者得到大多的学者的支持，后者面临理论上的困难，奎因后期转向了温和的整体论。

⑤ 波普尔、拉卡托斯、格林鲍姆等对迪昂—奎因论题的反驳表明，确证整体论仍待进一步的完善和修订。确证还原论或者说基于陈述、问题之点的经验检验问题依然还有其讨论的价值。

5. 整体与部分对立的新思考

依据本章的讨论，我们对整体与部分的对立有了更为深入的思考。整体与部分的对立，通常被认为是点对点的对立，如巴姆极性理论所指出的："对立（oppositeness）包括两个极（设定，posit），或两个相对者（positives），彼此相对，彼此不是对方。每一极作为相对者都是对方的某种否定。因此，每一极是对自身的肯定对其相对者的否定。没有占位或某极，就无法有极性（polarity）。没有双方（twoness）或二元性，也没有极性。没有反方（negation）或不是（notness），也没有极性。没有预设占位、二元和反方的对立，也没有极性。"①

这种对立以亚里士多德的表述来说就是，两个对立者同一时间不能同时属于同一事物②，在形式上可以逻辑的对当方阵（square of opposition）给予清晰说明。我们可从整体与部分对立关系的角度，给出以下不同的命题，构成一个逻辑对当方阵（图4-1）。

SAP 所有对象都是元素
SEP 没有对象是元素
SZP 有些对象是元素
SOP 有些对象不是元素

---

① Bahm, *Polarity, Dialectic and Organicity*, Albuquerque: Word Books, 1976, p.5.
② *Metaphysics*, $1055^{b40\text{-}42}$, In: *Aristotle Metaphysics*, Translated by Richard Hope, Ann Arbor: The University of Michigan Press, 1960, p.210.

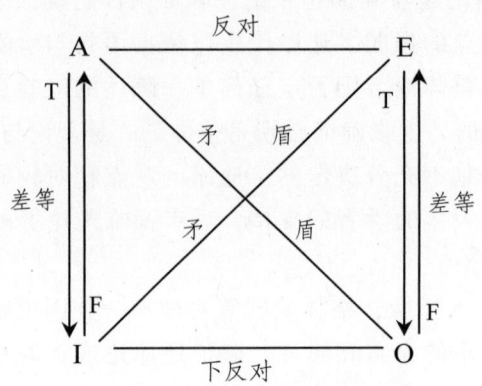

图 4-1 逻辑对当方阵分析

A 命题在很大程度上可视为一种强的元素主义，即所有对象都是元素，主张元素是第一位的，甚至等于全部，如马赫的元素主义。当确证还原论主张必须以一个个命题为确证基础时，也可视为这一立场。E 命题可视为整体主义立场对元素主义的强否定，所有对象均不是元素。如本章讨论的 H1 命题对孤立命题确证的否定，或格式塔理论对元素主义的彻底否定。然而，依据逻辑对当关系，A 与 E 并不是完全的对立，只是部分对立。如果 A 为真，E 必假，而如果 A 为假，E 的真假是不一定的，在形式上我们无法通过否定 A 得出 E，反之亦然。因此，当整体主义否定 A 时，并不能在形式上直接推出"所有对象都不是元素"，也就不能推出"所有对象是整体"这个更强的主张。

真正与命题 A 完全对立或矛盾的是命题 O，即有些对象不是元素。这一立场显然是较弱的整体论立场，如冯特的整体主义取向，主张有些心理经验不是元素，而是复合体。A 与 O 的矛盾关系表明，如果 A 为真，那么 O 为假，反之亦然，并且 A 与 O 必然有一个是真的。在此意义上，冯特与马赫是完全的对立关系。然而，冯特同时也主张所有复合体均可分解为元素，元素是所有心理经验的奠基。这一立场显然更接近命题 A。当迪昂主张孤立陈述不可作为确证单位时，他是在主张有些陈述不可作为确证单位，更接近命题 O，而当奎因主张所有孤立陈述均无意义时，他更接近的倒是 E。然而，迪昂与奎因却共同归属于整体主义立场。

这表明，对立不仅仅是命题与命题的点对点的对立，更复杂的对立还可表现为两个命题系统之间的结构性不相容：即不仅是组成命题系统的命题之间的对立，更是结构性对立。如确证还原论与确证整体论的论争，绝不仅仅是命题与命题之间的争论，而是一种结构性不相容，在其论争的结构中，有些命题之间是矛盾关系，有些是反对关系，有些是差等关系，我们难以把这种结构直接归结为某个命题，甚至也难于归结为若干命题（如理论确证的硬核）。也正是这种复杂的结构性不相容，使迪昂—奎因论题等整体论与还原论的论争很难取得确定的结论。

在形式上，整体与部分的对立的背后可能是一种结构性的不相容，其对立不仅取决于整体与部分自身，还取决于整体与部分的确立条件、范围，科学实践中则还取决于方法路径的选择。

第五章 整体与部分的不同维度

詹姆斯曾言:"我们的每一种学问似乎都想对每类可能现象提供一个确定的分类,迄今,这已远离人类的梦想。当某种一致的、有组织的图式被领悟和消化时,另一些不同的图式就变得不可想象了。除了整体或部分,我们不再有任何其他可能的选择。"①这提醒我们,在以整体与部分展开分析时,也要反思这一思考的局限。依据巴姆极性理论的视角主义,维度由对立两极组成,但却优先于两极,"相互对立者组成一个维度在于相互不是对方,或相互否定(并因此而在种类上不同),彼此有别,但又通过共享那种与其对立相关的维度,而彼此同一(并因此在种类上相同)。"②在整体论与还原论的论争中,整体与部分在不同层面的对立组成了不同维度,这些不同维度并不是同构的,它们影响着整体与部分的区分。以维度的视角观之,整体论与还原论的论争是结构性的纲领之争。在存在论向方法论、构成论到生成论的维度转换中,我们对整体与部分有了新理解。

一、不同维度的厘清

1926年,"Holism"(整体论)为斯穆茨(J.C.Smuts)所创用时是指"宇宙中制造或创生整体(whole)的根本作用要素(fundamental factor operative)"。③这是一个存在论层面的概念。1951年奎因(Willard Quine)针对卡尔纳普的还原论思想,创用"reductionism"(还原论)来表示这样的理论主张:"相信每一个有意义的陈述都等值于某种以指称直接经验的名词

---

① Willam James, *The Will to Believe and Other Essays in Popular Philosophy*, London: Longmans Green and Co., 1912, p.299.
② Archie J. Bahm, *Polarity, Dialectic and Organicity*, Albuquerque: Word Books, 1976, p.8-9.
③ Smuts. *Holism and Evolution*, The Macmilian Company, 1926, p.98.

为基础的逻辑构造。"①这是一个认识论层面的概念。奎因后来所主张的整体论显然不是斯穆茨意义上的，而斯穆茨的整体论所要超越的也不是奎因所批判的"还原论"。在整体论与还原论的论争中，常常因思考层面的混淆而导致各自为阵，讨论无法深入。整体与部分的组合难题其实是基于存在论与构成论的维度预设。

1. 存在论、认识论与方法论的混淆

整体论反对还原论的一个常见的理由是："由于对象是一个整体，所以我们必须以整体论方法处理"或"由于还原论方法损害了整体，所以还原论应被抛弃"。此类论证均暗设了存在论、认识论与方法论的同构，其暗含的哲学主张为：存在论与方法论是同一的（identical），理论实体与物质实体是同一的，或把认识论的"理论还原"等同于存在论的"性质还原"。

（1）不同层面的混淆

还原论的批判者们通常坚信存在论上的自然观、认识论、方法论有着必然的逻辑关联、时间关联。如卡普拉所说：

> 在所有这些领域，古典的笛卡尔世界图景的局限性正在日趋明显。为了超越古典模式，科学家应当像物理学家那样，超越力学的和还原论的方法，发展整体论的、生态的观点。……科学家无需像目前这样，往往由于害怕不科学而不情愿采用整体论框架。现代物理学可以表明，这种框架不但是科学的而且符合物理实在的最先进的科学理论。②

柯林伍德明确反对这种存在论观念与方法论的一致性、同步性，也反对观念的时间在先性。他指出："说自然科学的具体研究以自然观念为基础，并非意味着自然的一般观念或作为整体的自然观念是在抽取自然事实的具体研究中首先产生的，也不是说当这种抽象的观念完成后，人们便在此基础上竖起具体自然科学的上层建筑。它所指的不是时间关系而是一种逻辑

---

① Quine. "Two Dogmas of Empiricism", *Philosophical Review*, 60 (1951), pp.20-43.
② 弗里乔夫·卡普拉，《转折点——科学、社会和正在兴起的文化》，卫飒英、李四南译，四川科学技术出版社，1988 年，第 31 页。

关系。"①我们以此观点来分析卡普拉的论述。论述的前一部分所强调的是，由于现代自然观的改变，科学家应该及时调整传统的还原论方法、还原思维。其内在逻辑预设是，存在论层面的自然观必然影响方法论思维，自然观的改变之后必然是方法论的改变。这是由存在论观念"跨越"到了方法论层面。

这一逻辑恰恰是柯林伍德所反对的，他认为自然观对科学方法的影响不是时间在先而是逻辑在先，并且即便是逻辑在先也是很弱的。科学史上的一个事实是，"只有当具体聚集到了相当数量时，他们才开始反思他们已经做的工作，并发现这些工作都是按照迄今一直未被意识到的有条不紊的方式进行的。"②后一部分卡普拉强调，现代物理学已经证实了整体论框架的可行，所以科学家应该毫不犹豫地采用这一框架，并且要发展整体论的、生态观点。这里他进行了两次跨越，一次是由现代物理学（主要是指粒子物理学）的认识结论跨越到了整个宇宙；另一次是由粒子物理学认识论层面再次跨回了存在论的自然观层面。

这里的"硬伤"在于，卡普拉随意地把一个层面的结论适用在另一个层面，却从来不交待"为什么能够跨越"。这一做法恰恰是还原论方法的典型方式——把某一（较高）层次的问题简单归结为另一（较低）层次问题。卡普拉实质是以还原论方式论证了整体论的合理性，并得出了抛弃还原论的坚定结论。

在心理学中，冯特曾从此角度对逻辑唯智主义（logical intellectualism）心理学提出批评：它们认为"心理元素和心理复合体的存在等同于它们的统觉上的比较"，即本体论上的差异对应于心理统觉上的差异，主张所有感觉对应"感觉判断"，所有距离对应于"深度判断"，以此贯穿整个过程系列。然而，在冯特看来，判断是在感觉元素之后出现的，应被识别为一个独立过程。一致和差异是在我们心理过程中产生的，它们具有优先性，它们不出现，我们就无从察觉。心理统觉上的差异并不等同于感觉和观念自身。③冯特这里强调的是作为标准的一致与差异其实先于存在论上的对象，存在论与认识论并不是同一的。

---

① R. G. Collingwood, *The Idea of Nature*, London: Oxford University Press, 1945, p.1.
② R. G. Collingwood, *The Idea of Nature*, London: Oxford University Press, 1945, p.1.
③ Wundt, *Outlines of Psychology*, Engelmann, 1902, p.280.

内格尔（Ernest Nagel）指出，在理论还原的研究中，"还原"是指"一组在经验上可确认的陈述推出另一组这样的陈述"，尤其是指不同层次或不同性质科学陈述间的一种推导。如我们把宏观态有关温度的陈述还原为微观态的分子运动学理论陈述，"还原"在这里所强调的是陈述之间的逻辑关联。然而，在众多还原论的讨论中，"还原"被常常理解为"一个题材的性质推出另一个题材的性质"①。这些预设显然不是显明的，而是存疑的。显然，内格尔反对这种存在论与认识论的同一。

物理学家欧阳莹之（Sunny. Y.Auyang）在复杂性方法论研究中，则指出了存在论与方法论的同构假象，她认为：

> 系统由按规律相互作用着的部分物理建构而成，并不意味着系统的所有描述都是通过逻辑建构从支配部分的规律中得出。系统行为是其组分的因果结果（causal consequences），并不意味着系统行为的概念是其组分运动概念的数学结果（mathematical consequence）。这些推断依赖于对世界结构、理论理性结构及二者相互关系的强假设。它们要求我们对世界的概念化程度必须达到能够运用逻辑的或数学推导于复杂性的各种系统中。这种强假设令人怀疑。方法论并不重演（recapitulate）存在论。②

"物理建构"与"逻辑构造"的差异表明，本体论与方法论不是同构的。实在世界的复杂性存在远远超越了逻辑范畴。"系统行为—组分的因果结果"与"系统概念—组分概念数学演算结果"的不对等性则表明，系统演化并不是逻辑演算，实在世界的演化并不符合逻辑规则。不仅"方法论并不重演存在论"，而且方法论无法重演存在论。

（2）不同层面的论争

造成这种思考层面混淆的重要原因在于：没有认识到不同思考层面的整体与部分实际处于不同的维度中。事实上，还原论与整体论的论争在存在论、方法论与认识论这些不同层面上具有不一样的性质，不能基于"同

---

① 内格尔：《科学的结构》，徐向东译，上海译文出版社，2005年，第410页。
② Auyang, *Foundations of Complex-system Theories*, Cambridge University Press, 1998, p.53.

构"这种强假设以某一层面的论据来反击或支持另一不同层面的主张。

整体论与还原论在不同层面上的论争有何实质不同？罗伊金（Rick C. Looijen）对此有如下观点。① 存在论层面论争关注"实在"的相关问题，实体、事物、自然界由什么存在物构成；什么属性、联系、功能可归因于这些存在物。② 认识论层面论争关注"关于实在的知识"，讨论不同理论之间的逻辑关系，特别是关于不同领域、不同层次理论之间的关系讨论。③ 方法论层面论争关注"获取知识的方式"为目标，涉及方法论原理、准则和策略的争论。①

存在论层面的论争是世界构成方式、存在对象之争。如世界本质是整体还是部分？作为一种抽象的本体论预设，还原论信念需要回答"世界的基础（根基）是什么"这一问题，它强调存在着构成世界的"最终质料"或"根本要素"，世界是由它们构成的或者说这些最终个体、元素才是世界的本质。

认识论层面的论争集中于理论根本的争论中。还原论者坚持分析与综合的严格区分，认为科学理论必须能够还原为简单的少数几个能为经验所检验的原子命题。整体论者则反对分析与综合的区分，强调科学理论的意义是一个整体，不能通过分解为一个个孤立命题来进行检验。

方法论层面论争是研究策略与研究进路之争，应以何种方式来研究/处理（deal with）问题。在当代生物学关于分子生物学的争论中，还原论强调，科学家必须把寻求大分子解释（如基因）作为方法论准则，反还原论者则认为这种努力既无必要的，也无法成功（unattainable），并且坚信还原论最终会滑向取消主义（eliminativism）。②存在论层面的还原论信念与还原论方法并不存在逻辑上的必然关联，它们是两个层面上的不同类问题。一个是还原主义在理论上的一种绝对的抽象分割理想，另一个是针对一定对象的具体处理程序。③

---

① Looijen, *Holism and Reductionism in Biology and Ecology*, Kluwer Academic Publishers, 2000, pp.10-11.
② Alexander Rosenberg, "Reductionism(and Antireductionism)in Biology", In: David L.Hull, Michael Ruse, *The Cambridge Companion to The Philosophy of Biology*, Cambridge University Press, 2007, pp.120-138.
③ 阿加奇认为还原主义是作为现代科学的否定面而存在的，其绝对性是与科学的局域性、多元视角的相对性相冲突的（但这并不意味着科学可以取消还原"reduction"）。参见：Evandro Agazzi, "Redutionism as Negation of the Science", In: Evandro Agazzi, *The Problem of Reductionism in Science,* Boston: Kluwer Academic Publicshers, 1991, pp.1-29.

这些不同的层面代表整体与部分对立的不同维度，涉及不同类的问题，它们共同又构成一个整体论与还原论的论争结构。在此意义上，只有将这些维度整合起来才能真正揭示出论争的实质。

2. 构成论与存在论预设

组合难题是整体与部分的一个核心，该问题预设了两个维度，其思想又可追溯到哲学史上的存在与演化的分野。

（1）两种预设维度

在第一章"整体与部分的形而上分析"的讨论中，本书指出，不论其是作为纯粹的范畴还是纯粹的形式均会面临诸多整体与部分的组合难题：

- 整体如何是"一"而不是"多"？
- 元素、部分是否是比整体更为首要的存在？
- "组合"的纯粹形式定义是什么？
- 只要有两个以上的个体，就存在个体组合？（组合普遍论）
- 不存在任何组合，只存在简单个体？（组合虚无论）

依据我们对具体整体论的讨论，这些组合难题有些是纯粹形而上意义上的，如组合普遍论和组合虚无论，由于它们过于绝对化，并不考虑任何现实的边界，因此在具体整体论的大多数讨论中可以不涉及。但关于整体的一与多、元素与整体的优位、整体的形式定义这些难题则可延伸到具体整体论的论争中，呈现为如下一些难题：

- 同一对象是否可以描述为完全不同类型的整体？在心理学中某一行为既可描述为基于分子行为的整体，也可描述为目的性过程的整体。
- 什么是整体的边界？如何确认理论整体的边界？
- 对于某一特定的整体，是整体在先还是组分（部分）在先？
- 究竟是关系还是实体才是更为根本的整体？
- 元素与整体是否只是一种认识工具，并非实在？

这表明，组合难题并不仅是形而上的困惑，亦是具体整体论中的困惑。

这种组合困惑与整体论中的两种预设维度有关。

① 整体与部分的存在论预设。

人类最初是通过感性直观领悟到整体的存在的，很自然地就把整体作为某种区别于个体心灵之外的"实在"（reality），由此发展出存在论层面的存在论整体论（ontological Holism）、属性/关系整体论（property/relational Holism）与法则整体论（nomological Holism）等。[①]于是，大多具体整体论的讨论都是把"整体""部分"视为一种存在论意义上的实在或"就在那儿的某个实体"（entity outthere）。许多整体论与还原论之争的内核就是，究竟是整体还是元素才是最为根本的实在。

② 整体与部分的构成论预设。

这一预设主张整体与部分之间是一种基于分解与组合的构成性关系。亚里士多德把"部分"含义归为了三种不同的分割：作为量的分割；作为质（实体意义上）的分割；定义上的、逻辑上的分割。元素的核心定义是："构成事物的最初的、内在的组分（component），其不能被分解为另外不同的类。"[②]与部分相对的"整体"的三种基本含义均与组合有关：部分的完全；作为类的整体则强调了整体是一种包含和统一；整体作为"一个连续的、有所限的个体（entity）"则强调了整体组合必须要有边界。冯特的元素奠基的弱整体论，则明确把"分解与组合"作为其中心问题。作为格式塔所试图超越的元素主义假设之一就是分析优位。理论确证双方之争的一个核心就是关于理论构成单位之争。

（2）存在与演化的分野

这两种预设的维度相互依存，成为诸多整体论思考的基础，其思想根源可追溯到哲学史上"宇宙存在观"（cosmology of being）与"宇宙演化观"（cosmology of becoming）的分野，前者预设世界的秩序在于不变性；后者

[①] Healey 把这三种整体论归在形而上整体论之下，与形而上整体论并列的为方法论整体论、存在论层面的属性/关系整体论。参见 Healey, Richard, "Holism and Nonseparability in Physics", In: *The Stanford Encyclopedia of Philosophy* (Spring 2016 Edition), Edward N. Zalta (ed.). https://plato.stanford.edu/archives/spr2016/entries/physics-holism.

[②] *Metaphysics*, 1013^{30}, In: Aristotle, *Aristotle Metaphysics*, Translated by Richard Hope, Ann Arbor: The University of Michigan Press, 1960, p.90.

主张世界秩序在于流变。①存在与演化分野的原因不仅在于世界本身究竟是演化的还是存在的,而且在于我们该如何来认识这个世界,是基于"变"还是"不变"。

宇宙存在观对世界的基础追问是,"什么是在我们熟知自然界一切变化之下原初的、不变的实体?"②巴门尼德区分了"存在"(being)与非存在,指出:"存在是不生不灭的;存在是完整的、单一的、不动的、没有终结的。""存在"具有这样几个特征:存在是既不生成也不消灭;存在是"一",是连续不可分的;存在是不动的;存在是完整的,形如球体;只有存在可以被思想、被表述,只有存在才有真实的名称。③显然,这里的"存在"既是指本体论意义上的有形的、静止、不变的世界,亦指思维认识上的不变性。在真理之路上,只有永恒不变者,才是存在的。因此,巴门尼德不仅主张一种宇宙观,还主张一种以存在来把握变化的知识论:我们只能认识不变者,存在就是我们思想上所能把握的永恒不变的"一"。

宇宙演化观主张世界秩序源于变化,宇宙存在观则强调世界的不变性。阿那克西曼德认为宇宙是永恒变化的,世界的本原是"无定"(ἄπειρον),无定不是单一和单纯的物体,"无定没有开始,但却是其他事物的开始或本原,它包围着万物并指导着它们。"④赫拉克利特的万物皆流说将无定发展为更具流变性的本原——"火"。火意味着世界永远处于流转无常之中,任何事物都即刻归于消逝。火又是最接近没有形体的本原,火不仅本身是运动的,而且又在使别的东西运动。⑤不管是"无定"还是"火"均不是变化事物本身,但却规定着变化。

---

① 这两种宇宙观在国内学界有时也被简称为"演化论"与"存在论"。然而,这在表述上很容易产生混淆,前者容易与达尔文的进化论(theory of evolution)相混,后者与哲学范畴"本体论"(存在论)相混。另外,古希腊时期这些思考都还称不上非常系统,只是一些断章,还难以称得上"论"。所以,本书采用"存在的宇宙观"与"演化的宇宙观"这样的名称。参见刘劲杨:《从存在到演化:科学转向的形而上分析》,《自然辩证法研究》,2015年第7期。
② Collingwood, R. G. *The Idea of Nature,* London: Oxford University Press, 1945. p29.
③ 汪子嵩,范明生,陈村富,姚介厚:《希腊哲学史》(第1卷),人民出版社,1997年,第599-601页。
④ 亚里士多德. 物理学(203^{b10}),载于苗力田主编:《古希腊哲学》,中国人民大学出版社,1989年,第26页。
⑤ Aristotle, "On the Soul", 405^{a6}, Translated by J. A. Smith, p7. In: Jonathan Barnes edits, *Complete Works (Aristotle)* (Vol.1). Princeton: Princeton University Press, 1991.

近代经典科学是以存在范式为其内核的，即以不变物质实体的位置变化和时间的接续来解释世界的组成与变化，以抽象的动力学来说明具体的自然变化。复杂性科学的研究表明，当代整体论科学正开辟着从存在到演化的范式转型。①存在论优位、构成论优位已成为整体论发展的思考阻碍，极有必要进行维度的转换：从存在论优位转向方法论优位，由构成论转向生成论。

二、整体论与还原论之争的维度分析

只有在维度高度上才会发现，还原论与整体论之争不是个别术语、零散观点的争论，而是多层次研究纲领的较量。除非我们找到它们在不同论域研究纲领的"硬核"，否则难以展开真正深入的比较。这里不是要去罗列各领域还原论或整体论的具体观点，而是要抽去其具体的内容，着力从形式上进行深入比较，揭示它们的逻辑硬核。

1. 还原论纲领

最新的大不列颠百科全书把还原论定义为："在哲学上，还原论是这样一种观念，它认为某一给定实体（entiey）是由更为简单或更为基础的实体所构成的集合或组合；或认为这些实体的表述可依据更为基础的实体的表述来定义。"②然而，"还原"（reduction）比"还原论"远为悠久，二者有明显的区别。前者主要体现为一种具体的"科学程式"（scientific procedure），后者多作为一种抽象的哲学学说或哲学主张（philosophical doctrine）。阿加奇由此指出，传统上对还原论的规范哲学研究并未从还原出发对还原论进行更为广泛和深入的思考。许多对还原论的重要问题被排斥在规范性问题之外了，诸如"还原应是什么""为什么需要还原""还原理论的真正含义是什么"，还原论是一种存在论预设（ontological presupposition）还是还原蕴涵（implication of reduction）等问题。③在本书看来，应从存在论、方法

---

① 刘劲杨：《从存在到演化：科学转向的形而上分析》，《自然辩证法研究》，2015 年第 7 期。
② "Reductionism", Britannica Academic, Encyclopædia Britannica, 1 Nov. 2017.
③ Evandro Agazzi, *The Problem of Reductionism in Science,* Boston: Kluwer Academic Publicshers, 1991, P.VII-X.

论和认识论多个层面来分析这一纲领。①

作为存在论意义上的还原论信念最早可追溯到古希腊自然哲学家留基伯（Leucippus）、德谟克利特（Democritus）等所提出的古代原子论。德谟克利特断言，"任何元素（原子）都不是从别的元素（原子）产生的……这个共同体（同质原子）是一切事物的根源，但它们之间只有大小和形状的差别。"②古希腊原子论开创了以不变的单一实体作为世界本原的传统。存在论意义上的还原论信念是一种关于世界构成的观念与态度，其核心理念在于"世界由简单个体构成"。牛顿力学观盛行的 18～19 世纪是还原论信念的高峰期。古代有机的、生命的和精神的宇宙观被将世界看作"钟表机器"的观念所取代。还原论信念的持有者相信客观世界是既定的，世界是由基本粒子等"宇宙之砖"以无限精巧的方式构成，宇宙之砖的性质与相互作用从根本上决定了世界的性质，最复杂的对象也是由最低层次（同时也是最根本）的"基本构件"组装而成。

在认识论上，除了前文所讨论的卡尔纳普对还原的定义，奥本海默（R. Oppenheim）和普特南（H. Putnam）于 1958 年还提出了影响很大的"统一科学工作假设"，被视为理论还原的经典表述。这里的"unity of science"指不同科学可以通过还原为某一种科学（物理学或心理学）而实现统一。这种统一性的强度取决于从弱到强的可还原性程度，包括术语的统一，科学规律的统一以及更深层的直觉上的"归一化"（unified）与互联。在这篇重要文献中，他们对科学理论的微观还原论展开了深入的形式分析，相关要点概括如下。③

① 微观还原论是指由高层的理论对象到较低层的理论实体由整体到部分的分解。假设存在两个不同的理论分支 B_1 和 B_2，其中 B_1 相对 B_2 是更低层的理论，B_2 到 B_1 的微观还原（micro-reduction）是指，"B2 论域中的对

---

① 还原论的分类本身就是一个问题。限于本书讨论的重点，没有做更细的划分。如可将存在论层面的还原论划分为实体还原论、结构还原论、属性还原论；认识论层面的还原论细分为理论还原、解释还原、概念还原。参见：刘明海：《还原论研究》，中国社会科学出版社，2012 年，第 34-58 页。

② 亚里士多德：《物理学》203$^{a34\text{-}b2}$。转引自汪子嵩、范明生、陈村富：《希腊哲学史》（第 1 卷），人民出版社，1997 年，第 1032 页。

③ R. Oppenheim, H. Putnam, "Unity of Science as a Working Hypothesis", In: H. Feigl, M. Scriven, G. Maxwell (eds.), *Minnesota Studies in the Philosophy of Science*, Vol.II., Minneapolis: University of Minnesota Press, 1958, pp.3-36.

象是可分解为恰当部分的整体,这些部分均属于 B_1 论域。"[①]微观还原的本质特性是 B_1 处理 B_2 对象的部分。

② 部分可完全解释整体。如果 B_1 还原了作为整体的 B_2,那么 B_1 就可解释 B_2 的所有对象。

③ 微观还原具有如下形式属性:可传递性(如果 B_3 可还原到 B_2,而 B_2 可还原到 B_1,那么 B_3 可还原到 B_1)、非自返的(理论无法还原到自身)、非对称性(B_2 还原到 B_1,则 B_1 决不能还原到 B_2)。可传递性是其中最为重要的特性,它保证科学中不同层次微观还原的可积累性。

④ 还原论层次(level)的形式与经验条件:存在若干层次;层次的数目必须是有限的;必须存在一个唯一的最低层次(最低的开始者);除了最低层次,任何层次均具有可分解性;任何层次均不可能在更高层有其部分;这些层次应能依据当下经验科学给予辩护。在科学上,由高到低的层次可包括:社会组织、生命体(多细胞)、细胞、分子、原子、基本粒子。

⑤ 部分包含整体。"任何可以分解到给定层次部分的整体会被视为属于那个给定层次。由此,每个层次均包含所有更高的层次。但是,一个事物所属最高的层次被视为该事物的'恰当'(proper)层次。"[②]

在给出这些形式分析的同时,奥本海默和普特南还特别区分了"部分—整体关系"(part-whole,Pt)的广义与狭义。广义的 xPty 是指:如果 x 在空间与时间上包含于 y,不论是连续的还是不连续的所有事物均属于一个或另一个可还原的那个层次,最终可属于最低的基本粒子层次。狭义的 xPty 是指整体成为一种由"元素构成的结构性组织"(structured organization of elements)。对于这类整体,还有两个问题待解决:一是如何基于这一初始整体概念建立演算;二是该演算如何满足形式上的演算真理。显然,理论微观还原论是广义性的符合形式演算的整体与部分关系,在此意义上,统一科学在认识论上的形式目标是获得一种"逻辑真理"(logical truth)[③]

---

① R. Oppenheim, H. Putnam, "Unity of Science as a Working Hypothesis", p.6, In: H.Feigl, M. Scriven, G. Maxwell(eds.), *Minnesota Studies in the Philosophy of Science*, Vol.II., Minneapolis: University of Minnesota Press, 1958, pp.3-36.

② R. Oppenheim, H. Putnam, "Unity of Science as a Working Hypothesis", pp.9-10, In: H.Feigl, M. Scriven, G. Maxwell(eds.), *Minnesota Studies in the Philosophy of Science*, Vol.II., Minneapolis: University of Minnesota Press, 1958, pp.3-36.

③ R. Oppenheim, H. Putnam, "Unity of Science as a Working Hypothesis", p.11-12, In: H.Feigl, M. Scriven, G. Maxwell(eds.), *Minnesota Studies in the Philosophy of Science*, Vol.II, Minneapolis:University of Minnesota Press, 1958, pp.3-36.

奥本海默和普特南在研究中还指出:"这[还原论假设]在方法论上可对应于科学中所称的'德谟克利特式取向'(Democritean tendency);这种广泛的方法论取向会尽其所能,依据性质同一的部分及其时空关系,去解释表面非常不相似的现象。"①这就是方法论层面的还原论,可称为还原论方法。②还原论方法也常常被称为"笛卡尔方法"(Cartesian Method),即把复杂对象拆解为更易分析的简单个体来处理。③该方法源于笛卡尔的四条分析规则,它强调自上而下的演绎分析,把高层次复杂问题分解为低层次可以处理的简单问题,再用自下而上(bottom-up)各层次简单问题的解决替代高层次复杂问题的解决。

由图 5-1 所示,首先把对象从环境中分离出来,使对象孤立、与环境相隔离;然后把对象分解为部分,由高层次的复杂问题还原为较低层次问题直到还原为可以解决的简单问题;最后,用自下而上各层次问题的逐步解决替代为对高层次复杂问题的解答。还原论方法使近现代科学 400 多年发展取得了巨大成功,"把问题分解为各个部分,然后再按逻辑顺序进行安排"④这一方法已成为现代科学思维的基本特征,它在发展科学理论和实现复杂技术项目中被证明是极为有用的。

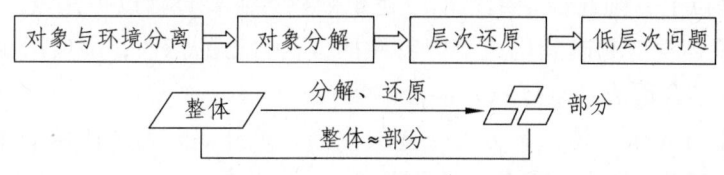

图 5-1　还原论方法⑤

还原论纲领在物理学、化学领域取得成功后向其他学科广泛渗透,但

---

① R. Oppenheim, H. Putnam, "Unity of Science as a Working Hypothesis", p.16, In: H. Feigl, M. Scriven, G. Maxwell (eds.), *Minnesota Studies in the Philosophy of Science*, Vol. II, Minneapolis: University of Minnesota Press, 1958, pp.3-36.
② 应特别注意,奥本海默和普特南在此处论及认识论还原与还原论方法关系时所用的词是"对应"(corresponds)而不是主张认识论还原论"导致"了还原论方法。
③ Walter M. Elsasser, *Reflections on a Theory of Organisms: Holism in Biology*, London: The Johns Hopkins University Press, 1998. p.5.
④ 弗里乔夫·卡普拉:《转折点——科学、社会和正在兴起的文化》,卫飒英、李四南译,四川科学技术出版社,1988,第 41 页。
⑤ 本图来源:刘劲杨:《还原论的两种形相及其思维实质》,《自然辩证法通讯》,2007 年第 6 期,第 25-31 页。

在面对生物、社会等问题时面临挑战。贝塔朗菲对现代生物学中的还原论研究纲领进行了批判，把它们归结为三种主导观念：① 分析和累加的观念，把复杂的生命实体和过程分解为可分析的基本单位，再通过并列或累加这些基本单位和过程来解释复杂对象；② 机器观念，把生命组织视为由细胞等基本单位组成的聚集体，把发育等生命过程视为由基本单位、基本结构所决定的机器运行；③ 反应理论观念，即动物的行为被分解为被动地反射的总和或反射链。①个体主义方法论是社会学中的还原论纲领，孔德、斯宾塞均持此立场。他们认为社会如果只是人们为了达到某些目的而组成的一种手段体系，那些这些目的只能是个人所创造出来的。因此，只有通过个体解释才能解释整个社会现象，社会学规律不过是个体心理学规律的总结。

在哲学取向上，还原论纲领有强烈的一元论（monism）取向。阿加奇认为，还原论不仅是对一般意义上的"what is common""generality"的追求，它更主要的是一元论意义上对唯一"根本要素""unity"的追求。②存在论上以"单一同质实体"作为存在本质，认识论上追求以"单一理论"解释，方法论上以"不可分个体"或"简单部分"作为研究对象。在思维上，还原是一种思维由连续到离散、由整体到部分的分解操作。③

依据以上，强还原论纲领的"逻辑硬核"主要包括以下几点。

① 整体没有超越其构成部分特性的任何自己的特性，高层次事物由低层次事物结合而成，整体只是部分的集合；

② 部分先于整体，部分是整体的原因，离开部分无法认识整体。部分与整体间遵循从部分到整体的上行因果（upward causation）关系分析。

③ 只有基于部分（个体）之上所建立的理论才是根本的和彻底的。整体可包含于部分。

2. 整体论纲领

把整体论作为一种科学研究纲领则是 20 世纪以来的事情。格式塔心理学可作为整体主义路径先驱，贝塔朗菲提出的一般系统论可视为整体论的

---

① 贝塔朗菲：《生命问题——现代生物学思想评价》，商务印书馆，1999 年，第 14 页。
② Evandro Agazzi, "Redutionism as Negation of the Science", In: Evandro Agazzi. *the Problem of Reductionism in Science,* Kluwer Academic Publicshers, 1991, pp.1-5.
③ 刘劲杨：《还原论的两种形相及其思维实质》，《自然辩证法通讯》，2007 年第 6 期，第 25-31 页。

第一个较完善的科学范式。复杂性科学被视为 21 世纪的"整体论科学"。此处,我们以生物学与社会学领域的整体论思想作为范例分析。

贝塔朗菲所建立的机体论与系统论观念可作为生物学的一个整体论纲领,包括:① 作为整体的系统观念,强调有机体的整体性和组成单元之间的内在组织性,必须在分析的同时深入研究整体;② 动态观念,有机体处于一种动态有序中,需要以动态的观念进行研究;③ 主动的系统观念,有机体具有主动地自我调整特性。①在强整体论者看来,这不是一个强整体论纲领,因为"分解"还是纲领的重要环节。②生物学家罗斯曼结合细胞研究对生物学中的还原论与整体论研究纲领做了详细的比较,以表 5-1 示之。③

表 5-1 生物学中的还原论纲领与整体论态度

强还原论纲领	整体论态度
(1)部分构成整体,部分是整体的原因。	前半句弱接受,后半句不接受。
(2)整体没有超越其构成部分特性的任何自己的特性,整体是部分的集合。	反对,整体大于部分之和。
(3)部分是整体的充要条件,部分知识是对生物整体精确认识的先决条件。	反对,部分知识只是整体的必要非充分条件。
(4)我们能根据事物基本组成部分的全面知识,来达至对所有现象的理解。	反对: (1)整体必须通过整体属性来认识。 (2)不认识整体就无法认识部分。

在社会学领域,迪尔凯姆持整体主义方法论立场,他认为社会是由个人所组成,但社会不是一种简单的个人相加的总和,个人心理现象是不能解释社会现象的,必须"通过社会去解释社会社会现象"。④卢瑟福

---

① 贝塔朗菲:《生命问题——现代生物学思想评价》,商务印书馆,1999 年,第 14-25 页。
② 当贝塔朗菲说"仅仅知道有机体的个别要素和过程,或者用机器式结构解释生命现象的有序性,都不足以理解生命现象"时,他是一名整体论者;而当他说"进行分析,不仅对于尽可能多地了解个别组分是必要的,而且对于了解把这些部分过程联合起来的组织规律同样是必要的,而这种组织规律正是生命现象的特征"时,他更像一名还原论者。参见:贝塔朗菲:《生命问题——现代生物学思想评价》,商务印书馆 1999 年版,第 23 页。
③ 罗斯曼:《还原论的局限——来自活细胞的训诫》,上海世纪出版集团 2006 年版,第 36-39、98、111 页。
④ 迪尔凯姆:《社会学方法的规则》,华夏出版社,1999 年,第 79-91 页。

（Rutherford M）对此有较为全面的概括，见表5-2。

表5-2 个体主义方法论与整体主义方法论①

个体主义方法（individualism）②	整体主义方法（holism）
MI（1）：只有个体才有目标和利益。	MH（1）：社会整体大于其部分之和。
MI（2）：社会系统及其变迁产生于个体的行为。	MH（2）：社会整体显著地影响和制约其部分的行为或功能。
MI（3）：所有大规模的社会学现象最终都应该根据只考虑个体，考虑他们的气质、信念、资源以及相互关系的理论加以解释。	MH（3）：个体的行为应该从自成一体并适用于作为整体的社会系统的宏观或社会的法律、目的或力量演绎而成，从个体在整体当中的地位（或作用）演绎而来。

分析表5-1与表5-2，不难看出，生物学中的强微观还原论与社会学中的个体主义方法论纲领没有什么实质不同，但在对整体论的理解上二者却有显著不同。前者更为强调该如何研究整体，整体必须通过整体属性来认识，是强整体论，如罗斯曼强调："在对系统整体缺乏全面认识的情况下，即使是由最充分的分子细节所支持的理论，亦无法确证。"③后者更为强调要从整体的观点来研究个体，是弱整体论。

菲立普（D.G. Phillips）针对社会学和生物学中的整体论思想，曾提出三种整体论主张并与还原论进行了对比，这可作为整体论纲领一个相对全面的方案（见表5-3）。他的整体论是典型的强整体论，而他的还原论则是弱还原论。整体论Ⅰ强调还原论方法不适用于整体对象，脱离整体的还原论方法无法认识部分；整体论Ⅱ强调了存在论与方法论上的分裂，部分就是部分，整体就是整体，不能通过部分来认识整体，即必须"把整体当作整体"而不是试图"把整体当作可分解的部分"；整体论Ⅲ是整体论方法的认识论诉求，整体论必须要建立指称整体和整体属性的术语与方法。

---

① 卢瑟福：《经济学中的制度》，中国社会科学出版社，1999年，第33-46页
② "individualism"在此应译为"个体主义"，原书译名为"个人主义"。
③ 罗斯曼：《还原论的局限——来自活细胞的训诫》，上海译文出版社，2006年，第111页。

表 5-3　三种整体论与还原论态度[①]

整体论观点		还原论态度
整体论Ⅰ（有机论）	（1）以物理—化学诸科学为典型代表的分析方法，在应用于某些情况——例如，在应用于生物有机体、应用于社会，甚至在应用于作为一个整体的实在时，证明是不适当的。 （2）整体大于部分之和。 （3）整体决定着其各个部分的性质（nature）。 （4）若将部分与整体相分离而孤立地加以考虑，就不能理解这些部分。 （5）各个部分是动态相关或相互依存的。	坚持认可分析—机械论方法，但可接受有机论的一些论点。
整体论Ⅱ	对一个整体，即使在它得到研究之后，也不能根据它的部分对它进行解释。	反对
整体论Ⅲ	需要有指称整体及其属性的术语。	接受

依据以上比较，强整体论纲领的"逻辑硬核"主要包括三点。

① 整体大于部分之和，具有部分所不具有的更高层次属性。

② 无法依据部分来预测整体，整体对部分有直接影响，必须考虑下行因果（downward causation）作用。

③ 基于部分之上的理论与术语无法解释整体，只有基于整体的理论才能认识整体。

3. 论争的维度

依据以上的讨论，整体论与还原论之争所涉及的三个层次讨论可归结为：对象之争、路径之争与理论根本之争。弱还原论与弱整体论基本兼容，是对强整体论与强还原论对立观点的调和，因此它们基本可视为同一立场。[②]不同立场的逻辑关系为：强整体论与强还原论为对立关系，而弱整体论/弱还原论分别与强整体论和强还原论为蕴涵关系（图 5-2）。这样我们就能建立出一个整体论与还原论的论争框架，以表 5-4 示之。

[①] 本表观点来源：D.C.Philips, *Holistic Thought in Social Science*, Stanford University Press, 1976, pp.6-36.

[②] 这种相容性在物理学研究中有不少实例。如基本粒子物理学的量子场论描绘的是一个整体世界，其中各个部分均是作为一个整体——场——的一部分加以定义的。参见欧阳莹之：《复杂系统理论基础》，上海科技教育出版社，2002 年，第 49 页。

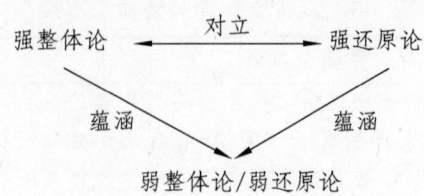

图 5-2　整体论与还原论逻辑关系分析

按通常的理解，对象之争是关于"何物存在"的争论，属存在论问题；[①]路径之争是关于"从何处入手研究"的方法论之争；而理论根本之争则是典型的认识论之争。从总体上看，真正对立的是强整体论与强还原论，弱整体论与弱还原论是对它们观点的调和。以下我们结合罗斯曼关于生物学中肌肉收缩现象研究案例对此进行说明。[②]

表 5-4　整体论与还原论论争框架

核心论争	强整体论	强还原论	弱还原论/弱整体论
对象之争：以整体为对象还是以部分为对象？	（1）整体大于部分之合，具有部分所没有的高层次属性。（2）整体决定部分的属性。	（1）部分构成整体，没有部分就没有整体。（2）部分决定整体的属性。	（1）部分构成整体，整体具有部分所没有的高层次属性。（2）整体与部分相互影响与相互制约。
路径之争：脱离整体能否认识部分，通过部分能否认识整体？	（1）脱离整体、基于部分的分析方法是不适当的，部分只有在整体中才能得到理解与认识。（2）分割会损害整体，对一个整体，不能根据它分割后的部分对它进行认识和解释。	（1）只有通过部分才能认识整体。（2）"分割"或"分解"只是一种科学程式，使我们能通过部分探究本质。	（1）脱离整体、基于个体的分析方法是不足够的。（2）恰当分割是必要的，只有认识了部分才能认识整体。

[①] 存在论上的"对象"与方法论上的"研究对象"并不总是一致的。所以，关于方法论的对象之争是属于存在论还是方法，需要依据问题本身才能给出判定。

[②] 罗斯曼：《还原论的局限——来自活细胞的训诫》，上海世纪出版社，2006 年，第 88-109 页。

续表

核心论争	强整体论	强还原论	弱还原论/弱整体论
理论根本之争：基于整体的理论才是最根本理论吗？	（1）需要有专门指称整体和整体属性的术语与描述。 （2）基于整体的理论才是最根本的理论，需建立专门的整体论方法	（1）整体指称只是一种形式，个体指称才具实质意义。 （2）基于部分（个体）之上所建立的理论才是根本和彻底的。	（1）引入整体属性术语有利于更好地分析和整合。 （2）根本的理论应同时包括整体与部分。

在生物学上，肌肉收缩被认为是一切动物运动的基础，探索肌肉收缩机制长久以来都是许多生物学家关心的一个重要问题。在存在论上，强还原论者认为：真正实在的只是部分，整体只是部分的一种"随附"，所以必须以部分作为研究对象；强整体论则强调：整体本身就是整体的原因，所以必须以整体为研究对象。整体论者海尔布伦在面对肌肉收缩这一问题时，强调："只有一个细胞是完好无损的整体时，它才是有生命的。要认识生命，我们就必须认识它的属性，即其作为整体的属性。"[①] 强还原论者圣乔其则认为肌肉的构成部分——肌细胞蛋白质才是肌肉收缩的研究对象。

在方法论上，强整体论者认为整体必须通过整体来认识，对于强还原论者来说，只接受从部分进行研究。海尔布伦从活细胞的整体入手，认为肌肉收缩与细胞的运动有关，得出的结论是：在神经的刺激下，钙离子从肌细胞皮层扩散到中心区，引发凝胶状态，导致肌肉收缩。圣乔其的研究小组则从肌细胞蛋白入手，通过分离法提取了两种蛋白，最后得出结论是，肌肉收缩是肌动蛋白质与肌球蛋白质受到 ATP 激发后，由其所具有的某种可逆性的凝结或沉淀的特征所导致。这自然会导致一个认识论问题，究竟哪一个理论才是肌肉收缩的最根本理论？强整体论者认为，只有关于整体的理论才是根本的，那自然是海尔布伦的理论更为根本的。强还原论者则认为只有关于部分的理论才是根本的，圣乔其的理论更为彻底。后来科学的发展最终表明，圣乔其的超沉淀机制是不正确的，但两种蛋白质的区分是正确的。他发现了肌肉收缩的核心化学物质，即内在原因。海尔布伦关

---

① 罗斯曼：《还原论的局限——来自活细胞的训诫》，上海世纪出版集团，2006年，第98页。

于溶胶与凝胶的理论是不正确的，但钙离子的作用却是正确的。他提示了肌肉收缩的外在原因，即这一过程的激活方式——刺激如何导致肌肉的反应。罗斯曼认为，他们研究了同一机制的十分迥异却紧密关联的不同方面。

表 5-4 论争的一个核心是：究竟该以"整体""部分"还是"整体与部分的结合"作为研究或理论的对象。为了突显这一论争的实质，我们需要对其进行一些形式化分析。设存在一整体 s，三个体 a、b、c，以及 s(a,b,c)，M 指代方法论，T 指代解释理论（表 5-5）。

表 5-5　还原论与整体论论争的形式化分析

论争层面	强整体论（SH）	强还原论（SR）	弱整体论/弱还原论（WHR）
存在论	∃s	∃(a,b,c)	∃s(a,b,c)
方法论	Ms	M(a,b,c)	Ms(a,b,c)
认识论	Ts	T(a,b,c)	Ts(a,b,c)

由于方法论与认识论在此问题的逻辑形式上是相同的，所以我们仅需在存在论与方法论上展开分析。存在论层面上，强整体论认为存在一个不可分割的 s，强还原论认为存在若干个体如 a、b、c，弱还原论/弱整体论（WHR，Weak Holism & Reductionism）认为，存在一个由 a、b、c 组成的对象 s(a,b,c)。依据还原论者与整体论者常常使用的同构假设：存在论优先于方法论与认识论，并且彼此保持同构关系。于是，如果对象是整体，那就必须采用整体论方法并建立以整体为对象的根本理论，反之则需采用还原论方法建立基于部分的根本理论。这一强假设在方法论上表现为，强整体论主张从 s 出发开展研究，建立 Ms，强还原论主张从(a,b,c)入手，建立 M(a,b,c)。由于 s 在形式上完全不同于(a,b,c)，这自然导致强还原论与强整体论各执一词，无法通约。那么能否通过建立一个整体与部分相结合的理论来解决纷争呢？这就产生了弱整体论/弱还原论的主张：如果对象是一个由部分组成的整体 s(a,b,c)，我们就能也必须建立基于整体与部分的理论 Ms(a,b,c)；或者依据同构假设，也可反过来说，由于我们要建立基于整体与部分的理论，我们就必须视对象为一个由部分组成的整体 s(a,b,c)。那么，Ms(a,b,c)能否化解论争呢？或者说，**整体与部分相结合的理论是否就是比整体论或还原论更好的路径？**

在形式上分析，Ms(a,b,c)包括以下假设及其推导：

基本假设：

$P_1, Ms(a,b,c) \leftrightarrow Ms \vee M(a,b,c)$

$P_2, Ms(a,b,c) \rightarrow Ms \vee M(a,b,c)$

$P_3, Ms(a,b,c) \leftrightarrow Ms \wedge M(a,b,c)$

假设的推导：

$P_4, Ms \vee M(a,b,c) \rightarrow Ms(a,b,c)$

$P_5, Ms(a,b,c) \rightarrow Ms \wedge M(a,b,c)$

$P_6, Ms \wedge M(a,b,c) \rightarrow Ms(a,b,c)$

如果接受 P_1，那就必须接受 P_4，即强整体论和强还原论均可蕴涵 Ms(a,b,c)，这一理解违背我们对弱整体论/弱还原论的理解，因为这里没有任何"结合"之意。P_2 是 P_1 的弱化，Ms(a,b,c)蕴涵强整体论或者强还原论，即 Ms(a,b,c) 成立则二者之一就成立。这一理解显然过于宽松了。P_3 主张 Ms(a,b,c)蕴涵着强整体论与强还原论的合取（P_5），反之亦然（P_6）。这一理解为研究者们广泛接受，并且由于 $P_3 \rightarrow P_5 \rightarrow P_2$，$P_3$ 可取代 P2。罗斯曼在肌肉收缩案例中所倡导的就是这样的结合，我们必须同时采用强整体论与强还原论的路径才能揭示出对象的本质。"同时"在此是指逻辑关系的"并（and）"而不是指同一时间。在研究中，我们一方面要建立整体层面自上而下的"宏观约束"，另一方面要找到基于部分层面自下而上的"微观机制"，综合二者就能更好地解决问题。这就是欧阳莹之所倡导的"综合微观分析"。她以计算机编程为例，"只有在自上而下的分析得到可解决的片断时，我们才着手进行自下而上的工作，写下程序的细节。甚至到那时我们还要在脑子里记住整个程序的结构。"[①]然而，这一理想模式却难以解释肌肉收缩的案例。海尔布伦因为反对从细胞的部分来寻找肌肉收缩的原因，才找到细胞收缩的整体层面上的规律，而圣乔其坚定地反对关于细胞的整体预设，从部分中发现肌肉蛋白质的规律。与罗斯曼对此案例的解读不同，本书认为，肌肉收缩现象的实质能得以揭示，既是还原论的功劳，也离不开整体论的贡献，但很难归功于研究者坚持了"整体与部分的结合"。事实上，在

[①] 欧阳莹之：《复杂系统理论基础》，上海科技教育出版社，2002年，第63页。

科学探索的诸多领域这种现象是普遍的,研究者必须二者择一。当迪尔凯姆强调,"个人现象不同于社会现象,个人意识不能解释社会现象,要解释社会现象只能根据社会本身的性质"①时,他所要做的工作就是要超越个体的层面去揭示社会的整体属性,或者说为了揭示社会的整体性,我们就必须把整体当作整体。

在理论上,造成这种结合困难的另一个深层原因是"规律缺乏"(absense of law)。罗森伯格(Alexander Rosenberg)在剖析分子生物学所引发的论争中指出,还原论与反还原论均面临规律缺乏的困难。还原论者要面对还原理论与被还原理论以及二者之间联系理论的缺乏;反还原论的功能生物学也面临这样的困难,应依据什么规律给出普遍描述?"如果没有任何规律或并不包含任何说明(explanation),反还原论者也是错误的。"②还原论需要建立基因与生物宏观性状的联系才能展开分析,而整体论取向的功能生物学则需要确立哪些微观要素决定了某一功能的实现。依据这一分析,$Ms(a,b,c)$似乎应理解为一个新的假设 P7:$Ms(a,b,c) \rightarrow \neg(Ms \vee M(a,b,c))$。于是,真正的 $Ms(a,b,c)$,既不是基于整体的 Ms,也不是基于部分的 $M(a,b,c)$,而是关于"由部分组成整体"的新理论。该理论必须面对整体与部分之间的跨层次涌现问题。以生命的创生为例,考夫曼(Stuart A. Kauffman)强调,生命是一个基于化学"积木"的自催化过程,但它"在开端处就涌现为整体"③。当下科学要解决的问题,不是某一生命形式由哪些化学积木构成(部分的观点),也不是如何描述这一生命形式的整体形态(整体的观点),而是必须解释生命是如何由部分生成整体的,这已超出了整体与部分相结合的意谓了。由此,$Ms(a,b,c)$还无法通过"结合"来完全囊括强整体论 Ms、强还原论 $M(a,b,c)$ 的主张。

总之,整体论与还原论的论争是极为复杂的。在本书看来,理论上真正对立的是强还原论与强整体论,这一对立源于存在论层面二者关于"整体"与"部分"异质性假设,其后又依据同构假设,在方法论与认识论上

---

① 迪尔凯姆:《社会学方法的规则》,华夏出版社,1999 年,第 83 页。
② Alexander Rosenberg, "Reductionism(and Antireductionism)in Biology", In: David L. Hull, Michael Ruse, *The Cambridge Companion to The Philosophy of Biology*, Cambridge University Press, 2007, p.124.
③ Stuart A. Kauffman, "The Sciences of Complexity and 'Origins of Order'", *Proceedings of the Biennial Meeting of the Philosophy of Science Association*, VoL.2(1990), Symposia and Invited Papers, pp.299-322.

表现为完全不同的形式。如果接受同构假设,这一对立注定无法消除。弱整体论/弱还原论(WHR)虽然试图对强整体论与强还原论进行调和,但并未就此解决二者的论争,它们要面对整体与部分之间的跨层次涌现问题。这一论争框架可作为更为深入讨论的基础。

三、整体论的维度转换

面对一个整体,作为存在论的整体论需要追问:整体是什么(实体)?作为方法论的整体论则需回答:应以何种整体方式来理解并解决该问题?把整体局限于存在论的难题在于:如果整体是一种心灵之外的实在,为何统一对象可以被描述为完全不同类型的整体?整体的边界是由整体本身所客观决定的?对于某一特定的整体,是整体在先还是组织(部分)在先、究竟是关系还是实体才是更为根本的整体?这些问题如前文所述,早在古希腊时期就由亚里士多德讨论过,但迄今依然充满形而上的困难。把整体作为方法,则可避免上述这些形而上难题。在方法论维度上,当代复杂性科学正探索从构成到生成的转换。

1. 整体的方法论维度

把整体作为一种方法,并非完全抛弃存在论层面对整体的思考,而是把这些思考纳入到方法论的框架内重新审视。以下给出一些基本界定。

(1)有界性

如引论中所指出的,关于整体常常被忽略的一个区分是"绝对整体论"与"相对整体论"。前者只承认整体,把整体等同于宇宙"全体"或称"一",取消了部分与组分的存在,如印度吠陀哲学及神学中的一些观点[①];后者则把整体视为基于相互关联组分之上的整合,整体是更大整体的一部分,具有相对性。对于前者,当把某一对象视为一个不含任何元素、不可分解为

---

① 普罗提诺(Plotinus):"在我们的讨论中,当我们力图把我们的心灵带到'一'时,我们必然将被引导到把这个'一'更好地指定为'无部分性'(partlessness)。"转引自金吾伦:《生成哲学》,河北大学出版社,2000年,第95-96页。

任何部分的个体时,这个整体就是对象本身,整体论蜕变为"个体论";而当把对象、主体及其一切潜在关系视为整体时,该整体就是全部世界,整体论成为"全体论"。这两种情况实际上都消解了方法论意义上的整体。因此,本书不讨论这种无界的绝对整体,而认为特定整体总是要处在某个更大的整体(环境)中。在方法论上,有限的边界意味着问题域的封闭性,这是整体论方法能得以实施的基础。

(2)结构性

整体不是诸组分的简单集总,而常常呈现为某类结构。这一特性可以从整体与一般复合体的比较中得出。由图 5-3 所示,通常存在着三类复合体:第Ⅰ类可以依据元素数量的多少得以区分;第Ⅱ类可以依据元素种类的不同得以区分;前面这两种集合体可归结为通常所称的复合体,满足诸元素加和性(summative)这一特征;第Ⅲ类复合体已不是一般意义上的复合体,它们具有构成性(constitutive)特征,元素之间存在相互作用,对它的区分则必须依据其元素间内在关系(结构)的不同,它们可视为整体。更精确地说,结构的存在使元素(p)相互联系与作用产生了新的联系(R),成为整体新质,以致任一个元素 p 在 R 中的行为不同于它在另一关系 R'中的行为。一栋建筑物、一部机器等实体性结构是最为直观的结构。①在图 5-3 中,特定的图式也可被看做结构。

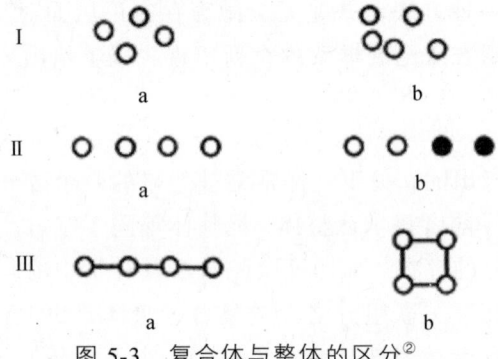

图 5-3　复合体与整体的区分②

---

① 贝塔朗菲的"系统"就是一种整体,这里对整体的说明借鉴了对"系统"的表述。参见 Ludwig von Bertalanffy, *General System Theory*. George Braziller Inc., 1968. pp.54-55.
② 据原图改绘。参见 Ludwig von Bertalanffy, *General System Theory*.George Braziller Inc., 1968. pp.54-55.

对结构更深的认识则需要突破静态的实体论视野,而把结构视为组分间稳定的相互联系与相互作用。贝塔朗菲曾关注了指数定律、异速生长规律等在生物、经济、社会不同领域的普遍适用性。如异速生长规律揭示出,同一个整体中处于相互竞争的部分是以一定稳定关系相对生长的。在多种动物中,若以生长发育中的同种动物或亲缘动物来对照,其基础代谢与体重增长保持着稳定比例关系:a=2/3,并可以一组通用的微分方程表示出这种动力学性质的整体性。皮亚杰(Jean Piaget)对结构的理解更为彻底,他认为结构的本质在于运算,强调"结构首先是并且主要是一束转换关系……结构只代表这些运算的组成规律或平衡形式;结构并不是等于它们或高于它们的,为它们所依靠的实体"。①这就把结构明确定位为一种方法,而不是某种实在。

(3)非加和性

整体最突出的特性是非加和性。该特性是种种不同整体论能够取得共识的基点:即整体与组分具有质的对立性,整体质不是组分的加和或集总,具有其组分所没有的属性与功能。对于生命等演化现象来说,非加和性表现为涌现性。涌现的新奇性(novelty)在于复杂系统整体行为超越了其组分的个体结构、属性和功能的合成。非加和性引发方法论上的一个争论是:我们能否依据组分的属性与功能来解释甚至预测整体?强还原论者把整体视为组分的加和,认为较高层次对象可以被分解为不可再分的、具独立性的低层次构件,对这些构件的研究就可重构高层次现象,整体被消解于组分。强整体论拒斥这种分解与重构,认为这会损害整体,坚持整体是不能被分割的,对整体的理解仅依赖于我们对整体层次上规律的认识。菲立普(D. G. Phillips)把这一问题作为还原论与整体论真正的对质点。②

2. 构成整体论

强还原论与强整体论的对立,也可表述为这样一个问题:可以分割的整体是否还是整体?以弱的整体论观点来看,如果分割没有损害整体,或者说我们可以依据解决问题的需要把问题视为一种可分割的整体来研究。这类整体,本书称之为"构成性整体"(constitutive whole),以此视野来看

---

① 皮亚杰:《结构主义》,商务印书馆,1984年,第124页。
② 菲立普:《社会科学中的整体论思想》,宁夏人民出版社,1988年,第32-37页。

待问题的整体论方法为"构成整体论"。"构成"在此有"可分割""组成""构造"等意。①

(1) 构成性整体基本特征

有机哲学家巴姆（Archie J. Bahm）曾把类似的整体称为机械整体（mechanical whole）。他认为，在一个机械整体中，构件之间在功能上相互依赖，而在存在上彼此无关。如一辆汽车，每一个零件都可取下，具有独立性，所有零件共同构成一个具有行驶功能的整体。②显然，机械整体更倾向于实体性整体。本书所言的构成性整体包括机械整体，但不局限于此，还包括非实体性的一切可以构成性方法处理的组合系统。如组织机构的层级、系统工程领域中可分解的系统目标等等。事实上，经典系统科学领域内研究的大多数系统都是某种构成性整体，它们强调以合理的系统分解来获得系统整合，这就是一种构成性方法。再深入思考，"系统"之为系统的一个必要前提就是必须存在两个及以上的组成元素，这意味着系统一定是可分解的整体。构成性整体是传统整体论思想的主要来源，除了满足以上整体的基本条件，构成性整体还具有以下特征。

① 近可分解性。构成性整体是由两个及以上既存组件组成的"近可分解系统"（Nearly Decomposable Systems），其整体功能依赖于组件之间的相互关联。近可分解系统由司马贺（Herbert A. Simon）最初提出。③本书用以表示两层涵义：第一，在构成性整体中，每个组件的存在及其性能与其他组件无关；第二，任一组件在整体中的功能（性能的实现）与同一整体中其他组件有关。由此，构成性整体的组件具有相对的独立性，彼此区别，

---

① 李曙华把基于突变演化与进化论的整体论称为"构成整体论"，这与本书的界定有很大不同。参见李曙华：《当代科学的规范转换——从还原论到生成整体论》，载《哲学研究》，2006年第11期。

② 巴姆曾把整体区分为集合体（aggregate collection）、机械整体（mechanical whole）与有机整体（organic whole）。参见 Archie J. Bahm. "Wholes and parts", *The Southwestern Journal of Philosophy*, Vol. Ⅲ, No.1, Spring, 1972, pp.17-19. 转引自金吾伦：《生成哲学》，河北大学出版社，2000年，第91页。

③ 司马贺提出的"近可分解系统"包括两层涵义：在近可分解系统中，每个单元子系统的短期行为与其他单元的短期行为近似无关；任一单元的长期行为仅以总体的方式取决于其他单元的行为。参见司马贺：《人工科学——复杂性面面观》（第三版），上海科技教育出版社，2004年，第183页。

具有自身的性能，可以拆解、更换。如一辆汽车的车轮、引擎、传动轴等，都具有这样的独立性，这些组件可以被拆解甚至用于他处，但又能彼此相互联系，共同整合为具行驶功能的整体。

②实体/关系不变性。构成性整体的结构呈现为一种建基于组分的质料、数量关系、种类关系、作用关系之上的稳定性与不变性。这种结构主要是实体性的，也可以是非实体性的稳定关系。组分及其关系的不变性意味着构成性整体的边界也具有不变性，一定程度上可视为边界封闭性。如一部机器或一个企业的管理结构一旦建立，就具有相对的不变性与封闭性，不会轻易改变。

③非时间性。无论构成性整体的结构稳定性是静态的还是动态的，其实质都是非时间性的。构成性整体常常呈现为复合的实体整体（如机器、晶体等）或者呈现为不具时间方向的停滞的抽象的关系整体（如组织机构），它在一定时间内的过去、现在、未来中保持实体或关系存在的相对一致性。这种时间是一种空间化的时间。

（2）作为构成整体论的综合微观分析法

欧阳莹之提出的"综合微观分析法"（Synthetic Microanalysis）可作为构成整体论的代表。[①]图5-4对孤立论、微观还原论与综合微观分析三种方法做了比较。

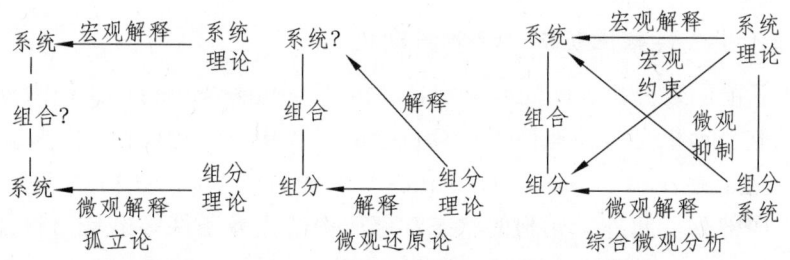

图 5-4　孤立论、微观还原论与综合微观分析法[②]

[①] 欧阳莹之：《复杂系统理论基础》，上海科技教育出版社，2002 年，第 59-63 页；Sunny Y. Auyang, *Foundations of Complex-system Theories*, Cambridge University Press, 1998, pp. 54-58.

[②] 本图据原图改绘，参见欧阳莹之：《复杂系统理论基础》，上海科技教育出版社，2002，第 61 页。

在此图中"系统"可视为"整体"。孤立论认为，系统与组分是不可连结的，但认为存在分别对系统与组分进行解释的理论。"组合"这一概念变得不确定了，这是上文所提到过的强整体论观点。微观还原论认为，系统由组分组成，对组分的解释就是对系统的解释，整体层次上的系统理论是没有必要的。结果整体就成为一个由相互作用元素构成的集合，微观解释完全取代了整体的宏观解释。综合微观分析法以一个宽泛的理论框架，把自上而下分析和自下而上的综合有效结合起来。组分的微观解释受到系统理论的宏观约束；系统的宏观解释必须要考虑组分的微观机制。这一方法在物理学、经济学和生物学中都有广泛的运用。综合微观分析法并未排斥对整体的分割，但需要我们善于在关节处切割，才能形成自上而下的整体性分解，同时又不损害到整体。这正是构成性整体的特性。如分析一个英文语句的整体意义，恰当的分割是分解到单词与词组，而不是字母。这些具有独立意义的一个个单词构成了语句的完整意义。

3. 生成整体论

构成性整体的非时间性使其呈现为一种存在的整体性。生命的诞生、成长、老去、死亡；组织从创生、发展到壮大等演化行为则体现为另一种整体性，它们可称为"生成性整体"（generative whole）。以此视野来解决问题的整体论方法为"生成整体论"。

（1）生成性整体实例：元胞自动机

为了能细致分析，此处以元胞自动机（Cellular Automata）作为分析实例。元胞自动机是一种运作于计算机上的形式化的演化模型，其最基本的组成包括元胞（cell）、元胞空间（lattice）、邻居（neighbor）及局部规则（local rules）四部分。此外，元胞的状态和邻居中的边界条件等也是元胞自动机的重要组成。在数学上，元胞自动机可视为由一个元胞空间和定义于该空间的变换函数所组成，其时间为离散时间集。斯蒂芬·沃弗拉姆（Stephen Wolfram）在20世纪80年代取得元胞自动机研究的开创性发现。[①]

[①] 这一发现是在最简单的一维元胞自动机上取得的。一维元胞自动机有两个优势：一是直观性，可以把每一代的元胞状排列出来一起表示；二是易研究性，它的状态、规则等较为简单，能够很好地说明元胞自动机的工作原理。相关资料参见：薛惠锋主编：《复杂性人工生命研究方法导论》，国防工业出版社，2007年，第16-37页。

第五章 整体与部分的不同维度

我们来看一个具体例子。假设一行有 256 个元胞,每个元胞的状态 S 只有两个状态 $\{S_1, S_2\}$,取值为 0 或 1,邻居半径 r = 1,决定元胞的演化是依据自己和左右两侧的直接邻居元胞的状态进行。这样,对于变换函数,共有 3 个变量,每个变量具有 2 个状态值,那么局部规则就有 $2^3 = 8$ 种不同自变量组合。只要规定出这 8 种组合上的值,局部规则就完全确定了。那么,对于任何一个一维的(0,1)序列,应用规则就可产生下一时刻的相应序列。

假设这一规则组合由表 5-6 所确定,元胞自动机随机地从元胞空间中间位置的一个黑色元胞开始,一维元胞自动机就可以产生一个演化序列结构,由简单规则产生有序的复杂结构(图 5-5)。

表 5-6 元胞自动机的局部规则实例

t	111	110	101	100	011	010	001	000
t+1	0	0	0	1	1	1	1	0

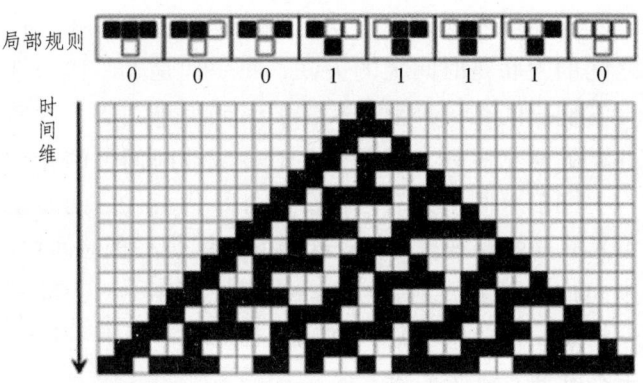

图 5-5 一维元胞自动机的结构生成[①]

如果取消边界的限制,让这个元胞自动机无限地演化下去,就会产生更大的复杂图形。而如果我们从不同的构形开始,即便在同一规则(组合)的情况下,也会看到结构、复杂度完全不同的图形(图 5-6)。

---

① 本图据原图改绘,参见 Weisstein Eric W. *Cellular Automaton*. URL=http://mathworld. wolfram.com/CellularAutomaton.Html.

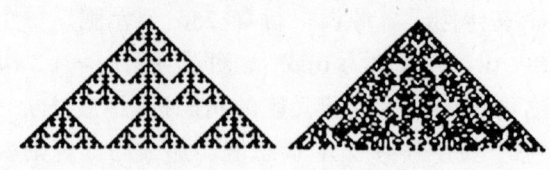

(a)　　　　　　　(b)

图 5-6　复杂度不同的元胞自动机的生成结构①

有了以上必要的准备，就可以从哲学角度来分析元胞自动机带来的启发。首先要追问的是，这样一个不断生成与变化的对象是一个整体吗？运用整体的三个必要条件来分析：① 特定元胞自动机总是处在有限的网格空间中，这使元胞自动机首先满足整体的有界性条件；② 每一代元胞可视作不同的部分，它们共同组成了元胞自动机最终的复杂三角形结构，这满足整体的结构性条件；③ 最终的复杂三角形结构的特征具有任何单独一代元胞所不具有的整体性，这符合整体的非加和性条件。这些分析说明，元胞自动机是一种完全符合整体特征的整体。

进一步思考，不难发现元胞自动机并不是构成性整体。首先，元胞自动机不同代之间的关联是时间上的关联，每一代是上一代的结果，又是下一代的原因。它们之间是一种前后相继的时间因果关联，**本质上是处在不同时刻、非共存的演化序列，而不是共时性或非时间性的存在实体或存在关系**。其次，不同组分间不具有近可分解性，代与代之间连续不断的生成使每一代都不是独立性存在。显然，这样的整体是一种时间性的过程整体，其时间具有方向性，完全与非时间性的构成性整体不同。最后，元胞自动机的结构不变性，呈现为一种运算规则的稳定性，具有跨层性，它不是组分之间的关系不变性。

沃弗拉姆在对一维元胞自动机的深入研究和大量计算机实验的基础上，总结出了元胞自动机四种演化行为：平稳型、周期型、混沌型与复杂型。这些演化行为的多样性令他惊叹不已，"即便初始状态是无序的，系统也可以通过动力学进化自我组织起来，自发地生成复杂模式。"②元胞自动

---

① 本图来源：Stephen Wolfram. *Complex Systems Theory*. 1984. URL=http://www. stephenwolfram. com /publications/articles/ca/84-complex/2/text. html.
② Stephen Wolfram. *Complex Systems Theory*, 1984. http://www. stephenwolfram. com/publications/articles/ca/84-complex/2/text. Html.

机形象地表示出演化的诸多特征，这些空间化的图形呈现的是演化个体演化过程的多样性与复杂性，其核心是时间性的自组织演化机制。在其演进过程中，元胞及其状态、时间与空间、代与代之间的构形以及整体的结构均处在不断变化之中，持续不变的只有一个因素——局部规则。特定元胞自动机总是对应着特定的规则组合，规则决定了元胞代与代之间演化序列的演进；规则不同就意味着不同的元胞自动机，并且是不同的生成演化过程。规则及其演算机制不仅成为生命的内核，更成为一切演化过程的内核。因此，是"机制"而不是某个"实体"或"关系"成为生成演化过程的整体。

（2）生成性整体的主要特征

在国外文献中，笔者没有搜索到"generative whole"或"generative holism"这些表述，其相关思想散见于不同领域。柏格森的生命哲学、怀特海的过程哲学、莫兰关于整体的论述以及一些中国古代宇宙论思想等均可作为相关的思想资源。物理学家玻姆（David Bohm）曾提出"未分割的整体"（undivided whole）观和"隐缠序"（implicate order），他认为我们应把宇宙的所有部分，包括观察者及其使用的工具，都融合在一个总体之中，以事物"流"（flow）的方式来洞察世界。[①]这种更为彻底的整体观对我们有很大启发。

金吾伦先生明确提出要建立生成整体论，"生成"在此有"产生"与"形成"之意。[②]他有一段精辟论述：

> 整体是动态的和有生命的，整体不是由部分组成的，整体就是整体。整体从生之时起就是整体，它不存在部分之和这样的概念关系。生与成联在一起，成长壮大，是任何机器系统所不具有的……按照生成整体论，部分只是整体的显现、表达与展示，部分作为整体的具体表达而存在，而不仅仅是整体的组成成分。整

---

① 波姆：《整体性与隐缠序》，洪汉鼎译，上海科技教育出版社，2004年，第12页。
② 关于生成整体论的主要思想参见金吾伦：《生成哲学》，河北大学出版社，2000年。金吾伦对整体作了如下区分：实体整体、系统整体及生成整体。参见金吾伦、蔡仑：《对整体论的新认识》，《中国人民大学学报》，2007年第3期。本书认为，实体整体与系统整体大致可归属构成性整体，并把"生成整体"表述为"生成性整体"。

体通过连续不断地以部分的形式显现其自身。①

这段论述指出了许多生成性整体的关键特征。李曙华在分析生成现象时,融合了东西方哲学理念,给出"生成元"这个概念。它具有以下几种特性:生成元是"动力因"和"目的因"而不是"质料因";生成元不是既存的,而是生成的,其本质是过程;生成元是整体,不是部分。部分由分化生长而成,具有整体性与分形性。生成元相对不变或稳定的属性是生成规则,而实体则是不断生长变化的;决定生成元生长的是信息。②在以上元胞自动机的例子中,导致其演化过程的局部规则就可视为生成元。显然,两位学者的论述主要集中在了存在论(本体论)层面,这一认识抛弃了实体整体的传统视野,建构出一个更具完全意义的过程整体,并指出了"部分"这一表述在生成性整体中的问题。事实上,在生成性整体中,不存在所谓"部分",如果要勉强把过程的某一阶段结果作为整体的"部分",那么这种"部分"就是整体本身!③这正是生成性整体与构成性整体本质不同之处。综合上述分析,可把生成性整体的基本特征概括如下:

① 不可分割性。演化过程是不可分割的整体,整体不能被分解为"部分"。通常所谓的"部分"是整体在一定情形下的显现、表达与展示。生成性整体是一种处于演化中的生成,而不是某种静态的构成不变性。

② 稳定的自组织机制。对于生成性整体来说,实体或关系意义上的"结构"是在不断演变中的,如元胞自动机从一个元胞生成诸多复杂的结构,但其机制意义上的"结构",即内部演化规则与自组织机制却具有高度的稳定性。不同的自组织机制决定了不同的演化过程,演化机制是生成性整体在演化中保持自我同一性(identity through time)的内在根源。这种机制或规则一旦形成就具有自我组织性,甚至形成艾根(M. Eigen)所言的"一旦建立,就永存下去"(once-forever)的自我催化效应,不断推进着演化进程。

③ 边界开放性。稳定的自组织机制是以边界开放为条件的,唯有开放的边界才能保持物质、能量与信息的持续供给,维持机制的运行。生命的

---

① 金吾伦、蔡仑:《对整体论的新认识》,《中国人民大学学报》,2007年第3期。
② 李曙华:《系统科学——从构成论走向生成论》,《系统辩证学学报》,2004年第2期。
③ 例如,我们可把每一代元胞自动机当作某种"部分",但实际上每一代元胞自动机都具有相同的运算规则,它们就是整体本身。事实上,我们很难把某一个体生命的不同阶段当作生命的"部分"。对此问题更为细致的分析,当另文阐述。

产生与成长过程就是一个不断与外界交流的过程，开放边界是生命行为的基础。

④ 时间性、过程性。任何生成性整体都处在演化中，其实体或关系随时间而变化，遵循时间性因果关联。其空间构形的变化是对时间演化的反映。生成性整体的实质是一个生成与演化过程，整体在此的涵义是一种过程的"持存"（persisting，或 continuant），它不具任何存在论意义上的实体涵义。在此意义上，实体与关系只是过程的显现。

4. 从构成到生成

需要强调的是，虽然以上关于构成性整体与生成性整体的特征描述许多是从存在论层面给出的，但构成整体论与生成整体论绝不仅仅是某种存在论，它们在本书更被视作方法论。我们是要把源于存在论层面的诸多特征上升为方法论原则来解决问题。"整体是什么"不是我们所关心的问题，我们所关心的是"如何把对象视为某类整体来解决问题"。构成整体论与生成整体论就是这样两类不同的整体论方法路径：传统的整体论方法主要是构成整体论，把对象视为构成性整体，其目标是实现构成性超越，如层级理论、系统工程、综合微观分析法等。20世纪60、70年代诞生的耗散结构理论、协同学等自组织理论开始从构成走向生成。圣塔菲研究所以及20世纪80年代以来的复杂性研究的路径则为生成整体论，把对象视为生成性整体，其目标是生成性超越，如CAS理论、元胞自动机、人工生命、人工智能、复杂网络等。

一般地，直观的复杂性首先是基于实体、关系之上的构成性复杂性，表现为因组分、结构、功能或者说因数量[①]、关系导致的复杂性。在方法论上，弱的整体论与系统论的核心均可视为某类构成性超越，它们以构成性关系为前提，从整体出发来处理整体与组分之间的关系，前提与结论具有演绎性。构成整体论的核心操作是"分割"，要善于在关节处切割自然，适用于近可分解系统或欧阳莹之提出的"多体系统"（Many-body System）。

[①] 当前一般认为，单纯的数量不会产生复杂性，因为有了计算机的帮助，再巨量的数值计算在理论上都是简单的，但这是严格意义上的科学复杂性定义。对于现实生活来说，数量的庞大依然会令我们的认知与应对变得复杂，如 Warfield 在管理复杂性领域提出的"三元兼顾原理"。

这在科学实践活动中是相当有效的,许多问题都是以构成性方式得到解决的。如系统工程领域通用的霍尔三维方法,系统工程师们通常是通过自上而下的问题分解(逻辑维),设定准确的工作步骤与工作阶段(时间维),再合理地组合既有的知识与技术(知识维)达到系统总目标的实现。更深层次的复杂性是生成性复杂性——因演化而产生的复杂性,如蝴蝶效应、涌现、自组织临界等。生成整体论以生成性为前提来理解和应对问题,其目标是去揭示对象演化过程的内在生成机制,它采用的是过程性思维、策略性思维。这一方法范式还处在探索中,没有比较成熟的模式。除了自然科学领域,与圣塔菲研究所合作的美国经济学家鲍尔斯(Samuel Bowles)等在经济学领域正在建立的基于演化和行为的新方法范式也可视为这方面的探索。

表 5-7 "瓦尔拉斯范式"与"演化行为范式"的比较[①]

比较项目	瓦尔拉斯经济学	演化社会科学
社会交往	完全的和可实施的合约,在竞争市场上的双方交往	在非竞争环境下,直接的(非合约的)关系
技 术	无收益递增的外生性生产函数	普遍的收益递增,在(内生的)技术和社会互动中(正反馈)
更 新	前向:个人在全部知识体系基础上即时更新	后向(基于经验):个人使用局域知识更新
结 果	建立在个人行为稳态上的唯一稳定均衡	多重均衡;整合的结果可能是非稳态较低层实体的长期平均
时 间	相对的静态	明显的动态
机 会(chance)	只涉及风险和保险	演化动力的本质性组分
领 域	经济作为一个自我包含、自约束的实体;外生的偏好和制度	经济嵌入一个更大的社会生态体系;偏好和制度共生演化
偏 好	自利或自涉的偏好;通过结果界定	自利和利他的偏好;通过结果和过程界定
价格和数量	以价格分配资源;行为人不受数量约束	受数量约束;财富依赖契约订立的时机
方 法	还原论(方法论个体主义)	非还原论,在个体或更高序列实体中选择

[①] 本表来源:Samuel Bowles, *Microeconomics: Behavior, Institutions, and Evolution*, Princeton: Princeton University Press, 2006, p.479.

一百多年来，新古典经济学通常基于如下假设：假设个人行为是建立在偏好基础上，且行为人对行为后果能够作出具有远见的评价；假设偏好是自利的，而且是外生决定的；假设社会交往只采取合约化的交流，以及许多情况下的收益递增可以忽略不计。这些假设成为新古典经济学"瓦尔拉斯范式"(Walrasian Paradigm) 的内核。鲍尔斯指出这一范式是有局限的，应建立一种新的演化行为范式来解决经济问题。该方法综合了演化博弈理论、群体生物学以及行为仿真动态体系提供的分析工具等多种方法和策略，是对新古典经济学的新发展。表5-7列出了鲍尔斯对两种范式的比较。

结合以上讨论，表 5-8 对整体论方法中构成与生成这两种路径及其不同维度进行了全面的比较。

表 5-8　构成与生成两种整体论的比较

思考层面	构　成	生　成
存在论层面	基于实体、关系的存在 空间性因果（质料因） 对象的完备性、封闭性 平衡、稳态、有序	基于过程的演化 时间性因果（目的因、动力因） 对象的可能性、潜在性、开放性 非平衡、涌现、有序与无序的中间带。
方法论层面	等级层次原理 自上而下的在关节处"切割"整体，自下而上的由部分到整体 构成整体论、系统工程、综合微观分析法 整体分析性思维、完备性思维	跨层次原理 基于演化规则与机制，取消部分与整体的分割 生成整体论（生成论）、CAS 理论 过程思维、对策思维

5. 维度转换的意义

转换关于整体的传统维度是深入理解整体的基础，以方法论的维度视之，对于所谓"个体"对象，我们不必然要采用个体性的还原论方法，我们也可以采用整体论方法；对于"整体"对象，我们也不必然要采用整体论方法，有时还原论方法反而能揭示出整体的一些特质。一方面，没有精确的科学还原研究，也许至今我们对宇宙这个整体还处于神秘主义的感悟中。另一方面，我们对世界保持系统观并不排斥我们在应对某些问题时采用还原论方法。

贝塔朗菲曾坦言："在'系统方法'中既有机械论的倾向和模型，又有机体论的倾向和模型。前者企图能通过'分析''线性（包括循环）因果论''自动机'来掌握系统，后者则通过'整体性''相互作用''动态学'（或任何其他可用以规定二者之间区别的词）来掌握系统。"① 因此，存在论、方法论是非同构的。同一对象可以不同的整体视野来分析，甚至某一对象是否成为整体，或是否成为某种类型整体很大程度上都要取决于待解决问题的需要。如组织既可以构成性的视角来分析其基本的结构，也可以生成性的方法揭示其内在的过程。生命是一种典型的演化现象，在过去长期的探索中都是以构成性分析为主的，使我们认识到生命的基本组件。当下生成论视野正进入生命科学，转向了对基因开关、基因表达规则等演变行为的探索。②

当然，作为方法的整体也要避免由此走入相对主义。对于构成性问题，宜采用构成整体论；而生成整体论是揭示生成性问题的有效路径。事实上，构成与生成、实体与机制、实在与过程这些现象在存在论层面上均有比较客观的区分。雷谢尔（Nicholas Rescher）把这种方法论、认识论对存在论的依赖性称为"存在论的回应"（ontological repercussion）。③ 总之，我们应在强的意义上视整体为一种方法，而仅在弱的意义上把整体当作一种实在。

---

① 冯·贝塔朗菲：《一般系统论——基础发展和应用》，林康义、魏宏森译，清华大学出版社，1987年，第22页。
② 目前的科学研究表明，决定物种间巨大差异的原因并不是基因编码本身，如99%的人类基因在小鼠中都存有相应的副本。造成如此巨大差异的很可能是源于不同的基因开关，它们的调控规则决定了某一基因是否能够顺利表达。参见肖恩·B·卡罗尔：《基因开关调控物种进化》，《环球科学》，2008年第6期，第72-79页。
③ Nicholas Rescher, *Complexity:A Philosophical Overview*, Translatedaction Publishers, 1998, p.16.

结 语

存在是不能定义的,因为存在是先于任何定义的。然而,不可定义的东西却是可以描述的。① 作为普遍范畴的整体与部分就是对存在的一种描述,整体与部分的形而上的困惑归根到底都与存在有关。作为纯粹形式的整体与部分,则试图通过严格的形式定义来描述存在,这也就是为什么胡塞尔会把整体与部分视为一种"在先"的存在、西蒙斯不断强调部分论其实是一种存在论研究以及埃斯菲德把"存在论依赖"作为整体普遍描述的重要条件之一的原因。在此意义上,整体论研究就应是存在论的形式分析。然而,伴随形式分析在不同具体整体论中的展开,整体论就不再仅仅是一种存在论上的主张,还呈现为认识论上的立场、方法论上的路径以及这些层面的相互缠绕。形式分析也不再限于一种存在论的描述,而是拓展为一种形而上原理、命题的逻辑分析、思考维度的厘清、应对路径的澄清。本书依据这种更为广阔的形式分析视角,以整体与部分为内核,展开了对各类整体论的不同分析和普遍形式的探寻。

依据全书的讨论,本书取得的总体结论如下。

1. 跨学科的整体论研究不应是整体论题材的罗列,而应以不同整体论的形式分析与形式整合为其研究主旨。形式研究不能取代具体的整体论研究,二者可相互促进。

2. 形式分析是对传统实体论的突破,但不应只限于狭义的存在论分析取向。广义的整体论形式分析包括形而上原理的描述、命题的逻辑分析、思考维度的厘清、应对路径的澄清、结构分析等更为广泛的取向。

---

① "虽然每一个描述的恰当性受制于语义学家和背景论者所指出的限制,我们仍能够描述'存在',我们能够尝试地去相信,我们的描述对于处理实在中明显存在的东西,是有用的。"参见巴姆:《有机哲学与世界哲学》,四川人民出版社,1998年版,第650页。

3. 整体与部分是一对普遍范畴，也是一种纯粹的形式，形而上意义上的组合难题是整体与部分关系中的深层困惑。整体与部分是具体整体论的思想内核和基础，但整体与部分的讨论并不限于整体论。

4. 整体与部分的形式分析表明，存在着两种典型的整体主义立场。

（1）由元素奠基的弱整体论。这种整体论的总体主张是，均强调元素对整体的"奠基"。元素总是优位于整体。然而，"奠基"并不是因果性意义上的"决定"，整体并不取消元素，整体依赖于元素。在本书中以冯特的整体主义和格式塔质理论为其代表。

（2）整体优位的强整体论。这种整体论主张整体总是优位于元素，整体也决定着部分，更强的主张是：如果没有整体的存在，就不存在元素，因为元素是依据整体进行组织的。在本书中以格式塔理论为其代表。

5. 整体论研究应区分范围、观点强弱与思考维度。绝对整体论与相对整体论有着不同的基础，后者还可依据观点的强弱区分为强整体论与弱整体论。弱还原论与弱整体论相互基本兼容，强整体论与强还原论为对立关系，而弱整体论/弱还原论分别与强整体论和强还原论为蕴涵关系。此外，还应区分存在论、认识论与方法论的不同维度，同一思考立场在存在论、认识论与方法论上的观点不是同构的。

6. 在形式上，整体与部分的对立可呈现为一种结构性不相容。通常认为，整体与部分的对立是命题对命题的点对点的对立，然而整体论中更复杂的对立还可表现为两个命题系统之间的结构性对立：即不仅是组成命题系统的命题之间的对立，更是结构性不相容。如迪昂—奎因论题与确证还原论的对立是一种结构性不相容。整体论与还原论的论争也是一种结构性不相容，包括存在着对象之争、路径之争与理论根本之争。

7. 整体论的维度转换。整体与部分的传统观点预设了存在论和构成论的取向，在具体整体论研究中发现，同一对象可以不同的整体视野来分析，甚至某一对象是否成为整体或是否成为某种类型整体，很大程度上都要取决于待解决问题的需要。因此，有必要在维度的意义上进行转换，由存在论转向方法论，由构成转向生成。我们应在强的意义上视整体为一种方法，而仅在弱的意义上把整体当作一种实在。

整体论研究的困难在于：如果不努力使整体、部分这些术语得到澄清，那么我们就不会获得真正有价值的观点。①当我们努力去澄清这些术语时，会发现这些术语并不由其本身所决定，而是由术语之上的视角、层次、语境等决定，可是这些视角和语境又是由术语所构成。这就是典型的整体与部分的困难：不理解整体就无法认识部分，而不澄清部分，整体无法确立。我们既不能偏执一极，也不能停留于二者的相对。更深的困难还在于，整体与部分对立，不仅表现为点对点的对立，还是由命题组构成的结构性不相容，而结构的对立又与维度及其变换有关。

总之，在本书看来，整体与部分不仅是一种形而上的基础困惑，还是具体整体论实践中面临的基础问题，需要当代科学和哲学的共同探索。这一探索既是在科学经验基础上思考哲学的"大问题"，也是以整体与部分的形而上思考与形式分析澄清思想，并且努力探寻整体论的普遍原理。我们如此艰难探索的根本意义在于，"每一个存在的事物都是部分的整体。"②

---

① 内格尔意识到了澄清"整体""和""有机统一体"这几个关键的术语的重要意义，但在繁复的澄清中发现，这一任务是难于完成的或尚难以解决的。参见 Ernest Nagel, "Wholes, Sums, and Organic Unities", In: *Philosophical Studies: An International Journal for Philosophy in the Analytic Tradition*, Vol. 3, No. 2 (Feb., 1952), pp. 17-32.
② Samuel Alexander, *Space, Time and Deity*, Toronto: Palgrave Macmillan, 1966 (first edition, 1920), P.312.

主要参考文献

一、中文文献

[1] 马赫. 感觉的分析[M]. 洪谦、唐钺、梁志学译. 北京：商务印书馆，1986.

[2] 冯特. 人类与动物心理学讲义[M]. 叶浩生，贾林祥译. 西安：陕西人民出版社，2003.

[3] 胡塞尔. 逻辑研究[M]（第二卷第一部分）. 倪梁康译. 北京：商务印书馆，2015.

[4] 卡尔纳普. 世界的逻辑构造[M]. 陈启伟译. 上海：上海译文出版社，1999.

[5] 苛勒. 人猿的智慧[M]. 陈汝懋译. 杭州：浙江教育出版社，2003.

[6] 莱布尼茨. 神义论[M]. 朱雁冰译. 上海：生活·读书·新知三联书店，2007.

[7] 施太格缪勒. 当代哲学主流[M]（上册）. 王炳文等译. 北京：商务印书馆，1986.

[8] 迪昂. 物理理论的目的和结构[M]. 孙小社，李慎等，译. 北京：商务印书馆，2005.

[9] 迪昂. 物理学理论的目的和结构[M]. 李醒民译. 北京：华夏出版社，1999.

[10] 迪尔凯姆. 社会学方法的规则[M]. 胡伟译. 北京：华夏出版社，1999.

[11] 笛卡尔. 谈谈方法[M]. 王太庆译. 北京：商务印书馆，2000.

[12] 莫兰. 复杂思想：自觉的科学[M]. 陈一壮译. 北京：北京大学出版社，2001.

[13] 亚里士多德. 形而上学[M]（英文版）. 劳斯译. 北京：中央编译出版社，2012.

[14] 亚里士多德. 亚里士多德全集[M]（第七卷）. 苗力田译. 北京：中国人民大学出版社，1993.

[15] 阿尔奇·巴姆. 有机哲学与世界哲学[M]. 巴姆比较哲学研究室编译. 成都：四川人民出版社，1998.

[16] 爱德华·托尔曼. 动物和人的目的性行为[M]. 李维译. 北京：北京大学出版社，2010.

[17] 贝塔朗菲. 生命问题——现代生物学思想评价[M]. 吴晓波译. 北京：商务印书馆，1999.

[18] 贝塔朗菲. 一般系统论——基础发展和应用[M]. 北京：清华大学出版社，1987.

[19] 波姆. 整体性与隐缠序——卷展中的宇宙与意识[M]. 上海：上海科技教育出版社，2004.

[20] 菲立普. 社会科学中的整体论思想[M]. 吴忠，等译. 银川：宁夏人民出版社，1988.

[21] 赫伯特·金迪斯，等. 走向统一的社会科学[M]. 上海：世纪出版集团，2005.

[22] 华生. 行为主义[M]. 李维，译. 北京：北京大学出版社，2012.

[23] 考夫卡. 格式塔心理学原理[M]. 黎炜，译. 杭州：浙江教育出版社，1997.

[24] 库恩. 科学知识作为历史产品[J]. 纪树立，译. 自然辩证法通讯，1988（5）.

[25] 罗斯曼. 还原论的局限——来自活细胞的训诫[M]. 李创同，王策，译. 上海：上海世纪出版，2006.

[26] 司马贺. 人工科学——复杂性面面观[M]. 第三版. 武夷山，译. 上海：上海科技教育出版社，2004.

[27] 索尔所，等. 认知心理学[M]. 邵志芳，李林，徐媛，等译. 上海：上海人民出版社，2007.

[28] 托马斯·黎黑. 心理学史[M]（上册）. 李维，译. 杭州：浙江教育出版社，1998.

[29] 肖恩·B·卡罗尔. 基因开关调控物种进化[J]. 环球科学, 2008（6）: 72-79.

[30] 约翰·霍兰. 涌现——从混沌到有序[M]. 陈禹, 等, 译. 上海: 上海科学技术出版社, 2001.

[31] 皮亚杰. 结构主义[M]. 北京: 商务印书馆, 1984.

[32] 皮亚杰. 心理发生与科学史[M]. 姜志辉, 译. 上海: 华东师范大学出版社, 2005.

[33] 卢瑟福. 经济学中的制度[M]. 陈建波, 郁仲莉, 译. 北京: 中国社会科学出版社, 1999.

[34] 罗素. 我们关于外间世界的知识[M]. 陈启伟, 译. 上海: 上海译文出版社, 1990.

[35] 迈克尔·达米特. 形而上学的逻辑基础[M]. 任晓明, 李国山, 译. 北京: 中国人民大学出版社, 2013.

[36] 尼古拉斯·布宁, 余纪元. 西方哲学英汉对照辞典[Z]. 北京: 人民出版社, 2001.

[37] 欧阳莹之. 复杂系统理论基础[M]. 田宝国, 等译. 上海: 上海科技教育出版社, 2002.

[38] 切克兰德. 系统论的思想与实践[M]. 左晓斯, 等译. 北京: 华夏出版社, 1990.

[39] 斯泰西. 组织中的复杂性与创造性[M]. 宋学锋, 曹庆仁译. 成都: 四川人民出版社, 2000.

[40] 铁钦纳. 系统心理学: 绪论[M]. 李丹译. 北京: 北京大学出版社, 2011.

[41] 高新民, 张钰. 整体论及其在哲学中的发展[J]. 世界哲学, 2014（3） 32-40.

[42] 金吾伦. 生成哲学[M]. 保定: 河北大学出版社, 2000.

[43] 金吾伦、蔡仑. 对整体论的新认识[J]. 中国人民大学学报, 2007（3）.

[44] 李曙华. 当代科学的规范转换——从还原论到生成整体论[J]. 哲学研究, 2006（11）.

[45] 李醒民. 从理论整体论到意义整体论[J]. 湖南社会科学, 2003（5）.

[46] 林枫, 江钟立. 网络思维: 基于点线符号的认知图式和复杂性范式

[J]．自然辩证法通讯，2011（1）．

[47] 刘大椿，刘劲杨主编．科学技术哲学经典研读[M]．北京：中国人民大学出版社，2010．

[48] 刘劲杨．从存在到演化：科学转向的形而上分析[J]．自然辩证法研究，2015（7）．

[49] 刘劲杨．构成与生成——方法论视野中的整体论路径[J]．中国人民大学学报，2009（4）．

[50] 刘劲杨．还原论的两种形相及其思维实质[J]．自然辩证法通讯，2007（6）．

[51] 刘劲杨．论整体论与还原论之争[J]．中国人民大学学报，2014（3）．

[52] 刘劲杨．人工智能的复杂性特质及伦理挑战[J]．光明日报（理论版），2017-9-4．

[53] 刘劲杨．哲学视野中的复杂性[M]．长沙：湖南科学技术出版社，2008．

[54] 刘劲杨，李健民．自然哲学的研究传统与当代定位[J]．中国人民大学学报，2016（5）．

[55] 刘明海．还原论研究[M]．北京：中国社会科学出版社，2012．

[56] 史志乐，刘劲杨．还原论论争及形相解析[J]．自然辩证法通讯，2016（2）．

[57] 采赫米斯特罗．新整体论[M]．译．哈尔滨：黑龙江教育出版社，1996．

[58] 汪子嵩，范明生，陈村富．希腊哲学史1[M]．北京：人民出版社，1997．

[59] 王鹏，潘光花，高峰强．经验的完型——格式塔心理学[M]．济南：山东教育出版社，2009．

[60] 吴彤．自组织方法论研究[M]．北京：清华大学出版社，2001．

[61] 颜泽贤，范冬萍，张华夏．系统科学导论——探索复杂性[M]．北京：人民出版社，2006．

二、英文文献

[1] Agazzi E. The Problem of Reductionism in Science [M]. Boston: Kluwer Academic Publicshers, 1991.

[2] Ariew R. The Duhem Thesis [J].The British Journal for the Philosophy of Science, 1984, 35 (4): 313-325.

[3] Aristotle. Aristotle Metaphysics[M]. Translated by Hope Richard. Arbor Ann: The University of Michigan Press, 1960.

[4] Auyang S Y. Foundations of Complex-system Theories[M]. Cambridge University Press, 1998: 54-58.

[5] Bahm J A. Polarity, Dialectic and Organicity[M]. Albuquerque: Word Books, 1976.

[6] Bertalanffy von L. General System Theory[M]. New York: George Braziller Inc., 1968.

[7] Carnap R. Testability and Meaning[J]. Philosophy of Science, 1936, 3(4).

[8] Casati R, Varzi A C.Parts and Places: The Structures of Spatial Representation[M]. Cambridge (MA): MIT Press, 1999.

[9] Cilliers P. Complexity and Postmodernism[M]. Routledge, 1998.

[10] Coko K. Epistemology of a believing historian: Making sense of Duhem's anti-atomism[J]. Studies in History and Philosophy of Science, 2015(50): 71-82.

[11] Collingwood R G. The Idea of Nature[M]. London: Oxford University Press, 1945.

[12] Howard D. Einstein and Duhem[M]. Synthese, 1990, 84(3): 363-384.

[13] Duhem P. The Aim and Structure of Physical Theory[M]. translated by Wiener P. Princeton: Princeton University Press, 1954.

[14] Von Ehrenfels C. Gestalt Level and Gestalt Purity(1916)[G]// Barry Smith B. Foundations of Gestalt Theory. Hemsbach: Philosophia Verlag GmbH, 1988: 118-120.

[15] Von Ehrenfels C. On Gestalt-qualities(1890)[G]// Smith B. Foundations of Gestalt Theory. Hemsbach: Philosophia Verlag GmbH, 1988: 106.

[16] Von Ehrenfels C. On Gestalt-qualities(1932))[G]// B Smith. Foundations of Gestalt Theory. Hemsbach: Philosophia Verlag GmbH, 1988, 121-123.

[17] Von Ehrenfels C. On Gestalt-qualities(1932)[M]. Translated by Mildred Focht M. Psychological Review, 1937, 44(6): 521-524.

[18] Agazzi E. The Problem of Reductionism in Science[M]. Boston: Kluwer Academic Publicshers, 1991.

[19] Focht M. What is Gestalt Theory[M]. New York: George Grady Press, 1935.

[20] Fodor J, Lepore E. Holism: A shopper's Guide[M].Cambridge: Blackwell publishers, 1992.

[21] Freeman L C. The Development of Social Network Analysis: A Study in the Sociology of Science[J]. Vancouver: Empirical Press, 2004.

[22] Fromm J. The Emergence of Complexity[M]. Kassel: Kassel University Press, 2004.

[23] Gillies D. The Duhem Thesis and the Quine Thesis[G]// Danald G. Philosophy of Science in the Twentieth Century. Oxford: Blackwell Publishers Ltd., 1993: 98-117.

[24] Godfrey-Smith P. Darwinian Population and Natural Selection[M]. New York: Oxford University Press, 2009.

[25] Goodman N. The Structure of Appearance[M]. Cambridge (MA): Harvard University Press (3rd), Dordrecht: Reidel, 1977.

[26] Greenwood J D. Conceptual History of Psychology[M]. New York: McGraw-Hill Higher Education, 2009.

[27] Grünbaum A. The Duhemian Argument[G]// Harding S G. Can Theories be Refuted? D.Reidel Publishing Company, Boston: 1976.

[28] Adolf G. The Falsifiablility of Theories, Total or Partial? [J]. A Contemporary Evaluation of The Duhem-Quine Thesis, Synthese, 1962, 14(2): 17-34.

[29] Hájek A, James M. Joyce.Theories of confirmation[G]// Curd M, Psillos S. The Routledge Companion to Philosophy of Science. Oxon: Routledge, 2014.

[30] Sandre H G. Can Theories Be Refuted: Essays on the Duhem-Quine thesis[M]. Boston: D. Reidel Publishing Company, 1976.

[31] Harte V. Plato on Parts and Wholes. The Metaphysics of Structure[M]. New York: Oxford University Press, 2002.

[32] Healey R. Holism and Nonseparability in Physics[OL]// Zalta E N. The Stanford Encyclopedia of Philosophy, 2016. https: //plato. stanford. edu/archives/spr2016/entries/physics-holism.

[33] Hempel S G. Aspects of Scientific Explanatlon and other Essays in the Philosophy of Science[M]. New York: The Free Press, 1965.

[34] Husserl E. Formal and Transcendental Logic[M]. translated by Carrns D, Hague: Martinus Nijhoff, 1969.

[35] Husserl E. Logical Investigations[M]. Volume II.translated by Findlay J N. London and New York: Routledge, 1970, 2001.

[36] Van Invagen P. When are Objects Parts?[J]. Philosophical Perspectives, Metaphysics, 1987(1): 21-47.

[37] Van Inwagen P. Material Beings[M]. Ithaca (NY): Cornell University Press, 1990.

[38] James W. The Will to Believe and Other Essays in Popular Philosophy[M]. London: Longmans Green and Co., 1912.

[39] Joyce A R. Palsson B O.The Model Organism as A System: Integrating "omics Data Sets"[M]. Nat Rev Mol Cell Biol, 2006, 7(3): 198-210.

[40] Kauffman S A. The Sciences of Complexity and "Origins of Order" [G] //Proceedings of the Biennial Meeting of the Philosophy of Science Association, 1990(2), 299-322.

[41] Kirby J. Aristotle's Metaphysics: Form, Matter, and Identity[M]. New York: Continuum International Publishing Group, 2008.

[42] Koffka K. Principles of Gestalt Psychology[M]. New York: Harcourt Brace and Company Inc., 1935.

[43] Kohle W. Gestalt Psychology[M]. New York: Horace Liveright Inc., 1929.

[44] Kohle W. Gestalt Psychology: An Introduction to New Concepts in Modern Psychology[M]. New York: Liveright Publishing Corporation, 1947.

[45] Koslicki K. The Structure of Objects[M]. New York: Oxford University Press, 2008.

[46] Lakatos I. Methodology of Scientific Research Programmes[M]. New

York: Press Syndicate of the University of Cambridge, 1978.
[47] Landan L. Grünbaum on "The Duhemian Argument" [J]. Philosophy of science, 1965(32).
[48] Langton C G. Artifical Life[M]. Wesley Publishing Company, 1989.
[49] Leonard H S. and Goodman N. The Calculus of Individuals and Its Uses[J]. Journal of Symbolic Logic, 1940(5): 45-55.
[50] Lerner D. Parts and Wholes: They Hayden Colloquium on Scientific Method and Concept[M].New York: The Free Press of Glencoe, 1963.
[51] Lewis D K. Parts of Classes[M]. Oxford: Blackwell, 1991.
[52] Liu Jin-Yang. How to deal with the whole: Two kinds of Holism in Methodology[M]// Burguete M, Lam L. All About Science: Philosophy, History, Sociology & Communication, New Jersey: World Scientific, 2014: 147-174.
[53] Looijen R C. Holism and Reductionism in Biology and Ecology[M]. Kluwer Academic Publishers, 2000.
[54] Mach E. The Analysis of Sensations(1897)[M]. New York: Dover Publications Inc., 1959.
[55] Moltmann F. Parts and Wholes in Semantics[M]. Oxford: Oxford University Press, 1997.
[56] Nagel E. Wholes, Sums, and Organic Unities Philosophical Studies [G]// An International Journal for Philosophy in the Analytic Tradition, 1952, 3(2): 17-32.
[57] Oppenheim R, Putnam H. Unity of Science as a Working Hypothesis [G]// Feigl H, Scriven M, Maxwell G. Minnesota Studies in the Philosophy of Science, Minneapolis: University of Minnesota Press, 1958.
[58] Philips D C. Holistic Thought in Social Science[M]. Stanford University Press, 1976.
[59] Pocock M J O, Evans D M, Memmott J, The Robustness and Restoration of a Network of Ecological Networks[J]. Science, 2012, 335(6071): 973-977.
[60] Popper K R, Conjectures and Refutations: the Growth of Scientific

Knowledge, London: Routledge and Kegan Paul, 1963.

[61] Quine W V. From a Logical Point of View[M]. New York: Haroer& Row Publishers, 1963.

[62] Quine W V. Five Milestones of Empiricism[M]//Quine. Theories and Things. Cambridge: Massachusettes, The Belknap Press of Harvard University Press, 1981.

[63] Quine W V. Comment on Grünbaum's Claim[M]// Sandre G.Harding. Can Theories Be Refuted: Essays on the Duhem-Quine thesis.Boston: D.Reidel Publishing Company, 1976: 132.

[64] Quine W V. Two Dogmas of Empiricism[J]. Philosophical Review, 1951(60).

[65] Van Rappard H. Wundt as An Activity/Process Theorist: An Event in the History of Psychological Thinking[G]// Brock A C, Louw J, Van Hoorn W. Rediscovering the history of psychology. New York: Kluwer Academic Publishers, 2004: 141-160.

[66] Rescher N. Axioms for the Part Relation[J]. Philosophical Studies, 1955 (6): 8-11.

[67] Rescher N. Complexit: A Philosophical Overview[M]. New Jersey, New Brunswick: Transaction Publishers, 1998.

[68] Rosenberg A. Reductionism(and Antireductionism)in Biology [G].//Hull D L, Ruse M, The Cambridge Companion to The Philosophy of Biology, Cambridge University Press, 2007.

[69] Alexander S. Space, Time and Deity[M]. Toronto: Palgrave Macmillan, 1966.

[70] Scaltsas T, Charles D, Gill M L.Unity, Identity, and Explanation in Aristotle's Metaphysics[M]. New York: Oxford University Press, 1994: 107.

[71] Schlick M. General Theory of Knowledge[M]Translated by Blumberg A E. New York: Springer-Verlag/Wien, 1974(from German edition, 1925).

[72] Simons P. Parts: A study in Ontology[M]. New York: Oxford University Press, 1987.

[73] Simons P. Mereology since 1900[G].// Burkhardt H, Smith B. Handbook of Metaphysics and Ontology, 1991: 673-675.

[74] McGovern S. Dealing with the Duhem—Quine thesis in financial economics: can causal holism help?[J]. Cambridge Journal of Economics, 2006, 30(1): 105-122.

[75] Smith B. Foundations of Gestalt Theory[M].Hemsbach: Philosophia Verlag GmbH, 1988.

[76] Smith B. Parts and Moments: Studies in Logic and Formal Ontology [M]. Hemsbach: Philosophia Verlag Gmbh, 1982.

[77] Smuts J C. Holism and Evolution[M]. The Macmilian Company, 1926: 98.

[78] Valore P. Topics on General and Formal Ontology[M]. Monza: Polimetrica International Scientific Publisher, 2006.

[79] Varzi A. Mereology [OL]// Zalta E N. The Stanford Encyclopedia of Philosophy, 2016. https: //plato. stanford. edu/archives/ win2016/entries/ mereology.

[80] Warren H C. A History of the Association Psychology[M]. New York: Charles Scribner's Sons, 1921.

[81] Weitheimer M. Untersuchungen zur Lehre von der Gestalt[J]. I. Psychol. Forsch, 1922(1): 47-58.

[82] Weitheimer M. On Perceived Motion and Figural Organization[M]edited by Spillmann L. London: The MIT Press, 2012.

[83] Weitheimer M. über Gestalttheorie.Symposion [G]// Koffka K. Principles of Gestalt Psychology, New York: Harcourt Brace and Company Inc., 1935: 683.

[84] Whitehead A N. Models of Thought[M]. New York: The Macmillan Company, 1938.

[85] Whitehead A N. The Organizatio of Thought[M]. London: William and Norgate, 1917.

[86] Wiggins D. Sameness and Substance [M]. Oxford: Blackwell, 1980.

[87] Wolfram S. Complex Systems Theory[OL]. 1984. http: //www.stephenwolfram. com/publications/articles/ca/84-complex/2/text.html.

[88] Wundt W M. Outlines of Psychology [M]. 2nd revised English edition. translated by Judd C H. New York, Leipzig: Engelmann, 1902.

[89] Wundt W M. Principles of Physiological Psychology [M]. translated by Tichener E B. China Social Sciences Publishing House, 1999.

后　记

　　在此，有必要对本书的"形式分析"给出一些背景性交待。我在展开整体论的研究中发现，基于各类题材的整体论研究并不缺乏，生物整体论、生态整体论、心灵整体论、心理整体论、系统整体论、语义整体论、有机整体论、理论整体论等等。然而，当我们面对这些丰富的整体论思想时，很大的困惑是，为何这些完全不同领域、不同性质、不同维度的主张都可以被冠之以"整体论"或"整体主义"？其共性是什么？这一定不是题材上的，只能是形式上的。

　　不同整体论均会使用"整体"与"部分"来言说自己的主张。然而，不论是"整体"还是"部分"均是多义的，在不同语境下有着不同的内涵与外延。以"整体"为例，"whole""unity""totality"这些术语常常不加区别地被理解为"整体"，再加一些含糊的邻近概念如"system""composition""collection""set"等，共同造成了基本概念的诸多混淆。这种混淆还不仅仅是一种语言表达的问题，其深层原因还可追溯到整体与部分的形而上基础。在理论上，还原论通常被视为与整体论相对立的取向。深入研究发现，这种"对立"其实有很大的理解误区。许多弱还原论者的主张与弱整体论几乎没有什么区别，一种整体主义主张还可能暗藏有强烈的还原论倾向，而一种强还原论的理想却可能是为了获得对世界的整体理解。如果没有一种更为系统的形式分析，这种观点上的复杂就使大多数论争陷入死结，各自为阵，自说自话。

　　应该认识到，当下各学科的主流范式依然是还原论取向的。整体论常常是作为一种对主流范式的反对和批判而出现，其主要的目标是解构而不是建构。这会导致一种结果，那就是作为一种反对和批判时其观点可能是有力的，但作为一种解释理论、一种实际的行动方法时，其观点却是不完善的，甚至可能只是一种纯粹的想象。当奎因把科学理论整体的经验确证基础拓展为整个人类信念之网时，就会面临这样的指责。这也就是为什么，当代诺贝尔物理学家温伯格从来只是"为还原论欢呼"，并不承认整体论科学的范式变革。这表明，整体论不仅需要批判旧范式，更需要努力建构出有普遍基础的新范式。

这些困惑和思考最终汇成了本书研究的取向：通过展开整体与部分的形式分析来澄清和整合不同的整体论思想，厘清混淆，探寻超越题材的整体论普遍形式。这些形式分析不仅包括命题逻辑分析、理论结构分析，还包括形而上分析、本体论分析、术语澄清、维度分析、方法论路径分析等。所有分析的目的都是为了阐明整体论思想的真正内核及其形式特质，使其更为明白和清晰。在我看来，也只有这样才能真正推进整体论思想的进步。这正如罗素在《我们关于外间世界的知识》中所指出的：我们要用零碎的、详细的和可证实的结果去代替仅靠想象的大量未经检验的种种思想的简单概括。"当哲学扫净了一切实用的污浊时，它所能做的就是帮助我们去了解世界的普遍情景和对熟悉而复杂的事物的逻辑分析。"①

整体论思想博大精深，本书只是管中窥豹，再加上学养有限，难免挂一漏万，望方家不吝赐教。

刘劲杨
2018.4.10 于人民大学人文楼

---

① 罗素：《我们关于外间世界的知识》，上海译文出版社，2006年，第13页。